기후 변화 시대
10대가 알아야 할
미래 **직업**의 이동

기후 변화 시대
10대가 알아야 할

미래 직업의 이동

기후 변화가 만드는 10년 후 직업 이야기

신지나 지음

한스미디어

변화의 흐름을 타고 지구를 살리면서 나답게 살 수 있는 진로 찾기

인류는 지금 3개의 커다란 파도 앞에 서 있다. 첫째는 기술이다. 인공지능과 바이오 기술, 디지털 혁신은 이전 세대와는 전혀 다른 삶과 직업 세계를 예고하고 있다. 둘째는 수명이다. 지금 10대로 자라고 있는 세대는 120세 시대를 살아갈 가능성이 높다. 이는 단순한 장수의 문제가 아니다. 평생직장이나 조기 은퇴라는 기존의 인생 설계가 무너지고, '백년 직업'을 새롭게 구상해야 한다는 뜻이다. 셋째는 기후 위기다. 지구의 물리적 한계가 드러나면서 우리가 당연하다고 여겨온 일상과 산업 시스템이 근본부터 흔들리고 있다. 이 책 《기후 변화 시대 10대가 알아야 할 미래 직업의 이동》은 이 3가지 거대한 변화가 어떻게 얽혀 있으며 앞으로의 직업 세계에 어떤 신호를 보내고 있는지를 통합적으로 보여주는 안내서다.

무엇보다 이 책의 큰 장점은 추상적인 전망이나 기술적 개념에 머물지 않고, 기후와 식량 문제를 실제로 해결하기 위해 활동하는 수많은 벤처기업과 신기술의 세계를 구체적으로 소개한다는 점이다. 예를 들어, 탄소를 줄이기 위한 카본테크, 자원을 순환시키는 클린테크, 자연 생태를 보존하며 기술을 접목하는 에코테크, 식량 문제에 도전하는 푸드테크, 기후를 감지하고 대응하는 지오테크 등은 단지 개념이 아니라 청소년이 미래 직업으로 삼을 수 있는 생생한 현장이다. 각각의 기술 영역을 법률, 윤리, 제도와 연계해 풀어낸 김혜륜 변호사의 해설 또한 전문성과 현실성을 더한다.

이 책은 독자에게 "당신은 어떤 백년 직업을 꿈꾸는가?"라는 질문을 던진다. 단순히 미래에 유망한 직업 리스트를 소개하는 데 그치지 않고, 기술과 자연, 수명과 윤리, 지속 가능성이라는 넓은 시야 속에서 자신의 길을 찾도록 도와준다. 변화의 속도에 쫓기기보다는 그 흐름을 타고, 지구를 살리면서도 나답게 살 수 있는 진로를 고민하게 만든다.

10대 독자에게는 진로의 지평을 넓히는 길잡이로, 부모와 교사에게는 아이들과 함께 미래를 이야기할 수 있는 소중한 도구로, 사회인에게는 자신의 직업을 재구성해 볼 기회로 이 책은 다가올 것이다. 기후 위기 시대, 우리가 마주한 거대한 문제를 '직업'이라는 렌즈로 다시 들여다보는 《기후 변화 시대 10대가 알아야 할 미래 직업의 이동》은 변화의 시대에 나침반 같은 책이 되어줄 것이다. 지속 가능한 삶과 일의 균형을 고민하는 모두에게 이 책을 자신 있게 추천한다.

이정모 │ 펭귄각종과학관장(전 국립과천과학관장)

걷지 않은 순례길과 백년 직업

'산티아고 순례길'을 들어본 적이 있나요? 예수의 열두 제자 중한 명이던 성 야고보의 무덤이 발견된 곳에 신자들이 찾아가면서 생긴 여정입니다. 스페인의 수호성인이 된 성 야보고이므로 스페인 사람들이 산티아고를 생각하는 마음은 각별합니다. 산티아고라는 말도 스페인어로 야고보를 뜻한다고 해요.

1000년도 넘는 산티아고 순례길은 스페인 북부 끝에 자리한 산티아고의 성 콤포스텔라 성당을 향해 순례자들이 걷는 길이랍니다. 순례자들은 때로는 스페인 어느 도시에서 출발하기도 하고, 프랑스 생장 피에르 포르에서 장장 800킬로미터를 수십 일 동안 걸어서 산티아고에 도착하기도 합니다. 산티아고는 1993년에 유네스코 세계문화유산으로 지정돼, 가톨릭 신자가 아니어도 인생의 수행을 위해전 세계에서 매년 50만 명 이상 방문하는 명소가 되었답니다.

다들 산티아고를 가는 목적은 다르지만, 수십 일간 걸어서 퉁퉁

붓고 물집이 잡혀 한 발짝도 내딛기 힘든 시간을 견디면서 목적지인 성 콤포스텔라 성당에 도착합니다. 그러고는 무엇이라고 설명할 수 없지만, 벅찬 감정으로 성당 밖 기둥에 앉아서 흐느끼는 사람들을 어렵지 않게 볼 수 있습니다. 비록 땀과 피곤과 상처로 얼룩져 있지만, 이 순례길을 힘들게 걸어서 얻게 된 깨달음 덕분에 남은 인생을 더 풍요롭게 살게 될 거라는 걸 느끼곤 합니다. 오로지 '걷고 걸어서 도착한 자'들만 아는 공감대를 나누면서 말이지요.

어떤 어리석은 사람이 그 순례길의 종착점을 더 빨리 보겠다고 마드리드에서 비행기를 타고 산티아고에 도착하기로 합니다. 때마침 땀 한 방울 흘리지 않고 성 콤포스텔라 성당에 도착한 그 사람은 멋진 성당과 맑은 하늘, 코끝을 스치는 바람을 만끽하며 걷다가 갑자기 멈추고 맙니다. 피곤한 얼굴을 한 순례객들이 삼삼오오 모여 성당 외벽에 기대어 알 수 없는 눈물을 흘리고 있어서입니다.

그 어리석은 사람은 순례자들의 감동 어린 눈물을 보고서야 비로소 자신은 순례자들보다 몇십 일 먼저 도착했지만, 걷고 또 걸어서 도착한 순례자들처럼 마음의 성장을 하지 못했음을 깨달았답니다. 특히 노력하지 않고 얻는 결과는 달콤하지도 않고, 자신의 인생을 바꿀 영향을 미칠 수도 없다는 걸 알게 된 거죠.

시간이 흘러, 지구가 기후 위기로 몸살을 앓으면서 우리가 무심코 선택하는 생활의 편리함이 미래 환경을 악화시킬 수 있다는 사실을 알게 되었습니다. 그제야 별다른 목적 없이 조금 더 빨리 가겠다고 산티아고 비행기에 올라탔던 자신을 되돌아보게 되었습니다.

비행기는 지금의 지구에도, 지구에 더 오래 살게 될 미래 세대에게도 온실가스를 내뿜는 이산화탄소를 가장 많이 발생시키는 이동 수단 중 하나로 꼽히고 있답니다. 이산화탄소를 과도하게 배출하는 비행기 이용에 경각심을 가져야 하는 이유는 한번 방출된 이산화탄소는 100년이 넘도록 대기에 남아 온난화에 영향을 미쳐서랍니다.

독자들은 이미 눈치채셨겠지만, 그 어리석은 여행자가 20여 년 전 저랍니다. 당시에는 온난화의 위험이 대중에게 겨우 조금씩 알려지는 시기였고, 온난화를 부추기는 온실가스의 주범이라는 이산화탄소 발생 산업들을 하나둘 알아가는 수준이었습니다. 무엇보다 온실가스 역시 인류의 관심을 잠시 얻고 사라질 세상의 많은 이슈 중 하나라고 안일하게 생각하는 사람들이나 국가 지도자들이 많이 있기도 했답니다. 실제로 온난화를 믿지 않는 사람들이 시위를 벌이는 장면을 뉴스에서 보기도 하던 시절입니다.

과연 온실가스로 인한 온난화, 폭풍, 폭우, 빠르게 녹는 빙하 등이 우리 미래 삶에서 사라질 수 있는 주제일까요?

미래를 얘기할 때, 얼마나 풍요로울지 얼마나 편리해질지에 대한 청사진을 자주 보곤 하지만 실제로 우리에게 영향을 미치게 될 가장 중요한 요소를 잊거나 애써 별거 아닌 것처럼 축소하려고 하는지도 모르겠습니다. 4차 산업 혁명이나 인공 지능, 고령화 등 개인의 힘으로는 어떻게 할 수 없는 거대한 산 같은 이야기들은 뒤로 미루고 싶어 합니다.

이런 주제들에 대한 생각을 정리하기 전에 한 가지 더 피할 수 없는 주제를 소개하고자 합니다. 청소년 여러분이 만나게 될 어쩌면 가장 높다란 산이 될지 모르겠습니다. 무섭도록 빠른 속도로 지구의 평균 기온을 높이고 있는 기후 변화라는 악당입니다.

지난 20여 년간 과학 기술의 눈부신 발전에 가려져서 우리에게 체감이 덜 되는 변화가 기후 위기입니다. 우리와 외모도 비슷한 국민이 사는 몽골로 시선을 돌려 볼까요? 몽골은 1940년대 대비 지금 평균 기온이 2.52도나 높아져 극심한 기후 변화로 고통을 받고 있답니다. 몽골어로 재앙이라는 조드Dzud는 고대부터 있었던 기후 현상이었지만, 최근에는 주기가 빨라졌습니다. 10년 주기로 발생하던 조드가 최근에는 2~3년 주기로 당겨지면서 2024년에만 가축 710만 마리가 폐사되는 재해를 입었답니다.

조드는 온난화로 겨울이 짧아지고, 영하 50도의 극한 한파와 갑자기 따뜻해지는 날씨가 반복되면서 가축 사료가 되는 초지가 얼어붙어 발생합니다. 먹을 것이 없는 가축들은 죽음에 이르고 가축으로 생계를 이어가던 유목민들은 도시 근처의 빈민으로 몰락하는 악순환이 이어지죠. 더 큰 문제는 조드 현상이 앞으로 개선될 가능성이 없어 보인다는 점에서 전문가들이 우려를 나타내는 겁니다.

몽골이 이런 극심한 기후 이상으로 강설량이 줄어드는 건 우리나라의 모래 먼지, 즉 황사를 막아 주던 천연 방패막이 사라지는 걸 의미합니다. 이제 우리에게 한 걸음 더 가까이 다가온 기후 위기를 진지하게 바라볼 때가 아닐까요?

인류 역사에서 인간을 향해 거침없이 달려오던 많은 변화와 위협이 때로는 삶을 더욱 풍요롭게 하기도, 때로는 오랜 삶의 터전을 파괴하는 일로 작용하기도 했습니다. 그러나 21세기를 살아가는 인류가 있다는 건 인류와 지구에 대한 도전을 지금까지 잘 극복한 이전 세대가 있기 때문이죠.

이제는 우리 청소년들이 앞으로 다가올 기후 변화를 어떻게 대응하느냐에 관심을 가지고 준비해야 할 때입니다. 특히 인공 지능의 등장과 인간 수명의 증가로 인한 사회적 환경의 변화를 함께 고려해야 하는 과제도 떠안게 되는 세대가 여러분입니다. 우리는 우리 앞에 늘 '선택'의 기회가 있다고 생각하곤 합니다. 조금 덜 마음에 드는 선택을 할 경우에는, 그 뒤에 숨겨진 '거대한 불편함'의 뭉치가 있다는 걸 모른 채 말입니다.

여러분은 이전 세대와 달리 길어진 수명과 인공 지능 같은 첨단 기술의 일상화로 '선택의 여지'조차 없이 앞으로 100년 동안 생계를 유지해야 하는 직업의 세계로 진입해야 하는 길목에 있습니다. 이른바 '백년 직업'을 준비해야 하는 시기가 다가오고 있습니다. 100년간 할 수 있는 직업을 선택하지 않을 수 있지만, 그 뒤의 '거대한 불편함'도 같이 알아 두지 않고서는 제대로 알고 선택을 포기했다고 할 수 없답니다.

다행히 인공 지능 등 첨단 기술과 기후 위기 대응을 위한 기후테크 산업이 결합하면서 이전에는 존재하지 않았던 수많은 직업이 새롭게 등장하고 있습니다. 여러분은 소형 인공위성으로 재난을 사전에 예측하고, 동물 세포로 먹을 수 있는 고기를 생산하는 세포 농업이나 탄소를 모아 콘크리트를 만드는 등 놀랍도록 창의적인 직업 세계로 초대를 받는 첫 세대가 될 겁니다.

이 책을 통해서 우리가 생각하는 미래의 삶과 직업을 함께 생각하고, 기후 변화의 현실과 삶에 미치는 영향을 살펴보고자 합니다. 이어서 인공 지능으로 대표되는 첨단 기술, 고령화로 사회적 이슈가 되는 인구 수명의 증가 시대에 기후 위기가 가져올 미래 사회를 미리 알아보고, 기후테크를 통한 다양한 미래 직업을 소개하고 어떠한 준비를 해야 하는지, 이전과는 달라진 새로운 시각으로 미래 직업 여행을 떠나고자 합니다.

여러분은 빨리 가기 위해 탄소 악당인 비행기를 타는 대신 뚜벅뚜벅 걸어서 이 책의 마지막까지 함께 길동무가 돼 주길 기대합니다. 산티아고 순례길의 고단함과 포기하고 싶은 매 순간을 견딘 사람만이 뜨거운 감격의 눈물을 흘릴 수 있다는 걸 기억하면서 말이죠. 인생의 길에는 노력하지 않고 얻을 수 있는 '지름길'은 없다는 걸, 미래를 보는 '안목'이 없이는 백년 직업에 다가가기 어렵다는 걸 마음에 새기면서 출발합니다.

이 책은 기후 위기를 겪는 지구촌의 현재를 통해 미래를 여는 문으로 이끌어 줄 겁니다. 미래 직업 세계로 입문하도록 돕는 안내자 역할도 할 겁니다.

나아가 이전에는 상상할 수 없던 혁신적인 기술로 기후 위기를 해결하고 지구를 다시금 살기 좋은 환경으로 만드는 미래의 여러분을 만나게 되길 기대합니다.

차례

1장
우리는 어떤 미래를 만나게 될까요?

2장
기후 위기, 미래가 사라진다

1장

우리는 어떤 미래를
만나게 될까요?

더욱 빨라지는 변화의 속도, 달리는 말에 올라타라

여러분은 미국 주식 시장의 큰손으로 불리는 워런 버핏이라는 투자자를 아시나요? 벌써 아흔이 넘은 연세에도 세상의 트렌드를 누구보다도 잘 이해하고 예측하는 뛰어난 경제 전문가이기도 합니다. 워런 버핏은 1930년에 태어난 분이에요. 이제 몇 년 후면 탄생 100주년을 기념하게 되겠지요?

잠시 워런 버핏이 태어났던 1930년대로 시간 여행을 떠나 볼까요? 당시 미국은 1929년 주식 대폭락이 불러온 역사상 최악의 경제 위기인 '대공황'에 흔들리고 있었어요. 이전 시기의 호황에서 커져만 가던 가정의 소비도 급격히 위축되고, 많은 기업이 망하게 되자 일자리가 없어져 미국인들의 삶은 더할 나위 없이 어려운 시기였답니다. 더구나 그 여파가 전 세계로 미치게 돼 세계적인 경제 공황을 불러오게 되었답니다. 이런 암울한 시기에 워런 버핏이 태어났죠.

1930년대 미국은 대공황의 한가운데 큰 위기를 겪고 있었지만, 여전히 사람들의 삶은 앞으로 나아가야 했지요. 산업 혁명 이후 과학 기술에 관한 관심이 높아지면서 다양한 기술이 소개되고 시도되는 시기이기도 했습니다. 그래서 전통적인 문화와 새로운 기술 기반의 문화가 공존하기 시작했습니다. 농촌을 떠나 도시로 사람들이 몰리기 시작했고, 산업 혁명 이전에는 볼 수 없던 규모의 대도시가 미국을 비롯한 유럽 각지에서 생겨났습니다.

그렇다면 대도시의 삶에 빠질 수 없는 당시의 대중교통 수단을 한번 알아볼까요? 오랜 시간 미국의 큰 대지에서 이동 수단으로 여겨지던 대표적인 수단은 마차였습니다. 당시 미국의 말 숫자만 해도 2,000만 마리가 있었다고 하니 마부 수도 어느 정도 짐작이 갑니다. 마차가 여전히 대중의 주요한 교통수단이었지만, 도심을 중심으로 빠르게 자동차들이 선보이는 시기이기도 합니다.

잘 아는 것처럼 대중적인 모습의 자동차는 1908년 10월 1일에 등장합니다. 헨리 포드가 만든 포드사의 모델 T라는 자동차입니다. 모델 T는 자동차 디자인과 공정을 단순화해서 대량 생산이 가능하도록 만들어졌습니다. 그 덕에 포드사는 대중이 구매할 수 있는 비교적 합리적인 가격대를 유지할 수 있었습니다.

헨리 포드는 "고객은 원하는 어떤 색이든 선택할 수 있습니다. 단, 그 색이 검은색이어야 합니다"라는 유머러스한 말을 남기기도 했습니다. 실제로 1914년부터 10여 년간은 검은색을 위주로 판매해서 고객의 선택권은 크지 않긴 했습니다.

이렇게 십수 년이 지나고 단일 모델인 자동차에 새로운 스타일과 변화를 요구하는 고객들의 열망이 가득 차게 되지요. 그래서 1920년대 중반에는 초기 포드의 획일적인 '모델 T'에서 벗어나 롤스로이스 등 미국의 전성기를 상징하는 다양한 차가 신흥 부자들의 마음을 사로잡기 시작했습니다.

지금으로부터 100여 년 전에도 현대의 이동 수단이 있었다니 놀라운 면이 있지요? 여기서 조금 더 놀라운 이동 수단을 소개할까 합니다. 미국에서 민간 항공사가 운행을 시작한 해가 1920년대 중반이라는 점입니다.

당시 팬아메리칸항공이라는 민간 항공사가 파일럿과 승무원을 채용해서 승객들에게 항공 교통수단을 제공했습니다. 지금 우리가 생각해도 흥미로울 만큼 당시 도로에는 마차와 자동차가 같이 달리고, 하늘에는 민간 항공기가 이동 서비스를 제공했습니다.

만약 여러분이 그 시대의 청소년이었다면 어떤 직업을 선택했을까요? 지금의 정보력과 세상을 보는 눈이 있다면 적어도 마부가 되고 싶다는 생각은 덜 하게 되었을 겁니다. 이내 자동차나 항공기의 확대로 직업을 잃게 되었을 테니까요.

이런 시대에서 자란 워런 버핏은 거의 100년을 관통하는 경제적 흐름을 제때 알아보고 대응하는 탁월한 안목이 있었습니다. 그는 미래의 흐름을 파악해서 사전에 유망한 분야에 투자해 미국의 주식 부자 2위에 오르는 기록을 세우기도 했답니다. 어떻게 그런 일이 가능했을까요?

그가 자주 거론했던 투자 원칙이 '달리는 말에 올라타라'라는 말입니다. 세상의 흐름을 읽어야 한다는 말로도 해석할 수 있습니다. 세상이 변하는 방향에 관심을 쏟고, 자신도 같은 속도로 나아갈 수 있도록 준비하고, 마침내 달리는 말에 올라타 새롭게 다가오는 변화를 잘 활용하라는 의미겠지요.

당시의 워런 버핏이 자신에게 다가올 21세기를 꿈에 부풀어 바라보았듯 22세기에도 살아갈 여러분이 미래를 열 문의 열쇠를 준비할 때입니다. 누구도 미래를 알 수 없지만, 워런 버핏처럼 '세상을 보는 눈'을 뜰 때라는 거죠. 이전 시대의 인류보다 더 오래 살게 될 여러분은 누구보다 현명하게 달리는 말에 올라탈 준비를 해야겠지요. 이제 우리 앞에 중요한 것은 '미래를 보는 통찰력'이랍니다. 그렇다면 어떻게 미래를 꿰뚫어 볼 수 있을까요?

02

백년 직업의
시대가 열리다

우리는 미래를 살아 볼 수 있을까요? "아니요." 아무도 미래를 살아 볼 수 없습니다. 늘 우리가 사는 건 현재이기 때문입니다. 타임머신을 떠올리는 독자가 있다면 저와 같이 그런 날이 오리라는 희망을 품어 볼까요? 자, 다시 우리의 미래를 어떻게 볼 것인가를 생각해야 할 때입니다.

미래를 보는 통찰력을 키우는 것은 적어도 직업을 선택하는 단계에서는 필수적인 첫 단추랍니다. 직업은 우리나라 국어사전 정의에 따르면, '생계를 유지하기 위해 자신의 적성과 능력에 따라 일정한 기간 동안 계속해 종사하는 일'이라고 합니다. 요즘은 평생직장이라는 말은 자취를 감춘 지 오래이지만, 직업은 평생 가져야 할 우리 삶의 중요한 부분이 되었습니다.

수명이 길어져서 100세를 넘게 살게 될 여러분에게 직업은 그만큼 오래 유지될 수 있어야 한다는 큰 조건이 필요합니다. '백년 직업'의 시대가 열린 거죠. 그렇다면 우리는 어떻게 미래를 보는 통찰력을 기를 수 있을까요?

🌡️ 우리의 미래를 변화시키는 요인들

우리가 미래를 먼저 가서 살아 볼 수는 없다는 점에서 미래에 관한 모두의 입장은 평등하다고 할 수 있습니다. 그러나 자세히 들여다보면 우리가 시간을 대하는 방식처럼, 미래를 탐색할 수 있는 수많은 근거를 각자의 관점에서 흘려보내는 중일 수 있습니다. 어떤 사람은 똑같이 주어진 시간에 공부도 하고, 운동도 하고, 취미 생활을 하면서 시간을 계획적으로 사용하는가 하면, 밥 먹을 때를 제외하고는 핸드폰만 보면서 시간을 보내는 사람들도 있답니다.

그렇다면 이 두 부류의 사람들에게 시간이 과연 공평하게 쓰이고 있는 걸까요? 마찬가지로 아직 미래를 가 보진 못했지만, 어떤 미래가 펼쳐질 것인가에 대해 추론할 수 있는 다양한 정보가 주변에 넘쳐나고 있답니다. 그걸 알아보는 능력이 '미래를 보는 통찰력'이겠지요.

그렇다면 미래를 보는 통찰력에 정보를 제공해 주는 표시Sign들은 어떤 게 있을까요? 다양한 관점과 수많은 지식적 주장이 넘쳐나지만, 미래를 전망하는 전문가들이 공통으로 짚은 몇 가지 관점을 기반으로 설명하고자 합니다.

맨 먼저 인공 지능이 바꾸는 세상입니다. 2장에서 자세히 설명하겠지만 우리는 4차 산업 혁명 시대에 살고 있답니다. 10여 년 전만 해도 청소년들에게 인공 지능은 공학에 관심이 있는 일부 학생들에게만 알려진 분야였습니다. 그러나 이세돌 9단과 알파고의 대국 이후 그 베일을 벗고 우리 곁에 다가온 인공 지능은 너무나 빨리, 자연스럽게 우리 삶에 스며들고 있습니다. 편리함이나 효율성이라는 이름으로 포장된 인공 지능의 등장으로 우리는 부인할 겨를도 없이 4차 산업 혁명 시대에 진입하게 되었습니다.

우리가 4차 산업 혁명을 맞이하기까지 인류는 세 번의 커다란 대전환을 맞이합니다. 첫 번째가 수렵 채집으로 떠돌아다니던 시절을 지나 정착하는 인류로 대전환을 가져온 신석기 시대의 1차 농업 혁명입니다. 다음으로 18세기 중반부터 등장해 대량 생산과 도시화를 촉진한 2차 산업 혁명이 있습니다. 세 번째로 개인 PC 대중화와 인터넷이 시너지를 가져온 덕에 정보와 기술 중심 세계로 전환하게 된 3차 산업 혁명인 인터넷 혁명이 있습니다.

드디어 여러분은 모든 분야에 인공 지능을 비롯한 최첨단 기술이 융합돼 우리 삶의 차원을 놀랍도록 변화시키는 4차 산업 혁명 시대에 살게 되었습니다. 이렇게 변화하는 시대에 우리가 어떤 준비를 하고 어떤 직업을 선택해야 하는가를 고려하는 것은 어쩌면 당연한 수순이라고 할 수 있습니다.

또 급변하는 환경 속에서 4차 산업 혁명 시대에 살아남기 위한 방식을 배워야 합니다. 미리 준비하고 대응하는 사람만이 미래의 혜택을 누릴 수 있게 된다는 진리를 다시 한번 새겨 볼 때입니다.

미래를 바라보는 데 고려해야 할 두 번째 요소가 있습니다. 최근 인류에게 큰 공포를 주었던 코로나19와 같은 전염병의 등장입니다. 전 세계를 덮친 이 팬데믹으로 국경이 폐쇄되기도 했고, 기업과 학교 등이 제 기능을 하지 못하고 모든 일상적인 삶이 멈추는 걸 경험했습니다. 안타깝게도 전문가들은 앞으로 더 많은 전염병이 등장할 수 있다고 경고하고 있습니다.

그래서 미래를 전망할 때 이렇게 언제 다가올지 모르는 전염병, 질병에 대한 이슈 역시 포함해야 할 주요한 요소로 여겨야 한다는 주장이 많습니다. 마찬가지로 수시로 우리 미래의 삶을 긴장시킬 팬데믹 역시 쉽게 지나칠 수 없는 미래의 변수라고 할 수 있습니다.

또 다른 요소는 인구 수명의 증가입니다. 어려운 말로 인구 생태학적 변화를 말하는데요. 인간의 수명 증가는 단순히 오래 살게 된 것만을 의미하는 것이 아닙니다. 노후에 대한 경제적·사회적·문화적 준비가 필요하고, 사회적인 시스템도 그에 걸맞게 변화하는 큰 패러다임의 전환이 함께 진행돼야 하기 때문이죠. 더구나 식량 부족 문제는 장수가 가져오는 서글픈 이면으로 사회적 문제로 부상할 가능성이 매우 높아졌답니다.

《유엔미래보고서》에서는 2000년 이후의 출생자들은 기대 수명이 120세일 거라고 전망한 바 있습니다. 여러분이 이 수명 연장의 중심에서 100여 년이 남은 시간 동안 어떤 삶을 살아야 하는지 계획과 준비를 해야 하는 중요한 전환점에 있다고 할 수 있습니다.

다시 말하면, 인공 지능이 가져온 4차 산업 혁명, 언제 또 닥칠지 모르는 팬데믹, 과학 기술의 도움으로 연장되는 인간의 수명이라는 큰 미래를 축으로 삼아 뚜벅뚜벅 미래 세계로 나아가야 합니다.

그러나 잠시 미래를 전망하는 중요한 요소 중에 누락시킨 건 없을까요? 어쩌면 앞에서 언급한 미래를 보는 관점들을 넘어서는, 우리 삶의 근간을 흔들게 되는 중요한 사실을 지나친 건 아닐까요? 우리가 숨 쉬는 공기처럼 자연스럽게 생각한 기후라는 변수를 살펴볼 때입니다. 더 상세한 이유를 하나하나 설명하고자 하니 잠시 궁금증을 두고 다음으로 가 보도록 하지요.

🌡️ 상상이 현실로, 10년 후 미래의 모습

여러분 앞에 문이 2개 있다고 생각해 볼까요? 문 하나는 10년 후 미래를 볼 수 있는 문이고, 또 하나는 10년 전으로 돌아가는 문이라고 해보죠.

먼저 10년 전으로 돌아가 보면 얼핏 보기에는 지금과 크게 다르지 않은 세상을 만날 수 있을 거예요. 도심에는 높은 빌딩과 아파트, 복잡한 사거리에 막혀 있는 버스와 자동차, 횡단보도를 바쁘게 지나는 사람들의 풍경. 모두 지금도 낯설지 않은 모습이지요? 10년 전에 상상했을 법한 날아다니는 자동차는 고사하고, 아직도 자율 주행차가 도심에 진입하기에는 시간이 걸릴 것 같은 현재를 생각하면, 10여 년의 시간은 세상이 깜짝 놀랄 만한 변화를 불러일으키기에는 짧았던 것 아닌가 하는 생각이 들 수도 있습니다.

과연 그럴까요? 우리는 10년 사이에 인공 지능이 우리가 인식하지 못하는 곳곳에 깊숙이 들어오는 변화의 시기를 경험하고 있답니다.

두드러지게 우리의 시선을 사로잡은 것은 우주 시대의 개막입니다. 비록 아직은 실험적이지만 민간 우주 왕복선의 시대를 위한 도전이 시작되었습니다. 인공 지능과 우주공학의 결합으로 미국의 버진 갤럭틱이 2021년 민간인을 태우고 우주 유영을 하고, 성공적으로 지구로 복귀하는 놀라운 일이 있었답니다.

물론 해수면으로부터 86킬로미터밖에 올라가지 않았다고 경쟁자인 일론 머스크의 공격을 받긴 했지만, 미국항공우주국NASA의 공식 인정까지 받은 최초의 기록으로 남게 되었습니다. 이 혁신적인 최초의 시도는 앞으로 10년 안에는 우주여행 시대가 열릴 것이라는 기대감을 갖게 하는 성과라고 할 수 있답니다.

아직 너무 먼 미래 이야기 같은가요? 그렇다면 지난 10년간 급변하고 있는 또 다른 사례를 들어 보도록 할게요. 산업 현장에서의 변화는 우리 일상의 체감을 훨씬 뛰어넘고 있습니다. 수천에서 수만의 공정이 필요한 자동차 제조 공장에서 대부분의 공정을 기계가 대체하는 일이 일어나고 있어요.

크라이슬러라는 미국의 대표적인 자동차 제조사는 지프차를 만드는 전 과정을 자동화해 사람의 개입을 최소화하기도 했습니다. 그렇다면 그 많던 자동차 제조 공정의 작업자들은 어디로 갔을까요?

흔히 우리가 접하는 배달 음식이나 예약, 은행 업무를 볼 때 전화를 통해 간편하게 용건을 처리하곤 하는데요. 콜센터라고 부르는 전화 상담을 통해 고객들의 즉각적인 요청을 해소해 주곤 했습니다. 그러나 최근에는 콜센터에 사람 상담원 대신 챗봇으로 1차 상담을 하고, 더 상세한 상담을 요청할 경우 사람 상담원에게 연결하는 시스템으로 교체되고 있답니다. 자연스레 많은 상담원이 새로운 직업을 찾아야 하는 기로에 있기도 합니다.

지난 10년간 우리가 경험한 전 세계 공통의 코로나19 팬데믹은 우리의 학습 환경, 일터 환경, 식당 환경을 변화시켰답니다.

먼저 코로나19가 한창이던 시절에도 우리는 배움을 멈출 수 없었지요? 그래서 전염병 확산을 방지도 하면서, 학습을 할 수 있는 대안으로 '비대면 수업'을 진행했답니다. 아주 짧은 시간에 다양한 비대면 수업 방식과 기술이 등장했고, 현장에 적용하기 시작해서 큰 발전을 이루기도 했습니다.

또 코로나19가 한동안 지속되자 고객을 만나는 영업이든, 보고서 발표든 회사에서 일상적으로 하던 일들도 비대면으로 변하기 시작했어요. 드라마에서 회장을 중심으로 임원 수십 명이 회의실을 가득 메우던 장면에서 벗어나, 대부분 자신의 사무실이나 집에서 노트북으로 비대면 화상 회의를 하게 된 거죠. 이런 비대면의 효율성을 경험한 회사들은 코로나19가 완화된 시절에도 종종 비대면으로 회의를 하고, 제안서를 발표하고, 신입 사원을 채용하는 등 다양한 방식으로 발전시켜 가고 있답니다.

이번에는 우리가 자주 가는 식당이나 패스트푸드점의 달라진 모습을 떠올려 볼까요? 10여 년 전에는 거의 볼 수 없었던 키오스크 주문 시스템이 곳곳에 도입되기 시작했고, 많은 식당에서는 테이블에 앉아서 먹고 싶은 음식을 주문할 수 있는 테이블 주문 방식이 일반화되고 있답니다. 1인 점포의 증가와 인건비 상승이 불러일으킨 기술의 활용이라고 하겠지요.

자, 이제 지난 10년간 꽤 많은 변화가 일어나고 있다는 걸 체감하겠지요?

이제 10년 후를 미리 볼 수 있는 문을 열어 볼까요? 아마도 겉으로는 과거 10년처럼 크게 변화된 모습을 보지 못할지 모릅니다. 그러나 자세히 들여다본다면 좀 더 많은 기기가 우리를 둘러싸고 있을 거예요. 작은 스마트폰에 더 많은 기능이 담길 수도 있고, 규제가 허용된 안전한 구간에서는 자율 주행 셔틀이 더 자주 다니게 될 거고요. 또 지금도 공항과 식당에서 보이는 로봇이 여기저기서 각각 다양한 모습으로 우리를 도와 주게 될 거예요.

예를 들면 휴머노이드 로봇이 요양원에서 할머니와 할아버지께서 제때 약을 먹을 수 있도록 도와 주기도 하고, 치매 어른과 그림 맞추기 게임을 하거나, 끝말잇기를 하면서 언어 능력이 퇴화하지 않도록 말동무가 되어 주기도 합니다. 이런 활동으로 치매 어른들의 증세가 악화하지 않도록 지켜 주는 돌봄로봇 역할을 톡톡히 해내고 있을지 모릅니다.

또 지금 우리가 유망하다고 생각했던 직업들이 자리를 잃게 되고, 인공 지능 등 첨단 기술의 발전으로 새로운 직업들이 생겨날 것이라고 전문가들은 전망합니다.

03

미래 세상의
주인공으로 사는 법

⋮

우리 앞에 펼쳐질 미래는 한 번에 놀랄 만한 변화를 일으키는 영화와 같은 모습은 아닐 거예요. 그래서 그 변화를 느끼고 대응하는 것이 더 어려울지 모릅니다. 저 멀리서 파도가 밀려들면 피해서 방파제 위로 뛰어갈 수 있지만, 가랑비에 옷 젖는지 모른다는 속담처럼 소리 없이 그 형체도 알 수 없게 다가오는 미래를 준비한다는 일이 힘든 거겠지요.

여러분은 아직 세상의 변화에 대응할 힘이 없다고 생각할 수 있지만, 열여섯 살의 나이에 유엔에서 환경 이슈를 당당히 어른들에게 질문하고 책임을 물은 그레타 툰베리라는 소녀를 알 겁니다. 또 전 세계에서 1,000건이 넘는 환경 문제를 다룬 '어린이 소송'이 진행되고 있답니다. 우리나라도 초등학교 3학년 학생이 어린이 62명과 함께 2022년에 기후 소송을 제기하고 2024년에 대법원에서 승소를 한 바 있습니다. 조금만 시선을 달리하면, 스스로 지금의 문제를 알아보고 대응을 요구하는 실천을 할 수도 있다는 거지요.

우리 주변에는 미래를 예측할 수 있는 힌트들이 곳곳에 숨겨져 있답니다. 마치 보물찾기를 하듯 이 책을 통해 같이 찾아보고 미래를 어떻게 준비해야 하는지 알아보도록 해요.

먼저, 피할 수 없게도 우리는 기후 대전환 시대를 살아가게 될 겁니다. 기후 변화의 시대를 살고 있는 우리에게 기후란 어떤 의미인지 알아보고자 합니다. 이어서 인공 지능으로 대표되는 4차 산업 혁명을 좀 더 알아보고자 합니다. 인구 생태학적 변화인 인간 수명이 미래의 삶에 미치는 영향을 진지하게 논의해 보고자 합니다.

이처럼 이미 시작된 기후 위기 속에서 인공 지능과 인간 수명 연장의 환경과 더불어 어떤 미래가 펼쳐질지 공감대를 먼저 나누고자 합니다. 이런 배경을 바탕으로 미래의 직업을 선택하는 데 무엇을 고려해야 하는지 알아보고자 합니다. 구체적으로는 기후테크 시대에 분야별로 어떤 직업이 필요하게 될지 안내하고자 합니다. 이제는 여러분의 시대니까요.

우리에게 한 번밖에 없는 이 지구라는 행성에서의 삶을 보다 행복하고 자신감 있게 살아가는 방법을 알아봐야 할 때입니다. 무엇이든 도전할 수 있는 행운의 시기를 지나고 있는 여러분만이 잡을 기회가 펼쳐지고 있답니다. 여러분이 미래의 주인공으로 살아가기를 바라면서 이 여정을 출발해 볼까 합니다. 자, 준비되었나요?

2장

기후 위기,
미래가 사라진다

01

기후 위기가
진짜일까요?

'빙산의 일각'이라는 표현이 있지요? 우리는 종종 인터넷, TV 등에 크게 보도되는 뉴스만 기억하곤 합니다. 시각적으로 엄청난 충격을 주는 사건들이거나 태풍 또는 지진 같은 큰 피해가 발생한 뉴스들이죠. 우리는 이렇게 자연재해로 생명이 위험해지거나 평범한 삶을 붕괴시키는 참혹한 영상들을 마주할 때만 잠시 머물고는 이내 일상으로 돌아오곤 합니다.

물론 그렇게 충격이 크고, 눈길을 끄는 사건이나 사고도 재발하지 않도록 노력해야 하는 거지만, 그런 것만이 우리가 알아야 할 중요한 뉴스가 아닙니다. 마치 빙산의 일각처럼요.

우리는 어쩌면 해수면 밑에 잠겨져 있으나, 부인할 수 없는 빙산의 전체 모습을 바라봐야 할 수 있습니다. 이처럼 '불편한 진실'들을 애써 누르고 있는지도 모르겠습니다. 우리 삶에 미치는 다양한 사회적 변화나 세상에서 벌어지는 일들은 우리가 눈을 질끈 감으면 더는 사건이 아닌 것으로 그냥 남겨 둘 수 있을까요? 사회 구성원으로서 성숙하고 독립적인 삶을 준비하는 여러분에게는 이제 이런 빙산 전체를 바라보는 용기와 지혜가 필요한 시점입니다.

지금부터 어느새 눈덩이같이 커진 우리 앞의 난제들을 직면하게 될 겁니다. 우리가 시선을 애써 회피한다고 해도 더는 물러설 수 없는 '강적 이슈'를 소개하고자 합니다. 21세기 인류에게 다가온 여러 변화 중 가장 우려스러운 '기후 변화' 또는 '기후 위기' 이슈입니다.

기후 변화라고 통칭하기로 하고, 다음과 같은 질문을 꺼내 봅니다. 기후 변화는 무엇일까요? 위키백과의 정의에 따르면, '기후 위기Climate Crisis, 기후 비상사태Climate Emergency, 기후 변화Climate Change는 온난화처럼 지구의 평균 기온이 점진적으로 상승하면서 전 지구적 기후 패턴이 급격하게 변화하는 현상 또는 이런 변화로 인한 위험의 증거를 통틀어' 말합니다.

우리나라는 2022년 3월 25일 제정한 '기후위기 대응을 위한 탄소중립·녹색성장 기본법'에서 기후 변화와 기후 위기를 다음과 같이 정의하고 있습니다.

"기본법 제2조 1항에서 기후 변화는 사람의 활동으로 인해 온실가스의 농도가 변함으로써 상당 기간 관찰돼 온 자연적인 기후 변동에 추가적으로 일어나는 기후 체계의 변화라고 정의합니다. 이어, 기본법 제2조 2항에서, 기후 위기는 기후 변화가 극단적인 날씨뿐만 아니라 물 부족, 식량 부족, 해양 산성화, 해수면 상승, 생태계 붕괴 등 인류 문명에 회복할 수 없는 위험을 초래해 획기적인 온실가스 감축이 필요한 상태라고 말하고 있습니다."(환경부, 2021)

이처럼 지구가 지금 처한 상황이 단순히 기후 변화라고 말하기에는 그 선을 넘은 상태라고 할 수 있습니다. 점차 지금의 상태를 '기후 위기' 수준이라는 걸 경고하는 의견들이 우세해지고 있답니다. 유엔 사무총장인 안토니우 구테흐스는 2023년 7월, "지구 온난화Global warming의 시대가 끝나고 끓는 지구Global boiling의 시대가 시작되었다"라고 말했습니다.

이전에는 상상해 본 적도 없는 무시무시한 표현이 등장한 거지요. 지구를 이전의 살기 좋은 공간으로 되돌릴 시간이 얼마 남지 않았다는 경고이기도 합니다. 물론 일부 학자들은 이미 그런 골든 타임이 지나가고 있다고 주장하기도 합니다.

실제로 영국의 천재 물리학자였던 스티븐 호킹 박사는 2018년 세상을 떠나기 전 "인류가 멸망하지 않으려면, 향후 200년 안에 지구를 떠나야 한다"(최준호, 2018. 03. 19)라는 충격적인 말을 유언처럼 남겼습니다. 호킹 박사는 인공 지능의 급속한 발전이나 팬데믹이 부를 바이러스, 인구 증가, 전쟁으로 인한 대재앙을 언급하면서 더불어 지구 온난화로 인한 인류 종말에 대한 우려를 강하게 표현하기도 했습니다.

이런 위기의식을 실제 행동으로 옮긴 스웨덴의 10대 소녀였던 그레타 툰베리가 있습니다. '기후를 위한 학교 파업'이라는 피켓을 들고 일인 시위를 시작한 툰베리는 많은 사람을 감동시켰고, 그다음 해인 2019년 제24회 유엔기후변화협약UNFCCC 당사국총회에 초청돼 국가들의 적극적인 대응을 촉구한 바 있습니다. 이전 세대의 잘못된 방식으로 인해서 자연환경을 훼손하고, 지구 온난화를 부추기는 상황이 벌어졌다는 점을 강렬하게 지적했습니다. 더 나아가 이는 미래를 살아갈 자신들의 자산을 당겨쓴 것이라는 호소를 통해 많은 이의 호응을 끌어냈고 지금까지도 환경 운동에 많은 사람이 참여하도록 한 큰 전환점이 되었습니다.

이런 우려와 행동을 통해서 기후 위기, 기후 붕괴 등으로 지금의 현 상황을 진단하는 의견들이 우세해지고 있습니다. 기후·환경 전문가들을 비롯해 이제는 각국의 정치·경제 리더들까지 기후 변화를 매우 우려스러운 시선으로 바라보고 있답니다.

그래서 다음과 같이 세계과학자연합Alliance of World Scientists에서

> **세계과학자연합의 기후 변화 완화를 위한 긴급 행동 지침**
>
> 첫째, 화석 연료를 저탄소 재생 에너지로 대체한다. 둘째, 메탄, 그을음, 수소불화탄소 등 단기 기후 오염 물질 배출을 신속하게 줄인다. 셋째, 산림과 초원, 이탄 지대, 습지와 맹그로브 숲 같은 생태계를 복원하고 보호한다. 넷째, 식물성 식품을 더 많이, 동물성 식품을 더 적게 섭취한다. 다섯째, 탄소 없는Carbon free 경제로 전환해 생물권에 대한 인간의 의존을 해결한다. 여섯째, 사회적·경제적 정의를 보장하고 지구촌 인구를 안정화시킨다. 《바이오사이언스》, '2019년 기후 변화 비상사태 선언문' 중에서 / 웰즈, 2024 재인용)

는 기후 변화 완화를 위한 긴급 행동 지침을 발표하기도 하고, 국제 연합기구를 통해서 기후 위기를 탈피하고자 하는 노력이 이 순간에 도 이어지고 있습니다.

이런 우려들은 기후가 우리 예상보다 빠른 속도로 급격하게 변 화해서 더는 관망할 수만은 없는 상태가 되었음을 의미합니다. 아무 일도 하지 않으면 아무런 개선을 끌어낼 수 없는 거죠. 우리의 손에 달린 '더는 미룰 수 없는 현재의 문제'로 받아들여야 하는 겁니다. 여기서 주목해야 할 해석은 기후 패턴이 '급격하게' 변한다는 부분 입니다.

대체 기후가 '급격하게' 달라진다는 건 어느 정도를 말하는 걸까 요? 지구는 오랜 역사 동안 기후가 급격하게 변한 적이 없을까요?

🌡️ 지구 역사로 보는 기후 이야기

과학자들에 따르면, 약 138억 년 전 빅뱅으로 우주가 만들어졌 다고 합니다. 수소와 헬륨이 우주 공간에 채워지기 시작했고, 점차 물질들이 모여서 은하계를 만들었다고 합니다(반기성, 2024). 은하계 는 고요하게 머무는 대신 별들이 폭발하고 소멸하는 과정을 반복하 고 있습니다. 이를 통해 약 50억 년 전에 태양이 탄생하게 되었다고 해요. 이어서 우리가 살고 있는 지구가 생성되었답니다.

연구에 따르면, 지구 나이는 약 46억 년이라고 합니다. 그 긴 시간을 한 번에 보기는 어렵지요. 그래서 이해를 돕기 위해 일반적으로 지구 역사는 4개 시대로 구분해 설명한답니다. 시작은 선캄브리아부터 하는데요, 이어서 고생대, 중생대, 신생대 순입니다.

첫 번째로 가장 오래된 선캄브리아기는 지금부터 46억 년부터 5억 4000만 년 전에 해당하는 상대적으로 긴 시대를 의미합니다. 두 번째는 고생대로 5억 4000만 년 전부터 2억 5000만 년 전의 시기입니다. 고생대에서 가장 오래된 기간이 캄브리아기인데, 삼엽충 화석이 많이 발견된 영국 웨일스 지방을 라틴어 어원으로 칭해서 '캄브리아기'라고 하는데요. 기온이 상승하면서 해수면도 상승해 해양 생물들이 넓게 분포해 살던 시기라고 합니다. 세 번째는 공룡으로 친숙한 중생대로 2억 5000만 년 전에서 6600만 년 전을 말합니다. 우리 인간이 살고 있는 신생대는 6600만 년 전부터 시작해 현재에 이르고 있답니다.

지구에 현생 인류로 알려진 호모 사피엔스 사피엔스는 겨우 30만 년 전에 출현했다고 합니다. 지구 역사가 46억 년이라고 할 때 인류의 탄생 시기를 비교하는 것이 어려운데요. 흥미로운 비교를 소개해 보겠습니다.

체감하기 쉽게 지구 역사를 1년으로 축약해 한번 알아보겠습니다. 지구가 46억 년 전에 시작되었다고 하면 그날을 1월 1일 0시라고 해보자는 겁니다. 이렇게 계산하면 40억 년쯤 생겨난 최초의 생명인 원핵생물은 2월 16일경에 탄생을 한 격입니다. 까마득히 먼 공룡 시대는 12월 16일에 볼 수 있죠. 최초의 사람과로 분류되는 인간이

500만 년 전에 출현했다고 가정하면, 12월 31일 오후 5시경에 탄생했다는 겁니다. 현생 인류 탄생은 12월 31일 11시 55분에서야 이뤄졌다는 거지요(데이비드 J. 스미스, 2023. 06. 30).

인간이 지구 역사에서 이렇게 늦게 출현했음에도 지구를 마치 지배하는 것처럼, 지금까지 지내 왔다는 데서 다들 놀랐을 거예요. 이렇게 보면 인간은 지구 역사에 비하면 아주 작은 부분일 수밖에 없습니다. 이런 지구를 잠시 빌려 쓰는 인간이 지구를 위협하는 장본인이 된다는 점에서 지금까지의 삶의 방식을 되돌아볼 때가 된 것 같습니다.

대멸종을 다섯 번 경험한 지구

46억 년 전부터 시작한 지구는 다섯 번의 대멸종을 경험했다고 합니다. 이는 고생대 이후부터 화석을 분석한 결과인데요. 실제로 46억 년 전의 지구 탄생기부터 약 40억 년의 역사는 베일에 싸여 있다고 할 수 있습니다. 아직은 탐구해야 할 시대를 잠시 뒤로하고, 대멸종을 기준으로 좀 더 알아보고자 합니다.

대멸종이 중요한 이유는 말 그대로 대부분의 생명이 소멸하는 큰 격변을 지나면서 지구 역사를 구분하는 기준점이 되었기 때문입니다. 고생대, 중생대, 신생대 등으로 나눌 수 있습니다.

다섯 번의 지구 대멸종 역사 중 첫 번째라고 추정되는 대멸종은 지금부터 4억 5000만 년 전 고생대에 일어났습니다. 고생대는 구고생대와 신고생대로 구분하곤 합니다. 첫 번째 대멸종은 구고생대에

속하는 오르도비스기(생물 다양화가 이뤄진 시기로 4억 8000만 년 전~
4억 4000만 년 전)와 실루리아기(무척추동물이 등장하는 4억 4000만 년 전
~4억 1900만 년 전) 사이에 발생했는데, 멸종이라는 명칭처럼 당시에
생존했던 생물의 86%가 지구상에서 찾아볼 수 없게 되었습니다. 원
인은 대규모 화산 폭발로 인한 분진으로 지구 지표 온도가 급강하
했을 것으로 추정합니다. 그 결과 광합성이 어려워진 식물들이 산소
부족으로 사라지고, 동물 역시 생존하기 어려워졌을 겁니다.

두 번째 대멸종은 지금부터 약 3억 6000만 년 전 신고생대에 해
당하는 데본기(육상 식물과 어류가 번성한 4억 1900만 년 전~3억 5000년
만 년 전)에 발생했습니다. 이번에도 지구상의 생물 중 약 70~75%가
멸종했다고 합니다. 이 시기에도 양치식물이 번성했다고 알려져 있
습니다. 양치식물의 번성으로 광합성 작용이 활발히 일어나서 이산
화탄소가 부족하게 됩니다. 그 결과 온실가스 생성이 어려워져서 지
구 기온이 낮아지는 기후 변화로 생물의 생존이 어렵게 되었다고 추
정합니다.

세 번째 대멸종은 고생대의 페름기(산호 등이 번성했던 시기로 약
2억 9000만 년 전~2억 5000만 년 전) 끝자락에 일어났으며, 파괴력이 엄
청나서 고생대의 종말을 의미할 정도로 많은 생물종이 지구상에서
사라졌습니다.

당시 환경을 연구한 학자들에 따르면, 산소가 줄어들고 오존층
또한 사라져 생물이 지구상에 살 수 없을 정도의 강한 자외선이 쏟
아진 것이 멸종에 영향을 미친 주요 요인 중에 하나라고 꼽고 있습

니다. 지금의 지구 평균 기온보다 급격히 높아지는 극심한 온난화 현상을 겪었을 것으로 추정합니다. 지진 등으로 갇힌 석탄이 타면서 이산화탄소를 내뿜어 지구 평균 기온을 갑자기 6도 이상 상승시키는 기상 악화가 일어났다고 합니다. 기온 급상승은 바다 온도도 높여서 해양 생물의 멸종에 직접적인 영향을 미치게 되었습니다.

또 한 가지 멸종의 주요 요인은 시베리아 트랩이라고 하는 러시아 시베리아 지역의 거대한 화산이 지각 충돌로 폭발하면서 메탄가스가 대량 분출된 것입니다. 메탄은 이산화탄소보다 20배 이상의 온실 효과를 가져오므로 지구 평균 기온을 심각한 수준으로 끌어올리게 됩니다.

학자들은 이 시기를 지구 생태계 역사상 최악의 파괴로 일컫습니다. 데이비드 월러스 웰즈의 《2050 거주불능 지구》에서는 이 3차 대멸종 때 지구 생물종의 96%가 소멸했다고 지적합니다. 그만큼 충격적인 변화로 고생대가 막을 내리고 중생대가 시작되는 기점이기도 합니다.

네 번째 대멸종은 약 2억 1000만 년 전인 중생대 트라이아스기(파충류 번식과 공룡의 등장이 활발했던 2억 5000만 년 전~2억 년 전) 말에 발생했습니다. 이번에도 지구상의 생물종 70% 이상이 멸종하는 또한 번의 참사가 일어나고 맙니다. 이 시기에 바닷속의 화산 폭발이 대규모로 발생해 이산화탄소가 폭증했다고 합니다. 그 결과, 지구 온난화와 에어로졸 등으로 인한 기후 위기가 지속돼 생물이 멸종하게 됩니다.

다섯 번째 대멸종은 아마도 여러분에게 비교적 친숙할 것 같습니다. 중생대 백악기(암모나이트부터 공룡이 번성했던 시기로 약 1억 4500만 년 전~약 6500만 년 전) 말기에 일어났는데, 우리가 잘 아는 티라노사우루스와 트리케라톱스 등 이 시기에 번성했던 공룡이 지구상에서 사라졌기 때문이죠. 중생대는 온난한 기후로 생물에게 최적의 생존 환경을 제공해 주었는데요. 그래서 먹이 걱정 없이 다양한 공룡이 살기에 좋았고, 양치식물도 번성했답니다.

하지만 화산 폭발과 운석 충돌이 이어지면서 화산재 등이 불러일으킨 기후 급강하를 견디지 못하고, 변화된 생태계에 적응하지 못한 공룡은 지구상에 흔적만 남기고 멸종하게 되죠. 공룡의 멸종과 함께 당시 지구는 생명체 중 75%가량이 소멸하는 큰 변화를 겪게 됩니다.

지구가 겪은 다섯 번의 대멸종은 지진이나 화산 폭발 등과 같은 자연재해로 인한 이산화탄소나 메탄 분출이 온실가스 농도를 높여서 결국엔 생물이 생존하기 어렵게 되는 경우가 많았습니다. 운석 충돌 등과 같은 큰 격변이 지구의 안정적이었던 기후 환경을 변화시켜서 지구상의 생물 터전을 위협했기 때문입니다. 이처럼 지구는 다섯 번째 멸종을 끝으로 중생대의 막을 내리고, 인간 등 포유류가 등장하는 새로운 시기, 신생대를 맞이하게 됩니다.

인간과 공존하게 된 지구

자, 우리가 살고 있는 신생대를 좀 더 알아볼까요?

그리스어로 '가장 새로움', 플라이스토세

신생대는 지금으로부터 6600만 년 전으로 거슬러 올라갑니다. 다양한 동식물이 출현했다가 여러 차례의 기후 변화로 멸종하기도 했습니다. 특히 신생대 중 플라이스토세Pleistocene(260만 년 전~약 1만 2000년 전)라고 불린 시기는 지구의 평균 기온이 지금보다 5~10도 낮았다고 합니다. 이렇게 낮아진 기온에서 지구는 빙하기를 맞이합니다. 100만 년의 지구 역사에는 일곱 번의 빙하기 흔적을 찾을 수 있는데, 보통 10만 년 주기로 온다는 것이 과학자들의 추론이기도 합니다. 그래서 지금이 작은 빙하기, 즉 소빙하기가 지구를 덮칠 수 있다는 학자들의 우려가 있기도 합니다.

다시 신생대로 돌아가 보면 현재까지 마지막 빙하기로 불리는 플라이스토세 빙하기에는 인류가 남아프리카를 떠나 아시아를 거쳐 전 세계로 크게 이동합니다. 우리가 아는 오스트레일리아와 아메리카 대륙까지 진출하게 되는데요(이동민, 2024). 오늘날보다 해수면이 100미터 수준 아래까지 낮아지기도 해서 지금의 섬이나 대륙들이 당시에는 서로 연결돼 있어 가능한 일이었답니다.

빙하기가 한창이던 때는 여름이라고 해도 10도를 넘지 못하는 추운 시기가 지속되었습니다. 당연히 당시에 출현했던 동물들은 추워진 날씨에 맞서 두꺼운 가죽과 무성한 털로 몸을 감싼 모습을 띠게 됩니다.

매머드를 들어 보셨지요? 이 시기에 거대한 매머드가 무리를 지어 살게 됩니다. 물론 지금 우리가 떠올리는 매머드 이미지는 털이 많고 육중한 느낌으로 다가오지만, 실제로 빙하기가 아닌 시기에 온난한 지역에 살던 매머드는 털이 많지 않았다고 합니다. 빙하기에 접어들면서 털매머드가 적응해서 살아남은 결과인 거죠. 이때 우리가 기억하는 대표 이미지인 털이 많은 매머드가 남게 된 것 같습니다.

사람속Homo은 플라이스토세인 약 240만 년 전에 아프리카 남부에서 등장했다고 합니다. 당시 출현했던 인류는 호모 하빌리스Homo Habilis라고 하는데요. 여기서 '하빌리스'는 손을 잘 사용한다는 의미로, 수렵 생활을 하기에 도구 사용이나 나무 타기도 적절하게 잘했을 것으로 학자들은 추정합니다.

아프리카에서 시작된 현생 인류는 적어도 7~8만 년 이전부터 남아프리카를 떠나 더 넓은 세계로 이동합니다(최덕근, 2018). 당시 지구의 기온이 점차 낮아지고, 사막에 비가 많이 오는 기후로 변했다고 합니다. 심지어 사막의 대명사인 사하라 사막도 당시에는 동물들이 서식할 수 있는 초원 지대였다는 증거가 나오고 있지요.

그리스어로 '완전히 새로운 시대', 홀로세

이 빙하기를 지나서 등장하는 홀로세Holocene(약 1만 1,700년 전~현재)를 알아보도록 하지요. 홀로세는 전 시대인 플라이스토세와 무엇이 달랐을까요? 플라이스토세는 빙하기와 간빙기가 반복되고 극한의 추위가 빙하기를 불러올 만큼 심한 기후였다면, 홀로세는 따뜻한 기후 덕분에 안정적인 환경이 조성되었답니다.

그 결과 인류가 정착해 농업을 시작하고, 현재 우리가 볼 수 있는

> **골디락스** 영국 전래 동화 《골디락스와 곰 세 마리》에서 주인공 소녀 이름이랍니다. 골디락스가 숲속의 오두막을 발견하고는 식탁 위의 뜨거운 수프, 차가운 수프, 적당히 따듯한 수프 중에서 적당한 온도의 세 번째 죽을 먹고, 다음으로는 옆방에서 딱딱하거나 물렁한 침대 말고 적당히 폭신한 세 번째 침대에서 잠이 들자, 이를 안 주인 곰 세 마리가 놀라서 달아났다는 데서 유래한 말입니다. 경기 과열이나 불황이 아닌 안전하게 성장하는 호황을 의미하는 말로 '골디락스 경제'라는 용어가 생겨났습니다(고승욱, 2024. 08. 24). 이런 유래를 바탕으로 지질학에서는 사람이 살기에 딱 좋은 기후인 홀로세를 '골디락스 존'이라고도 부릅니다.

다양한 생물종이 번성하는 시기라고 할 수 있어요. 이 시기를 지질학적으로는 지구가 황금기(골디락스 존Goldilocks Zone)를 맞이한 시기라고 합니다. 지구가 너무 덥지도 너무 춥지도 않은 흔치 않은 온난한 기후였기 때문이죠. 이 홀로세가 인류에게는 역사상 가장 안정적인 기후 조건을 갖춘 시대라고 합니다.

🌡️ 홀로세인가, 인류세인가

살펴본 것처럼 우리는 지질 연대로 구분하면 홀로세에 살고 있습니다. 그러나 최근에는 홀로세로 불리기보다 인류세Anthropocene로 불리는 경우를 어렵지 않게 찾아볼 수 있습니다.

인류세라는 말은 이 지질 시대를 인류가 주인공으로 살아가는 세대라는 의미를 포함하고 있기도 합니다. 인간이 지구의 주인일 수 있을지 의문이 드는 부분이지만, 앞으로도 자주 듣게 될 용어이니 이번에 알아보면 어떨까 합니다.

인류세라는 개념은 오존층이 파괴되는 원인을 밝혀 1995년 그 공로로 노벨상을 받은 네덜란드 화학자인 파울 크루첸이 처음 소개했습니다. 그가 지금의 시대를 인류세라고 부른 이유는 인간으로 인해 지구 환경이 변화되고 악화하고 있다는 걸 강조하기 위해서입니다. 즉, 대규모로 화석 연료를 무방비로 사용하면서 탄소 배출이 많아지고, 이는 온실가스를 발생시켜 지구 온난화가 급속도로 진행하고 있다는 점을 지적하고자 한 겁니다. 실제로 인류세에 대한 논란은 진행 중입니다.

파울 크루첸의 주장처럼 산업 혁명 이후로 보는 시각도 있고, 인류가 농업을 시작하고 가축을 기르면서 자연은 훼손되고, 메탄 같은 농도 짙은 유해 물질이 뿜어져 나와 인간의 정착 농업 시대 이후부터 인류세라고 칭하는 학자들도 있습니다. 그러나 이런 논쟁의 근본에서 중요한 점은 인류세를 어떤 시기로 정의할 것인지가 아니라 대다수의 학자가 인간의 활동이 지구 환경을 지속적으로 악화시키는 방향으로 가고 있다는 우려에 깊이 공감한다는 점입니다.

캐럴린 머천트는 《인류세의 인문학》(2022)에서 2016년 항공기가 사용하는 제트 연료 소비량은 미국 내 교통 부문 온실가스 배출량의 12%를 차지하고, 미국에서 배출하는 전체 온실가스의 3%에 해당하는 수치라고 밝힌 바 있습니다. 이런 온실가스 배출량은 2030년에는 2013년 대비 39.65%, 2050년에는 95.06% 더 높아질 것이라고 우려를 하기도 했답니다.

이 책에서는 '어떤 집단이 기후 변화를 완화할 책임이 있는가'라는 질문을 제시합니다. 그동안 우리가 주의 깊게 생각하지 않은 시각을 보여 주는데요. 기후와 관련된 윤리적 관점이 필요하다는 겁니다. 즉 탄소를 난방이나 요리 정도에 사용하는 '가난한' 국가들이 산업 혁명부터 지금의 휘황찬란한 현대 문명의 중심에 있는 다수의 선진국과 같은 비중으로 책임을 지게 해서는 안 된다는 거지요.

산업화 국가들은 제조부터 항공, 선박에 이르는 수출 과정에서 엄청난 탄소를 발생시키고 있는 반면, 아직 산업화가 고도로 진행되지 않은 나라들은 심각한 탄소를 분출할 만한 환경이 아님에도 지구를 공유한다는 이유로 미세 먼지, 폭우, 폭풍, 기후 온난화 등 다양한 피해를 고스란히 나눠 짊어지고 있는 현실을 생각해 봐야 한다는 뜻이겠지요.

☷ 6차 대멸종에 대한 경고

지구 역사상 최악의 대멸종으로 꼽히는 세 번째 멸종이 고생대 말기인 페름기였음을 언급한 적이 있는데요. 세 번째 대멸종으로 생물종의 96%가 사라졌다고 할 정도로 지구는 끔찍한 재앙을 맞습니다. 당시 지구 환경은 화산 분출로 온도가 상승했고, 적도 근처의 바다는 15도까지 상승했을 것으로 학자들은 분석하고 있습니다.

이렇게 급격히 높아진 수온은 물속에서 용해할 수 있는 산소를 감소시킵니다. 즉, 따뜻해진 물은 산소를 덜 포함하게 되죠. 더구나 물속의 온도가 상승하면 해양 미생물이 증가하면서 이들이 소비하는 산소 요구량도 폭증하게 됩니다. 이런 악순환으로 물 온도가 오르기 전에는 안전하게 생존하던 바닷속 생물이 급격히 온도가 올라간 페름기의 바닷속에서는 살아남기 어렵게 됩니다. 산소가 부족해져서입니다. 그래서 생물들은 멸종을 당할 수밖에 없었을 겁니다. 당시 해양 생물의 90% 이상이 사라졌을 것으로 분석한답니다.

기후학자들이 이 페름기의 대멸종에 관심을 더 두는 이유는 지금의 온난화 패턴과 비슷하기 때문이라고 해요. 온난화는 산업 혁명 이전보다 지구 평균 기온을 1도 이상 올려놓은 상황입니다. 산업 혁명 이전의 지구 평균 기온은 지금보다 1도 이상 낮아서 동식물들에겐 비교적 쾌적한 환경이었습니다.

하지만 19세기 말에서 20세기 초기에 급격한 산업화로 도시와 근교 곳곳에 우후죽순으로 공장을 세우기 시작했습니다. 지금과는 달리 어떤 유해 물질이 위험한지에 대한 논의보다 '더 빨리, 더 많이' 생산하는 데만 온 관심이 쏠려 있던 시기였습니다.

산업 혁명 초기에는 특별한 규제나 정부의 가이드라인이 없이 이산화탄소를 방출하는 공장들이 생겨났습니다. 이처럼 대량 생산이 목적인 시기를 거치면서 메탄가스와 이산화탄소같이 유해 물질들이 방출돼 온실가스를 폭증시키게 됩니다.

대량의 온실가스가 배출되면서 지구 평균 기온은 산업 혁명 이후 100여 년 만에 1도 이상 올라가게 됩니다. 과거에는 평균 2500년 동안 지구 평균 기온을 1도 정도 상승시켰다는 연구 결과에 비교해 보면 매우 급격한 변화라고 할 수 있습니다.

2022년 〈사이언스〉지에 발표된 논문에서는 지금과 같은 온난화가 지속된다면 2300년경에는 페름기의 대멸종과 유사한 수준의 멸종 상황이 올 것이라는 분석을 했습니다(이충환, 2024). 이는 생물종이 90% 이상 사라지는 대멸종을 말하는 것인 동시에 인류도 그 안에서 안전하지 않을 수 있다는 걸 의미한답니다. 그러니 우리가 기후에 대해 지금보다 더 진지한 자세로 살펴봐야 할 때가 되었다는 것에 동의할 수밖에 없는 시기가 되었답니다.

02

인류 역사 속
기후 변화의 영향

🌡️ 문명의 개화와 멸망의 시대

우리가 살고 있는 지금이 지질 연대로 홀로세인 걸 이제는 다들 알고 있지요? 홀로세는 다른 말로 '충적세沖積世'라고 불리기도 해요. '충적'이란 땅이 퇴적된 걸 의미하는데, 농경 사회로 진입하면서 인류가 충적 지대를 터전으로 살게 되었기 때문입니다. 살기 좋은 시대에 진입하면서 인류는 농사를 짓고 정착 생활을 하면서 화려한 문명의 꽃을 피웁니다.

기원전 : 기후가 불러온 문명의 흥망성쇠

우리는 역사를 통해 미래를 가늠하기도 합니다. 지금 겪고 있는 기후 위기는 과거에도 있었는데요. 기후는 문명이 꽃피는 발판을 마련하기도 하고, 쇠락하는 실마리를 제공하기도 합니다. 대표적인 사례를 마야 문명에서 찾을 수 있는데요. 기원전 2000년경 멕시코를 비롯한 중앙아메리카 일대에서 찬란한 문화와 부를 자랑했던 문명입니다.

우리와는 지리학적으로 가장 먼 지역이라서 신화처럼 상상하게 되는 문명인데요. 지금 기술로도 구현하기 어려운 놀라운 문명 수준을 자랑했던 이 마야 문명은 얼마 가지 못하고 멸망하게 되지요. 연구에 따르면, 번성했던 마야 문명에 멸망의 그림자를 씌운 주범으로 기후가 지목되었다고 합니다. 열대 수렴대가 마야 문명지로 남하하면서 극심한 가뭄이 발생해 강수량이 현저히 줄기 시작했기 때문입니다. 그 여파로 최대 1,000만 명이 살면서 풍요를 누리던 지역이 척박한 땅으로 변모하고 인구도 줄면서 문명이 소멸하게 됩니다.

또 다른 예로는 기원전 1600년경으로 거슬러 올라가 찾아볼 수 있습니다. 그리스의 가장 큰 섬인 크레타섬을 중심으로 발생한 미노스 문명(크레타 문명)이 그 예입니다. 지리적 이점을 이용해 해상 문명이 발달하며 당시 무역의 중심지로 떠오른 미노스 문명은 상형 문자뿐 아니라 선문자 등 높은 지적 수준을 누린 기록을 다수 남기기도 했습니다.

그러나 번성했던 미노스 문명도 기후 변화에는 속수무책으로 무너지고 맙니다. 엘니뇨El Niño라는 기후 변화는 크레타섬에 극심한 가뭄을 들게 했을 것이며, 지중해 문명의 중심지를 크레타섬에서 그

> **엘니뇨** 스페인어로 '어린 남자아이'를 뜻합니다. 남방 진동의 따뜻한 단계로, 남 아메리카 태평양 해안 등 동태평양의 해수가 따뜻해지는 현상입니다. 엘니뇨 남 방 진동은 동태평양의 해수면 온도가 따뜻한 단계와 차가운 단계를 왕복하는 과 정입니다. (위키백과)

리스로 이동시키는 데 큰 영향을 미쳤을 것이라는 분석이 우세합니 다(이동민, 2024). 이와 같이 기후가 인류 터전과 문명 발전에 지대한 영향을 끼친다는 사실을 역사적으로도 확인할 수가 있습니다.

기원후 : 기후가 불러온 문명의 흥망성쇠

이런 문명의 흥망성쇠도 기후 영향을 받게 된다는 사실을 알 수 있는데, 기원후 지금까지 지구상에 일어난 일들을 좀 더 알아볼까 요? 로마 시대를 알지요? 세계 제국이라 불릴 만큼 번성했던 로마 제국은 기원전 8세기 이탈리아 로마 테베레강에서 시작해 작은 도 시 국가로 성장하게 됩니다. 공화정기를 거치면서 카이사르의 등장 은 로마 제국을 지리적으로 확장하는 계기를 마련하게 됩니다. 반도 국가인 이탈리아를 벗어나 그리스, 이집트, 마케도니아는 물론 지중 해와 서유럽을 지나 북아프리카에 걸치는 땅을 정복하며 역사상 가 장 찬란했던 제국 중 하나가 되었답니다.

이런 화려한 역사를 뒤로하고 로마 제국도 서서히 멸망의 길로 접어들게 됩니다. 흔히 로마 제국이 멸망한 이유를 내분과 무절제 한 로마 시민과 황제의 퇴폐적인 생활 방식에서 찾곤 합니다. 그러나 미국의 역사학자인 카일 하퍼는 다른 관점을 소개합니다(카일 하퍼, 2021).

카일 하퍼는 로마의 멸망에는 기후 변화와 전염병 등이 영향을 끼쳤다고 주장합니다. 3세기 이후부터 로마는 화산 분출로 인한 화산재 영향으로 기온이 급강하하기 시작합니다. 또 가뭄이 심해지면서 곡창 지대의 생산력이 자연스레 감소하는 위기를 맞이합니다. 나일강의 풍부한 수자원을 바탕으로 곡창 지대였던 이집트도 역시 피해 갈 수 없었습니다.

이런 기후의 변화 원인 중 하나를 로마인들의 당시 삶의 방식에서 찾는 연구 결과들도 있답니다. 농사를 지으려고 개간해야 했던 로마인들은 울창한 숲을 불태우기 시작했습니다. 범위가 광대해졌고, 베어 낸 나무를 땔감으로 사용하면서 하늘은 그을음과 재 등으로 뒤덮이게 됩니다. 요즘 말하는 에어로졸이 증가한 거지요.

이런 에어로졸은 기온을 최대 0.5도까지 낮추는 효과가 있습니다. 가뜩이나 기온이 내려가던 시대에 살던 후기 로마 제국의 사람

에어로졸 공기 중에 부유하고 있는 작은 고체·액체 입자들을 말합니다. 주된 배출원으로는 인간의 화석 연료 연소, 화산 활동, 바다에서의 물보라, 사막 먼지 등의 인위적이거나 자연적인 여러 요인이 있습니다(네이버 지식백과). 인간 건강에 직접적인 영향을 주는 것은 물론 반응 가스와 결합해 산성비, 스모그, 시정 거리의 감소, 태양 복사 에너지 차단 등을 통해 기후 변화를 유발합니다(한국에너지기술연구원).

들은 자신들이 만든 에어로졸의 영향으로 더 한랭해진 기온을 맞이할 수밖에 없었다는 의미이기도 합니다.

이후 서유럽은 7세기 이후부터 5세기에 걸쳐 온난한 기온이 이어집니다. 이 시기에 농업은 더욱 발달하고, 잉여 생산물에 기반한 영주의 등장으로 봉건 시대가 본격적으로 개막한답니다.

다시 온난했던 시기가 가고 1400여 년부터는 대서양의 대기 순환이 급변하면서 유럽에 이상 기후가 발생하기 시작했습니다. 극심한 가뭄이나 추위가 반복되었고, 폭우 등으로 농작물 피해가 급증했습니다. 우리는 이때를 작은 빙하기 즉, 소빙하기라 부릅니다.

고대의 한랭한 기후가 농작물의 생산력을 감소시켰듯이 중세 후반의 한랭한 기후도 농작물 생산 저하에 큰 영향을 미치게 됩니다. 자연스레 농민들의 삶이 퍽퍽해졌겠지요?

더구나 기온이 낮아지면서 전염병이 자주 발생해 유럽인들의 삶을 괴롭히기까지 했답니다. 대표적인 전염병이 흑사병(페스트)입니다. 이 전염병은 유럽 인구의 최대 60%까지 감소시키는 참혹한 결과를 낳기도 했답니다. 한랭한 기후는 전염병을 창궐하게 하고 농작물 수확량도 급격히 떨어뜨려서 제대로 먹지 못한 사람들은 면역력에 떨어진 상태라 속수무책으로 이 병에 쓰러질 수밖에 없었죠.

조선을 뒤엎은 경신 대기근

서유럽이 이상 기후로 고통을 겪던 13세기부터 17세기까지 우리나라는 어떤 기후의 영향을 받았을까요? 조선 중기였던 현종

(1670년대) 때 우박과 서리가 자주 내렸다는 기록이 있습니다. 냉해로 목화나 삼베는 물론이고 곡식들이 싹을 틔우지 못하고 죽는 일이 발생했습니다. 우리나라뿐 아니라 당시 청나라와 일본도 비슷한 기상 재해로 고난의 시기를 보냈다고 합니다.

서유럽과 마찬가지로 극동 지역에도 소빙하기가 찾아온 겁니다. 우리가 아는 빙하기의 기준을 보면, 수치로는 지구 평균 기온이 2~3도 하락일 때라고 합니다. 소빙하기는 지구의 평균 기온이 1도 정도 떨어지는 시기를 의미합니다. 온난화를 겪는 지금과는 반대의 개념인데요. 지구 평균 기온 1도의 변화가 우리 삶에 미치는 영향이 얼마나 무서운지 알 수 있는 과거 사례라고 할 수 있습니다.

당시 소빙하기 영향으로 농작물 수확이 고르지 못하고 경술년(1670년)과 신해년(1671년)에 극심한 기근을 겪습니다. 각 해의 앞 단어를 따서 이때를 '경신 대기근'이라 부릅니다. 우리나라 역사상 가장 심각하고 끔찍했던 대기근이라고 합니다. 더구나 경신 대기근과 함께 발생한 전염병으로 목숨을 잃는 사람들이 속출했습니다. 당시 조선 인구 1,200~1,400만 명 중에서 사상자가 무려 100만 명이 발생했다고 하니 그 피해 규모가 심각했음을 알 수 있습니다.

그 시기를 두고 《조선왕조실록》에 "차라리 임진왜란 때가 더 나았다"라는 기록이 남아 있을 정도였다고 합니다(남상현, 2024). 당시 백성의 참혹한 현실을 엿볼 수 있는 표현이라고 할 수 있습니다. 이처럼 전 세계적으로 근대까지 기후로 인한 극심한 피해와 재난이 끊이지 않았음을 엿볼 수 있었습니다.

주목할 만한 건 다섯 번의 대멸망을 불러일으킨 기후 변화는 인간이 통제할 수 없는 자연 흐름이었다는 데 반해, 농경 사회로 진입하면서 인간이 자연을 활용하는 방식이 보다 공격적으로 변하게 되었다는 겁니다. 따라서 현재 인간이 직면한 기후 변화는 이전 세대와 유형이 좀 다릅니다. 농업 혁명을 지나 산업 혁명기에 들어서면서 지구의 기후 이상 시계는 더 빨리 달리기 시작합니다.

이제 우리는 지구 평균 기온이 4도 상승했던 과거 1만 년과는 비교도 할 수 없을 만큼 짧은 시간 만에 지구 평균 기온이 1도 이상 올라간 상황에 놓였습니다. 산업 혁명 이후 100년 만에 지구 평균 기온이 1도 이상 상승했기 때문이죠.

03

최근 100년
지구 평균 기온 1도 상승의 의미

. . .

🌡️ 지구의 평균 기온이 중요한가요?

여러분은 지구의 평균 기온을 아나요? 산업 혁명 이전 지구의 평균 기온은 약 13.8도였다고 합니다. 이 평균 기온도 1만여 년 동안 4도가 상승한 수치라고 하지요. 평균적으로 2500년 만에 1도 정도 상승하는 패턴을 보였다고 할 수 있어요. 그러나 산업 혁명 이후 100여 년 만에 1도 이상 오르는 큰 상승을 하게 됩니다. 지금 우리가 살고 있는 지구의 평균 기온은 약 15도라고 합니다.

이제 지구의 평균 기온에 관심을 가져야 할 때입니다. 1도의 변화가 우리 삶에 미치는 영향이 엄청나게 크기 때문이죠. 크게 2가지 측면에서 알아볼까요?

먼저, 지구의 평균 기온이 상승하면 우리에게 어떤 영향을 미치게 될지 살펴보겠습니다. 많은 학자가 위험성을 경고하고 있지만, 가장 대표적이고 무시무시한 경고로 시선을 사로잡은 주장이 있습니다. 이는 마크 라이너스가 기후 위기를 경고하며 쓴 《최종 경고 : 6도의 멸종》(2014)이라는 책에서 찾을 수 있습니다.

이 책을 저술한 세계적인 환경 저널리스트의 주장에 잠시 집중해 볼까요? 지구의 평균 기온이 1도씩 상승할 때마다 지구는 재앙 속으로 한 걸음씩 더 다가간다는 걸 명확하게 보여 주고 있습니다. 기온이 1도씩 상승할 때마다 지구에 미치는 대재앙 시나리오를 이렇게 표현했기 때문입니다.

- ☀ **1도 상승** : 미국 서부 등 세계 곳곳의 극심한 가뭄, 국제 식료품 가격 폭등
- ☀ **2도 상승** : 바다 산성화와 플랑크톤 소멸, 중국의 대홍수와 기아 1억 8900만 명
- ☀ **3도 상승** : 아마존 우림 지대의 사막화, 엘니뇨의 항구적 발생, 오스트레일리아 전 지역의 대화재
- ☀ **4도 상승** : 지구 전역의 빙하 소멸, 뭄바이에서 상하이까지 저지대 도시들의 침수화, 유럽의 모래밭화
- ☀ **5도 상승** : 거주 가능 구역으로의 민족 대이동, 전 세계를 덮는 쓰나미
- ☀ **6도 상승** : 메탄하이드레이트 대량 분출, 오존층 파괴, 인류 대멸종

《2050 거주불능 지구》에서는 기온이 2도 상승하면 빙상이 붕괴

되고, 지구촌의 4억 명 이상이 물 부족에 시달리게 된다고 말합니다. 적도의 대부분은 인간이 거주할 수 없게 되고, 폭염으로 목숨을 잃는 수가 증가할 것이라고 전망합니다.

기온이 3도 오르면 한층 더 심각하게 시나리오가 전개됩니다. 남부 유럽은 영구적인 가뭄에 시달리고, 산불이 발생하는 위험이 증가해 사람이 살기에 더 퍽퍽한 환경으로 변하게 될 것이라고 지적합니다. 그중 하천 범람으로 지금보다 방글라데시는 30배, 인도는 20배, 영국은 60배 많은 피해가 증가할 것이라고 합니다(웰즈, 2024).

지구 평균 기온의 변화가 얼마나 심각한 결과를 초래하는지 여실히 볼 수 있는 시나리오라고 할 수 있답니다. 이런 온난화 시나리오를 주시해야 하는 가장 큰 이유는 인간의 생존권에 큰 피해가 되기 때문입니다. 이는 국가가 한정된 재원을 환경 재난에 대응하기 위해 지불해야 하는 규모가 커지게 된다는 걸 의미합니다.

두 번째로 그는 평균 기온 1도 상승이 무엇을 의미하는가에 대해서 우리가 제대로 알고 있는지 한 번쯤 생각을 해봐야 한다고 주장합니다. 지구가 어떻게 변하는지를 알지 못한다면 대응조차 할 수 없기 때문이죠. 일반적으로 지구 평균 기온을 측정하는 방법은 세계기상기구WMO 가입국이 제공하는 관측값에 기반합니다.

우리나라는 전국의 표준 관측소 16개에서 기온을 측정하고 있는 반면, 우리나라보다 면적이 더 넓은 아프리카에는 관측소가 20개 남짓이라고 합니다. 관측값이 없는 곳은 인공위성을 통한 추정값으로 투입해(김정수, 2022. 09. 28) 지구의 평균 기온을 알아냅니다.

이렇게 측정한 평균 기온은 해마다 상승해 우려를 낳고 있습니다.

또 최근 지구 평균 기온은 기온의 상승도 문제이지만, 혹한과 폭염 지역이 더 넓게 더 많이 발생한다는 데 있습니다. 누구나 평균의 기온에 살고 있지는 않습니다. 기온의 상승으로 지구 어딘가에는 감당할 수 없는 혹한을 견디거나 숨쉬기조차 힘든 폭염 속에서 살아가야 하는 사람들이 많습니다. 기온의 상승은 인간뿐만 아니라 동식물의 생존에도 영향을 미친다는 걸 이해해야 합니다.

평균 기온 1도 상승은 급격한 기온 상승에 적응할 시간이 없는 생물들의 생존이 위협받는다는 의미입니다. 과거 수천 년에 걸친 1도 상승과 달리 100여 년 만의 1도 상승은 환경 급변으로 생물종의 생태 부적응을 초래합니다. 적응에 실패한 생물종들의 멸종이 가속화되고 있다는 점을 수치로 알리는 것이기도 합니다. 인간도 생물종의 하나일 뿐이라는 점에서 이 지구 평균 기온 상승의 문제를 바라봐야 합니다.

그런 관점에서 '1만여 년 동안 4도의 기온을 상승시킨 지구가 산업 혁명 이후 100년 만에 지구 평균 기온을 1도 올려놓았다'는 의미를 무겁게 받아들여야 합니다. 학자들은 이렇게 단시간에 기온을 상승시키는 걸 지구에 핵폭탄 수천만 개가 터진 것과 유사하다고 말합니다. 그만큼 엄청난 양의 에너지가 산업 혁명 이후 100여 년간 지구에 열을 발생하도록 작용했다는 뜻입니다.

그 결과 지구의 70%를 덮고 있는 바다의 온도를 높이고, 대기를 통해 지구 표면의 열을 가두는 데 에너지가 작용돼 지구 평균 기온을 1도 상승시킵니다. 이렇게 엄청난 에너지를 내는 걸 다른 말로 온실가스라고 할 수 있습니다. 이런 온실가스는 산업화 과정에서 제한 없이 방출되었던 이산화탄소와 메탄 등의 유해 물질 때문입니다. 단지 방출하기만 했는데 지구 평균 기온을 1도 상승시켰다는 점에서 우리 눈에 '보이지는 않지만, 핵폭탄만큼이나 무서운' 온실가스라고 할 수 있습니다.

앞에서 살펴본 것처럼 기후의 급격한 변화는 기후 난민을 일으키기도 하고 농작물 수확에 영향을 끼쳐서 기근이나 기아 문제를 발생시키기도 하며 범죄율 또는 전쟁의 원인이 되기도 한다는 사실이 증명되고 있답니다. 실제로 오랜 가뭄은 옥토였던 시리아 농지를 척박하게 만들었고, 이로 인해 발발한 내전은 지금까지도 큰 문제로 남아 있기 때문입니다.

🌡️ 산업 혁명 이후 석탄 등 사용 증가가 불러온 재난

2014년 〈사이언스〉지에 실린 기고에 "인간이 출현한 이후 생물의 멸종 속도가 1,000배나 빨라졌으며, 이런 속도라면 100년 뒤 생물종의 70%가 없어질 것"(이충환, 2024)이라는 충격적인 내용이 실린 적이 있습니다.

농업 혁명 덕분에 인간은 잉여의 부를 쌓고 정착 생활을 할 수 있었으나 농지를 만들기 위해 큰 숲을 태우거나 동물을 가둬 키우면서 대규모 공장식 축산이 불러일으킨 메탄가스 방출이 온실가스를 발생시켰습니다. 산업 혁명에 이르러서는 화석 연료의 폭발적인 사용이 온난화에 직접적인 영향을 미치는 주범으로 지목되었습니다. 인간은 다소 편리해지고 풍요로워졌을지 모르지만, 지구는 물론 다른 생명은 몸살을 앓게 되었습니다.

화석 연료의 대명사인 석탄은 고생대 석탄기부터 중생대까지 죽은 식물들이 긴 시간 동안 지압과 지열을 받아서 산소가 줄고 탄소가 남은 퇴적암이라고 할 수 있답니다.

석탄기라 불리는 3억 4000만 년 전부터 약 6000만 년 동안 석탄이 생성되었다고 하는데요. 당시에는 죽은 나무를 분해할 수 있는 세균류가 없어서 석탄이 만들어졌다고 합니다. 이후 흰개미가 등장해 죽은 식물을 분해하는 시기부터는 석탄이 지구상에서 생성되지 않았다는 해석이 중론입니다. 고생대 석탄기에 생성된 석탄이 현존하는 석탄의 3분의 1이 될 정도로 많이 차지하는 이유입니다.

이런 석탄은 산업화 시기에 열효율이 좋은 에너지원으로 쓰였지만, 동시에 엄청난 가스, 즉 이산화탄소 등 유해 물질을 배출해 온난화를 불러일으키는 '공공의 적'이 되고 있습니다.

그래서 요즘은 탈탄소 정책의 대표 안건으로 석탄 같은 화석 연료를 쓰지 않는 걸 주된 방향으로 각국의 정책과 글로벌 기업의 움직임이 이동하고 있답니다.

04

지구 온난화의 속사정

🌡️ 지구 온난화 → 지구 가열화 → 지구 보일링

지구 평균 기온이 올라가는 이유는 온난화 때문이라고 하지요? 이 온난화에 대해 한 걸음 더 들어가 보고자 합니다. 최근에는 지구 온난화가 주는 어감이 그 심각성을 제대로 표현하지 못한다는 지적이 많습니다. 온난한 지구는 살기 좋고, 쾌적하다는 느낌을 주기 때문이죠. 이런 표현을 쓰다가는 진짜 지구 멸망의 신호를 제대로 인식하지 못할 것이라는 환경론자의 우려가 커지고 있습니다.

이런 점에서 의견을 내는 영국의 기후학자 빌 맥과이어는 "급증하는 기상 이변은 기후가 단순히 변화한다기보다는 붕괴의 길로 접어들고 있다는 신호입니다. 저는 이를 반영하는 대체 용어로 '지구

가열화Global heating'와 '기후 붕괴Climate breakdown'를 쓰겠습니다"(빌 맥과이어, 2023)라고 한 바 있습니다. 또한 유엔 사무총장인 안토니우 구테흐스는 지금의 지구는 온난화가 아닌, '지구 보일링Global Boiling' 이라고 강력하게 경고하고 있습니다.

'지구 가열화' 또는 지구 온난화의 원인으로 온실가스가 내뿜는 온실 효과를 지목합니다. 그렇다면 온실 효과는 지구 전체에 같은 크기의 영향을 미치는 걸까요? 학자들은 온실 효과의 영향으로 지구에 온난화 현상이 발생하지만, 지구 전 지역에 같은 정도로 영향을 미치는 건 아니라고 합니다. 다시 말하면 어느 지역은 기온이 더 오르거나 더 떨어지는 경향이 나타난다는 거죠.

이는 비열과 열용량 때문인데요. 비열이란 물질 1그램의 온도를 1도 올리는데 드는 열량인데, 비열이 높을수록 그 물질의 온도를 높이는데 더 많은 열에너지가 필요합니다. 열용량은 어떤 물체의 온도를 1도 올리는 데 필요한 열에너지의 양으로 물체 온도가 얼마나 쉽게 변하는지를 나타냅니다. 해양의 경우 비열과 열용량이 크므로 온도 변화가 상대적으로 천천히 나타나고, 대륙은 비열과 열용량이 작으므로 온도 변화가 더 빠르게 나타나서 해양보다 대륙의 온난화가

지구 온난화 넓은 의미에서 지구 온난화는 장기간에 걸쳐 전 지구 평균 지표면 기온이 상승하는 것을 의미합니다. 하지만 좀 더 일반적으로 지구 온난화는 산업 혁명 이후 전 지구 지표면 평균 기온이 상승하는 것으로 정의합니다. (기상학백과)

더 빠르게 진행된다는 겁니다(남성현, 2024). 따라서 대륙의 특정 지역은 온실 효과로 온난화의 영향을 더 많이 받게 됩니다.

🌡️ 지구 온난화의 주범, 이산화탄소

이제 지구 기온이 지질학자들도 놀랄 만큼 빠르게 올라가고 있다는 걸 잘 알겠지요? 산업 혁명 이후부터 급작스럽게 지구의 평균 기온이 올라가기 시작한 원인을 연구한 학자들은 이산화탄소 농도에 주목했습니다. 산업 혁명 이후 이산화탄소 농도가 급상승하고 있기 때문입니다.

1911년에 330ppm을 기록한 이후 2023년에는 하와이의 한 관측소에서 424ppm을 기록했답니다(반기성, 2024). 이 수치는 WMO가 〈온실가스 연보〉에서 발표한 역대 최고치라고 밝힌 이산화탄소 평균 농도인 418.9ppm을 넘어서는 기록이기도 합니다. 더구나 놀라운 이유는 산업 혁명 전인 1800년대에는 이산화탄소 농도가 280ppm 수준이었기 때문입니다.

WMO는 지금의 이산화탄소 농도가 300~500만 년 전의 상태와 유사하다고 설명합니다(WMO, 2023). 당시의 지구 평균 기온은 현재보다 2~3도 높은 상태였다고 추정하므로 지금의 이산화탄소 농도의 문제점이 심각하다는 겁니다.

지질학자들은 지구상의 이산화탄소 농도가 450ppm을 넘기면 지구 평균 기온이 산업 혁명 이전과 비교해 2도 이상 올라갈 것으로 전망합니다. 그런 이유로 최근의 이산화탄소 농도 수치를 주시하고 있는 거지요.

앞에서 살펴본 지구 평균 기온 2도 상승의 시나리오를 떠올려 보면 바다의 산성화가 진행돼 플랑크톤이 멸종하고, 중국의 대홍수와 기아 1억 8900만 명이 생긴다는 겁니다. 이는 시작일 뿐 북극의 해빙이 가속화되고, 세계적인 만성 가뭄으로 기후 난민이 생겨서 지구촌 전체의 위기로 성큼 다가서게 됩니다.

여기서 이산화탄소 자체가 문제가 되는 건 아니라는 점을 정확히 알아야 합니다. 이산화탄소의 높은 농도가 문제 되는 거지 이산화탄소 자체는 지구가 추워지지 않게 온실 효과를 주는 데 기여한답니다. 만약 지금 당장 이산화탄소가 없어진다면 온실가스를 만들 수 없게 돼 지구는 1년 내내 한겨울 같은 한랭한 기온을 맞이할 수밖에 없습니다. 그 결과, 농작물은 재배할 수 없고, 식량이 부족해지는 등 생존하기 불가능한 지구를 만들 겁니다.

🌡️ 온실 효과는 나쁜 건가요?

'지구 온난화'라는 말을 자주 접하다 보면 온실 효과로 지구의 평균 기온이 올라간다는 말도 함께 듣게 됩니다. 그렇다면 온실 효과는 지구의 기후를 망치는 악당일까요? 온실 효과 자체는 앞에서 설명한 이산화탄소와 마찬가지로 지구에 생명체가 살 수 있도록 돕는 역할을 합니다. 온실 효과로 지구를 뜨거운 태양의 에너지로부터 보호할 수 있는 거지요.

지구에 도달하는 태양 에너지 중 70%는 흡수되는데 50%는 바다가, 20%는 대기에 흡수된다고 합니다(이충환, 2024). 만약 지구에 이렇게 태양열을 흡수하는 대기가 없다면 지구 평균 기온은 영하 20도까지 곤두박질칠 것이라는 분석이 있답니다. 지금 지구 평균 기온이 15도 정도인 걸 생각하면 엄청난 차이라고 할 수 있겠지요?

이렇게 지금과 같은 평균 기온을 유지해 주는 게 온실 효과입니다. 온실 효과로 태양의 에너지가 대기 중에 머무르며 대기 온도를 상승시켰기 때문에 지구가 일정 기온을 유지하게 되는 거지요.

온실 효과는 지구의 자연 현상이므로 그 자체로 문제 될 것은 없지만, 산업 혁명 이후 과도하게 분출된 이산화탄소, 메탄 같은 기체가 자연스러운 온실 효과 이상의 온도를 상승시킨다는 점에서 문제되고 있습니다. 원래 이산화탄소는 대기 중으로 스며들어서 비가 내릴 때 바다로 돌아가는 순환을 통해 지구 기온을 조절하는 자동 온도 조절 기능이 있답니다.

그러나 이산화탄소의 대량 방출은 이런 자율 온도 조절 기능에 이상을 초래했습니다. 최근에 문제가 되는 이유 역시 산업화 이후 폭증한 이산화탄소, 메탄, 아산화질소 등의 온실가스가 '살기 좋은 지구' 환경을 파괴하는 방향으로 작용하기 때문입니다. 즉, 문제는 대기 중 온실 효과가 너무 강해지고 있다는 데 있습니다.

온난화에 영향을 미치는 온실가스 3종류는 이산화탄소, 메탄, 아산화질소입니다. 온난화에 미치는 영향은 이산화탄소가 가장 큰 74%에 달하므로(반기성, 2024) 온실가스 절감을 논의할 때 주로 탄소 절감에 대한 논의를 많이 하는 거랍니다.

05

지구에 울리는 경종

🌡 당겨쓰는 지구, 지구가 몇 개 필요한가요?

우리가 용돈을 받으면 한 달 중 얼마 만에 다 쓰고 말까요? 계획적인 사람들은 한 달 용돈에서 저축까지 하지요. 그러나 대부분은 한 달이 되기 전에 소진해서 다음 달 용돈 받는 날만 애타게 기다리던 경험이 있을 거예요.

우리가 사는 지구도 한 해에 사용할 수 있는 생태 용량이 있습니다. 생태 용량이란 국제 환경 단체인 국제생태발자국네트워크Global Footprint Network가 발표하는 자료인데 지구의 물, 공기, 자원 등에 대해 인간이 사용할 양을 가리킵니다. 해마다 주어진 생태 자원을 소진하는 시기를 '생태 용량 초과의 날'이라고 하는데요. 최근에는 한

해가 가기 훨씬 전에 사용하고는 다음 해의 생태 용량을 당겨쓰는 일이 많아지고 있습니다.

2023년 지구 전체의 생태 용량 초과의 날이 8월 2일이었는데, 우리나라는 4월 2일에 이미 2023년의 생태 자원을 전부 소진하고 말았습니다. 우리나라는 다른 선진국들보다도 빨리 그해의 생태 용량을 쓴 거지요. 더욱 문제는 해마다 생태 용량 초과의 날이 앞당겨지고 있다는 겁니다. 잠시 코로나19 팬데믹으로 사회 시스템에 이상 기류가 있었을 때를 제외하고는 말이죠.

이렇게 한 해에 사용해야 할 생태 자원 소비가 빨라지면 미래 세대의 생태 자원을 당겨쓰게 되고, 탄소를 많이 배출하는 나라가 적게 배출하는 나라의 생태 자원을 쓰는 불공평한 일이 발생합니다. 2023년 4월에 우리나라가 그해의 생태 용량을 다 썼는데, 산술적으로 한 해를 마치려면 추가로 지구 몇 개가 필요할까요?

국제생태발자국네트워크에서는 "국제적으로 인정받은 자료에서 국가별, 연도별 데이터 5,400개를 취합한 다음 한 국가가 생태 자원을 생산하고 폐기물을 흡수하는 데 필요한 면적을 계산하고, 이 결과를 활용 가능한 면적과 비교"(폴 길딩, 2023)를 했습니다. 이 계산에 따라서 우리가 지금의 삶을 유지하려면 지구가 몇 개 필요한지 계산했습니다.

우리나라는 4월에 이미 생태 용량을 초과했으므로 추가로 지구 2개가 필요합니다. 우리나라가 1년을 보내려면 지구가 3개 필요하다는 말입니다. 이처럼 지구 면적이 3개 필요하다는 건 생태 발자국의 면적이 넓다는 걸 의미하는데, 그만큼 환경 문제가 심각하다는 의미이기도 합니다. 또 미래의 자원을 당겨쓰고 있다는 점에서 각성이 필요한 부분입니다. 최근에는 생태 발자국의 일환으로 탄소 발자국이 또 하나의 환경 이슈를 측정하는 기준이 되고 있습니다.

🌡 유엔의 개입, IPCC의 역할

온난화로 인한 이상 기후가 불러온 여러 재난과 다가올 위험한 변화에 대한 경고의 징후가 드러나기 시작하자, 각 국가만의 개별 노력으로는 이런 문제를 해결하기 어렵다는 인식이 많은 공감을 받았습니다. 1988년 기후 변화 문제에 대응하기 위해 WMO와 유엔환경계획UNEP이 IPCCIntergovernmental Panel on Climate Change를 설립했습니다.

1차 평가 보고서(FAR)는 1990년에 발표했으며 UNFCCC를 채택하는 데 기여했습니다. 최초로 기후에 대한 글로벌 경각심을 일으키

> IPCC 기후 변화에 관한 정부 간 패널은 기후 변화와 관련된 과학을 평가하는 유엔 기구입니다. IPCC는 기후 변화에 대한 과학적·기술적·사회 경제적 지식의 상태, 영향과 미래 위험, 기후 변화 발생률 감소를 위한 종합 보고서를 작성합니다. IPCC는 패널 또는 IPCC 워킹 그룹의 전체 회의를 소집해 정부 대표 회의를 개최하고 보고서를 승인, 채택, 수락합니다. (IPCC 홈페이지)

고 대응의 필요성에 동의를 끌어낸 UNFCCC의 기초가 된 보고서라고 할 수 있습니다. 2차 평가 보고서(SAR)는 1995년에 공개했는데 1997년 교토의정서를 채택하는 데 기초가 되었습니다. 3차 평가 보고서(TAR)는 2001년에 기온 상승에 따른 전 지구적 위험과 영향을 보여 주는 그래프를 처음 사용했습니다.

그린피스에서 북유럽 선임 정책 연구원으로 근무하고 있는 카이사 코소넨은 기후 관련 위험을 'IPCC 보고서 연대기- 불타는 지구, 불타오르는 그래프'(2023)라는 제목으로 발표했습니다. 다음과 같이 5가지 우려 요인Reasons For Concern으로 분류했습니다.

☀ **위협받는 고유 시스템** : 산호초, 북극과 북극 원주민, 산악 빙하고, 생물다양성, 핫스폿 같은 생태계와 인간에 대한 위험

☀ **극단적 기상 현상** : 열파(폭염), 폭우, 가뭄과 산불, 해안 홍수 같은 극심한 기상 현상이 인체의 건강·생계·자산·생태계에 미치는 영향

☀ **영향의 분포** : 물리적 기후 변화의 위험과 노출, 취약성 분포가 불균등한 탓에 특정 그룹에 불균형적으로 영향을 미치는 집합적 위험과 영향. 개발의 모든 단계에 있는 국가의 소외된 계층과 집단을 비롯해 취약한 사회 생태 시스템 등에 미치는 영향

☀ **전 지구적 총 영향** : 기후 변화가 전 지구적 사회 생태 시스템에 미치는 영향. 전 지구적 단일 지표로 집계되는 금전적 피해, 영향을 받는 생명, 종 손실, 전 세계적 규모의 생태계 파괴 등

☀ **대규모 단일 현상** : 온난화로 일어난 시스템의 상대적으로 크고 갑작스

럽고 때로는 돌이킬 수 없는 변화. 빙상 붕괴, 열염 순환의 둔화, 일명 티
핑 포인트 또는 임겟값

4차 평가 보고서(AR4)는 2007년에 소개되었으며, 기후 변화의 심각성을 전파한 공로로 기후 관련 단체가 최초로 노벨 평화상을 받기도 했습니다. 그만큼 기후 변화가 세계의 중요한 이슈로 부상했다는 걸 보여 주는 무게감 있는 수상이기도 했습니다.

5차 평가 보고서(AR5)는 2014년에 공개되었으며 그 결과 이듬해인 2015년 파리협정 채택을 끌어내기도 했습니다. 가장 최신의 평가 보고서는 2023년에 확정되었는데, 파리협정의 첫 전 지구적 이행 점검의 투입 자료로 활용되었습니다.

6차 평가 보고서(AR6, 2021~2022)에서는 기후 변화의 책임이 인간에게 있다는 의견을 명확히 밝혔습니다. 전문가들의 90% 이상이 지금 우리가 겪는 온난화의 영향이 인간의 책임이 있다는 데 의견을 모았다고 합니다.

🌡️ 파리협정의 지구 평균 기온 2도 상승 제한

지구의 온실가스를 줄이는 일은 지구 평균 기온 상승과 직결돼 있습니다. 이산화탄소와 메탄 등을 줄이는 일은 온실가스를 줄이는 일과 뗄 수 없는 순환 구조가 있답니다. 그래야 지구의 평균 기온 상

승을 1.5도 수준에서 멈출 수 있는데요. 그러기 위해 IPCC의 제안에 따르면, 2035년까지 지구의 온실가스 배출을 2019년 수준보다 60% 감축해야 합니다.

산업 혁명 전보다 우리는 약 1도가 넘는 지구 평균 기온을 경험하고 있습니다. 지구 평균 기온이 1도 상승한 오늘날, 우리는 지난 몇백 년간 경험하지 못한 폭우, 폭염, 해수면 상승으로 인한 해양 생태계의 파괴, 아마존 등 열대 밀림의 붕괴, 북극과 남극의 빙하 융해 등 일일이 열거하기 힘든 자연 재난을 경험하고 있습니다.

우리가 파리협정의 목표치에 따라 지구 평균 기온을 2도까지만 상승시키는 데 성공한다고 하더라도 치명적인 폭염이나 폭우가 멈추는 것은 아니기 때문에 지속적인 관심이 필요합니다. 이미 유럽은 과거 500년 이래 발생한 여름의 이상 기온이 모두 2002년 이후에 발생한 것이라는 점에서 인류는 이상 기온의 여파에서 완전히 벗어나기는 어려울 것이라는 전문가들의 전망이 우세합니다.

🌡 IPCC 평가 보고서와 주식 시장의 변동

IPCC가 지금까지 평가 보고서를 여섯 차례 발간했는데, 보고서를 발간할 때마다 엉뚱하게 보일지 모르지만 주식 시장이 요동을 치곤 합니다. 왜 그랬을까요? 그만큼 이제 세계 경제와 기후는 밀접한 관계가 있기 때문입니다.

기후에 영향을 받는 산업이 점차 증가하고 있습니다. 농업·어업·수산업, 관광이나 교통 등 기후 영향을 직접적으로 받은 분야뿐 아니라 급격한 기후의 변화로 과거에는 고려 대상이 아니었던 사회 전 분야까지 기후의 영향권에 들게 되었습니다.

폭우와 쓰나미로 전기 공급이 중단되는 경우, 제조 공장을 가동하는 일이 불가능하게 되기도 합니다. 극심한 가뭄은 데이터센터에 필요한 물을 충분히 공급하기에는 부족하므로 가뭄이 많이 발생하는 지역에서는 데이터센터 건설 계획을 변경하게 됩니다.

기후로 인한 경제 활동의 의사 결정 변경은 하위 구조와의 관계에도 영향을 미쳐서 마치 피라미드처럼 기후가 하단의 일상생활까지 영향을 미치게 됩니다. 이런 현상은 온난화를 겪으면서 자주 발생하고 있습니다. 특히 온난화의 주범인 이산화탄소를 줄이려는 정책이 유럽을 중심으로 적극 도입됨에 따라 탈탄소 규제를 따르지 않는 기업들의 유럽 수출이 막힐 수도 있게 되었습니다. 이럴 경우, 주식 시장도 그 영향을 반영해 주가가 하락하기도 합니다.

애플, 구글, 아마존 등과 같은 탈탄소 실현을 위해 협력하는 기업들도 탈탄소 환경을 만드는 데 영향을 미치고 있습니다. 만약 제품 생산 과정에서 탄소를 많이 배출하는 데도 방치하거나 절감 노력이 미진하다고 판단되면 더는 애플 등과 같은 빅 테크와 일을 할 수 없게 됩니다. 이제 기후 이슈는 경제 이슈가 되고 있습니다. 미래의 경제 활동을 수행할 여러분의 삶에서 기후는 더는 외면할 수 없는 고려 사항이 되었다는 의미입니다.

06

기후 위기로
몸살을 앓는 지구촌

🌡️ 사라지는 영구 동토층

시베리아는 지구상에서 영구적인 동토, 즉 여름에도 녹지 않고 2년 이상 얼어 있는 지역 중 하나로 알려져 있습니다. 연구에 따르면, 약 13만 년 전 북극의 기온이 지금보다 4~5도 높았던 시절에도 영구 동토층은 녹지 않았다는 증거를 발견하기도 했습니다(극지연구소, 2021. 12. 07). 그러나 2020년대에 들어서면서 동토 지역이라 불리던 시베리아나 북극해 주변의 평균 기온이 이전 30~40년 전보다 최대 7도까지 상승한 기록을 나타내기도 합니다(이동민, 2024).

시베리아를 비롯해 알래스카 등 북반구 육지의 4분의 1을 차지하는 영구 동토가 녹아서 사라지고 있습니다. 영구 동토층의 얼음이 녹아서 바다로 흘러들어 가게 되면 해수면이 높아지고 저지대 국가들은 물에 잠기게 될 것이라는 시나리오가 있습니다. 그 시나리오에는 우리나라의 일부 지역이 포함돼 있기도 합니다.

그러나 더 큰 문제는 영구 동토층에는 대기 중 이산화탄소보다 많은 양의 탄소와 메탄이 매장돼 있는데 영구 동토가 녹는 과정에서 얼어 있던 온실가스 유발 물질들이 방출된다는 겁니다. 의학계에서는 수십만 년 동안 갇혀 있던 바이러스가 표출돼 인류에 또 다른 위협이 될 것이라고 경고하고 있습니다.

🌡️ 기후 위기의 대명사가 된 '투발루'

기후 변화라는 위협이 없었다면 아주 평화로웠을 섬나라가 있답니다. 오스트레일리아에서도 5,000킬로미터나 멀리 떨어진 투발루라는 섬입니다.

남태평양에 있고, 인구 1만 1,000명이 조금 넘는 이 작은 섬나라는 지금 해수면이 5미터 상승하는 기상이변으로 삶의 본거지인 섬이 가라앉을 위기에 처해 있습니다. 이미 주요 9개 섬 중 하나였던 사빌리빌리는 수면 아래로 가라앉고 말았습니다. 지구 온난화는 얼어 있던 지역, 즉 빙하를 녹이고 바닷물로 흘러 들어가 해수면을 높이는 데 일조를 하기 때문입니다.

2021년 UNFCCC 총회에서 투발루 외교부 장관이 물에 들어가

연설하는 장면이 중계되었습니다. 겨우 해발 고도가 2미터인 투발루가 기후 급변으로 해수면이 상승해 매년 0.5센티미터씩 잠기고 있어서입니다. 그래서 투발루가 잠기면 이웃 국가로 이동을 보장해 달라는 호소를 하게 된 거지요. 투발루는 2100년이면 영원히 지구상에서 사라질 섬이 될지 모릅니다.

그러나 이것은 기후 재앙의 시작일 뿐이라는 우려가 많습니다. 몰디브와 방글라데시 등 섬과 대륙의 저지대는 머지않아 높아진 해수면으로 인구의 대이동이 불가피하기 때문입니다.

🌡️ 기후 위기의 나비 효과

맹그로브 숲의 강자 벵골호랑이를 아나요? 맹그로브 숲은 벵골어로 '아름다운 숲'이라는 뜻입니다만 요즘은 이름만큼 아름답지 못한 사연을 담고 있답니다. 맹그로브는 아열대와 열대 지역의 강물과 바다가 만나는 지역에서 자라는 나무들을 일컫는 말입니다. 맹그로브 숲의 염분은 식물이 성장하는 데 도움을 주는 영양분을 제공하므로 나무들이 무성하게 자라는 곳이기도 합니다. 동남아시아와 남태평양 등에 넓게 퍼져 있습니다.

먼저, 방글라데시의 호랑이 과부 이야기를 들어본 적 있는지요? 방글라데시의 해안가 사람들은 낚시로 생계를 이어가곤 했습니다. 그러나 온난화로 바다 온도가 상승하면서 바닷속 생태계도 큰 혼란을 직면하게 됩니다. 높아진 물속 온도에 떼죽음을 당하는 해양 생물이 늘어나면서 더는 해안가 사람들이 어업으로 생계를 유지하기 어려워졌죠.

그래서 남자들이 벵골호랑이가 서식하는 맹그로브 숲으로 식량을 구하러 떠났다가 목숨을 잃는 경우가 자주 발생해 벵골호랑이로 인해 과부가 생긴다는 서글픈 이야기가 생겨났습니다. 그러나 벵골호랑이 역시 인간들의 무분별한 맹그로브 숲 파괴로 먹이를 찾지 못해 사람들이 사는 지역으로 내려오는 중에 숲으로 들어오는 사람들과 대면하게 됩니다. 내막을 알게 되면 매우 씁쓸한 사연이 아닐 수 없습니다.

이번엔 베트남의 맹그로브 숲을 들여다보기로 하지요. 최근 베트남에 있던 맹그로브 숲이 새우 양식장으로 변하면서 파괴되고 있습니다. 통통하게 살이 오른 맛있는 새우가 우리 밥상에 종종 오르곤 합니다만, 양식 과정에는 큰 관심을 두지 못했을 겁니다.

맹그로브 숲을 개간이라는 이름으로, 새우 양식장으로 변화시키는 것도 문제이지만 더 큰 문제는 새우 양식장의 운영 기간이 고작 3~4년에 불과하다는 겁니다. 제대로 관리하지 않아서 새우를 키울 수 없는 환경이 되면 또 근처의 맹그로브 숲을 파괴하고 새우 양식장을 만드는 일을 반복하고 있답니다.

버려진 새우 양식장은 생물이 살기 어려운 환경으로 변하고 맙니다. 맹그로브 숲을 벌목하고 만들어진 양식장 탓에 동남아시아산 블랙타이거 새우의 탄소 발자국은 100그램당 198킬로그램에 달

맹그로브 숲을 파괴하는 새우 양식장

출처 : 김상수, "[심층리포트] 이건 '논'이 아닙니다[지구, 뭐래?]", 〈헤럴드경제〉(2022. 11. 26)

하는 데다 이 수치는 메탄가스의 주범으로 불리는 소고기의 탄소 발자국보다 10배 많은 수준이라고 합니다(최원형, 2022. 06. 07). 한번 파괴된 맹그로브 숲은 그 역할을 제대로 할 수 없게 됩니다. 맹그로브 숲의 파괴는 다양한 생물종의 터전을 붕괴시키고, 바닷물의 침식도 막아 주던 빽빽한 숲이 자연재해로부터 지역을 보호하는 역할을 더는 할 수 없게 된다는 걸 의미합니다.

맹그로브 숲을 지키는 게 왜 중요할까요? 맹그로브 숲은 열대 우림보다 최대 4배 많은 탄소를 저장할 수 있답니다. 2012년 발표된 미국 오리건주립대학교 연구에서는 "맹그로브 숲 1헥타르는 연간 이산화탄소 1,472톤을 흡수할 수 있다. 이는 자동차 약 900대 이상이 1년 동안 배출하는 탄소량과 비슷하다. 반면 같은 규모의 맹그로브 숲이 파괴된 자리에서 생산하는 새우는 0.5톤에 불과하다"(안경찬 외, 2022. 11. 26)고 밝힌 바 있습니다. 우리가 단지 미식을 위해 즐기는 양식 새우가 결국은 우리의 생명과 직결된 터전을 파괴하고 있다는 연결 고리를 이해하는 게 중요한 시점입니다.

🌡 산호초는 안녕한가요?

산호초는 전 세계 바다 생물의 안전지대 같은 역할을 해 왔습니다. 산호초는 다양한 해양 생물종을 구성하도록 돕습니다. 각종 조류와 해면동물, 갑각류 등을 포함해 전 세계 해양 생물의 4분의 1에 해당하는 서식처로 바다의 아마존 같은 기능을 수행한답니다. 산호초는 홍수나 폭풍 등에 노출된 해안선을 보호해 주기도 하고, 석회화 과정을 통해 이산화탄소를 제거하면서 바다의 산성화를 막는 역할도 합니다.

그러나 최근 미국해양대기청NOAA의 위성 데이터를 분석하면 전세계 산호의 77%에서 백화 현상이 나타나고 있습니다(신연수, 2024. 10. 18). 원래는 다양한 천연색으로 관광 자원으로까지 불리던 산호초가 하얗게 변해 가는 겁니다. 산호초가 자체적으로 정화할 수 있는 수준을 넘은 대량의 이산화탄소가 바다로 유입되면서 산호초의 백화 현상이 곳곳에서 발견되고 있습니다.

물론 이산화탄소뿐 아니라 바다로 흘러 들어온 플라스틱 폐기물들과 난개발로 나무가 사라지면서 폭우에 바다로 유입된 흙 등 다양한 환경 파괴의 결과로 산호초가 병들고 있습니다. 이산화탄소의 과다 유입으로 산성화가 되자 산호초와 함께 사는 공생 조류가 더는 살지 못하고 떠나면서 산호초의 백화 현상이 가속화되는 겁니다.

산호초가 사라지는 바닷속은 해양 생물의 서식지를 잃어 가는 것과 다르지 않습니다. 더구나 산호초는 기상 재해로부터 보호하는 해안가의 자연 방파제 같은 역할을 했는데, 그 혜택마저 인간은 점차 누리기 힘들어지게 되었습니다. 인간이 당겨쓴 생태 용량 때문에 말입니다.

🌡️ 21세기에 나타난 플라스틱 쓰레기 섬

얼마 전, 프랑스 본토보다 넓은 크기의 쓰레기 섬이 태평양 한가운데 떠다니고 있는 영상을 보았습니다. 1997년에 발견되었으나, 해결되지 않은 채 점점 더 커지고 있다는 소식이었습니다. 대부분 분해되지 않는 플라스틱으로 구성된 이 쓰레기 섬은 몇십 년째 바다 위를 떠다니고 있습니다.

종종 버려진 검은 비닐을 먹이로 착각해 삼키는 고래 등이 죽은 채 해안가로 떠내려오기도 합니다. 한편으로는 눈에 보이는 이런 플라스틱 쓰레기는 어떤 면에서는 제거할 수 있다는 바람을 갖게 하기도 합니다. 실제로 플로깅Plogging이라는 환경 운동이 활발하게 이뤄지고 있기도 합니다. 조깅하면서 플라스틱을 수거하는 환경 보호 활동이랍니다.

그러나 더 큰 문제는 눈에 보이지도 않지만, 우리 주변 곳곳에 있는 미세 플라스틱입니다. 눈으로는 볼 수 없을 정도의 작은 조각인 미세 플라스틱이 끼치는 환경 오염은 커다란 골칫거리로 자리 잡은 지 오래입니다. 미세 플라스틱이 바다로 그대로 흘러 들어가기도 하고, 플라스틱이 분해되면서 미세 플라스틱 상태가 돼서 해양 생물의 먹이와 함께 삼켜지기도 하죠. 이런 해양 생물을 다시 인간이 섭취하면 미세 플라스틱이 몸에 쌓이게 됩니다. 특히 인체에 들어온 미세 플라스틱은 뇌의 인지 기능까지 저하한다는 연구 결과가 발표되기도 했습니다.

🌡️ 이제 콜라 회사는 모델을 바꿔야 할까요?

우리가 즐겨 마시는 코카콜라는 1886년에 첫 출시한 이래 전 세계에서 사랑받는 음료로 자리를 잡았습니다. 2000년 이후에 출생한 사람들에게 익숙한 코카콜라 광고는 빨간 머플러를 두른 하얀 털이 풍성한 북극곰이 시원하게 코카콜라를 마시는 모습일 거예요. 실제로 그 청량함이 영상으로 전해지는 듯해서 이후 코카콜라 매출이 상승했다고 합니다.

우리에게 친숙하게 다가온 북극곰은 이제 멸종 위기 동물로 보호받아야 하는 처지에 놓여 있습니다. 그 결과로 2020년 이후에 출생한 어린이들이 기억할 북극곰은 환경 단체에서 걱정스러운 목소리로 북극곰을 보호해야 한다는 영상 속의 홀쭉해진 북극곰일 수 있어서 안타까운 상황입니다.

실제로 2030년대에는 캐나다 북부 허드슨만에 사는 북극곰이 멸종할 것이라는 우울한 전망이 발표되기도 했습니다(동아사이언스, 2024). 허드슨만은 현재 북극곰 약 1,700마리가 사는 최대 서식지라고 알려진 지역인데, 온난화로 평균 기온이 높아져서 북극곰의 생존에 악영향을 미치고 있다고 합니다. 보통 북극곰은 해빙기인 봄부터 육지로 올라와 여름을 보내고, 가을에는 해빙을 타고 물고기 사냥을 하곤 합니다.

그러나 날로 높아지는 기온 탓에 해빙 시기가 줄어 북극곰이 사냥할 기간이 줄어드는 악순환이 심해지고 있답니다. 안타깝게도 '굶는' 기간이 길어져서 북극곰의 숫자가 줄어들게 되었죠. 실제로 각종 미디어를 통해 오랜 굶주림에 마른 북극곰이 먹이를 찾아 이곳저곳 거니는 모습을 어렵지 않게 볼 수 있답니다.

최근 미국 워싱턴대학과 와이오밍대학, 북극곰 보호 단체인 '폴라베어인터내셔널' 공동 연구팀의 조사 결과는 충격적이었습니다. 과학 저널 〈사이언스〉지에 소개된 바에 따르면, 1979년에는 북극곰이 굶는 날이 약 12일이었는데, 2020년에는 11배가 넘는 약 137일이었습니다(김정수, 2023). 온난화가 불러일으킨 재난에 잘못이 없는 북극곰이 직격탄을 맞고 있는 겁니다.

여러분이 우려하듯이 북극, 그린란드, 남극 빙하가 산업 혁명 이전보다 빠른 속도로 융해되고 있습니다. 이렇게 빙하가 녹기 시작하는 건 극지역만이 아니랍니다. 아이슬란드의 빙하 장례식은 이런 기후 변화의 또 다른 쓸쓸한 장면입니다.

2019년 8월 아이슬란드 오크 빙하 앞에 온난화의 위험을 경고하는 피켓을 든 다수의 사람이 모였습니다. 온난화로 700여 년 동안 하얀 빙하로 덮여 있던 오크 화산 봉우리의 오크예퀴들 빙하가 완전히 녹아서입니다. 더는 이곳에서 이전과 같은 빙하를 볼 수 없다는 점에서 빙하의 종말을 상징하는 빙하 장례식이 열린 거지요.

이어서 스위스 글라루스 알프스산맥의 빙하가 녹아서 피졸 빙하 장례식이 열려 주목을 받기도 했습니다. 알프스를 대표하는 몽블랑산 역시 100여 년 전만 해도 빙하가 해발 1,000미터까지 아래로 덮였지만, 지금은 400여 미터 더 올라가야 빙하를 만날 수 있을 정도로 녹았습니다.

머지않아 빙하 장례식이 익숙함을 지나 특별한 기념을 할 일이 아닐 정도로 온난화 속도는 빠르게 진행되고 있다고 기후 환경 전문가들이 우려하고 있습니다. 북극에 빙하가 사라지면 크리스마스 선물을 줄 산타 할아버지의 창고도 없어질지 모릅니다. 우스갯소리로 시작했지만, 후손들은 산타 할아버지를 어떻게 떠올릴까 하는 생각에 쓸쓸함을 지울 수 없습니다.

07
다양한
기상 변화의 위협

. . .

🌡 기후와 기상

    기후와 기상의 차이를 아는지요? 지구 온난화라고 하면 여름철에 더욱 더워지는 건 이해가 되지만 겨울에는 왜 더 추워지는지 궁금해하던 학생이 있었습니다.

    이는 기후와 기상에 대한 작은 오해에서 비롯된 것인데 기상청의 설명을 알아보면, "기상과 기후는 대기의 상태를 뜻하는 점이 비슷하지만, 기간에 차이가 있습니다. 사람으로 비유해 보면 기상은 기분, 기후는 성격이라 할 수 있어요. 기상은 단기간의 대기 상황을 의미하고 기후는 장기간의 대기 상황, 평균적인 대기 상황을 의미합니다."(기상청, 2023. 08. 24)

이처럼 기상은 우리가 흔히 말하는 하루하루의 날씨를 의미합니다. 그래서 "오늘 아침 영하 2도로 시작해 한낮에는 영상 18도까지 올라가겠습니다. 일교차가 크므로 외출할 때 옷에 신경 쓰기 바랍니다"라는 기상 캐스터의 날씨 예보를 종종 들은 기억이 있을 거예요. "하루에도 약 20도의 기온 차이가 있으니 이게 기후 문제일까요?" 하고 질문하는 거지요.

그러나 실제 기후의 개념은 보다 장기적이고 포괄적입니다. 기후는 이런 기상이 보여 주는 매일매일의 날씨를 장기간 수집해 누적된 데이터로 앞으로의 패턴을 보여 주는 걸 의미합니다.

🌡️ 폭염이 왜 위험할까요?

폭염 시기에는 전력 소비가 급증해 전력망에 부하가 생기기 쉽습니다. 이럴 때 정전이 되기도 하고, 정전되는 동안 에어컨은 물론 엘리베이터 등의 중단으로 위급한 환자들이 발생할 수 있고, 그 대응조차 원활하지 않을 수도 있습니다.

농산물 생산에도 직접적인 영향을 미치게 돼 수확량이 현저히 감소하고, 영양분이 많이 소실된 과실과 작물이 출하되곤 합니다. 이때 작물에서 주요 단백질 등 영양 성분을 섭취해 온 저소득층 어린이들의 성장 발달에 영향을 미치게 된답니다. 폭염으로 야외에서 일하는 노동자들의 일사병과 열사병 피해도 급증한답니다.

UCLA의 한 연구에서 폭염이 학교 성적에 영향을 미친다는 사실을 밝혀냈습니다. 연평균 기온이 0.56도(1화씨온도) 오를 때마다 성적이 약 1% 떨어진다는 겁니다.

평균 기온 24도에서 공부한 고등학교 1학년 한 학생이 겨울에 본 시험에서 80점을 받은 반면, 기온이 26도까지 오른다면 이때 치른 모의고사 성적은 약 77점까지 떨어질 수 있다는 걸 증명한 거지요(홍종호, 2023). 최근 우리나라의 여름은 최고 기온이 35도를 넘는 때가 많아서 이런 연구 결과라면 학업 성취도는 더 떨어질 수 있다는 우려도 듭니다.

폭염 피해는 그뿐만이 아닙니다. 기온이 상승하면 산모가 아이를 일찍 출산할 확률이 높아지며, 우울증의 발생 빈도도 폭염이 심한 날 역시 높아진다는 연구가 지속적으로 소개되고 있습니다.

이렇게 폭염이 발생하는 가장 큰 원인 역시 지구 온난화입니다. 온난화로 북극 빙하가 녹으면서 기온이 올라가 제트 기류의 흐름에 영향을 미쳐서입니다. 일반적으로 제트 기류는 지구 중위권의 날씨에 큰 영향을 미칩니다.

제트 기류는 대류권의 상부 또는 성층권의 하부(11킬로미터에서 14킬로미터 사이)에서 부는 기류로, 일반적으로 태풍보다 빠른 속도로 이동합니다. 이 기류는 북극 지방과 중위도 지방의 온도 차에 의해 발생하는데, 냉한 북극 공기와 온난한 남쪽 공기가 만나서 강한 바람을 일으킨다고 합니다. 이렇게 형성된 제트 기류는 구불구불하게 지구를 감싸게 되는데 이를 뱀의 모양과 같다고 해서 사행蛇行이라고 부릅니다. 제트 기류는 2종류로 극極제트 기류와 아열대 제트 기류가 있는데, 종종 두 제트 기류가 만나서 강력한 기류를 형성하기도 합니다.

폭염은 온난화로 인해 북극의 얼음이 빠르게 녹아, 극제트 기류가 느려지면서 열이 가두어져 발생합니다. 이 과정에서 낙뢰 또는 산불이 발생하며 건조해졌던 초원이나 숲은 화재에 취약해져 피해를 키우게 된답니다.

🌡️ 폭우와 홍수는 왜 위험할까요?

앞에서 언급한 것처럼 폭우는 도심에서 도로 침수와 붕괴, 해안가나 저지대, 도시의 반지하 거주민의 침수로 이어지기도 합니다. 농작물을 재배하는 농촌에서는 폭우로 벼가 물에 잠기고, 수확할 과실이 햇볕이 부족해 덜 영글거나 떨어져서 상품성을 잃는 피해를 입을 수도 있답니다.

최근 기후 변화로 우리나라뿐 아니라 전 세계의 홍수 규모가 커지고 그 피해 또한 기하급수적으로 증가하고 있답니다. 홍수가 이렇게 더 강력해지는 이유로 대기 기온이 1도 상승할 때마다 대기 중 수증기량이 7% 증가(반기성, 2024)하기 때문인데, 대기 중의 기온이 상승하는 주된 요인이 온실가스라는 점에서 온난화가 심해질수록 대홍수의 발생 확률도 그만큼 높아진다는 걸 예측할 수 있답니다.

이런 대홍수와 폭우로 기후 난민이 발생하고, 사회 인프라가 붕괴하는 등 회복하기 힘든 피해를 남기게 됩니다.

🌡️ 태풍이 왜 위험할까요?

과거에는 홍수나 폭우처럼 태풍은 절기에 따라 발생하는 자연스러운 기상 현상이었습니다. 그러나 최근의 태풍은 홍수와 마찬가지로 강력해지고 더 위협적으로 인간의 삶에 다가오고 있답니다. 이유역시 해수 온도가 높아지는 데서 찾을 수 있는데요.

온실가스로부터 나오는 엄청난 열이 바다로 흡수돼 바다를 따뜻하게 데웁니다. 그래서 해수면의 더 높은 온도의 물이 태풍을 매우 강력하게 변화시키는 거지요. 실제로 강력하지 않았던 태풍이 갑자기 슈퍼 태풍으로 돌변해 심각한 피해를 주는 경우가 있는데, 태풍이 지나는 경로 중 다른 지역보다 바다 온도가 높은 지역을 지나면서 강력한 태풍으로 바뀐 겁니다.

2017년 8월 텍사스 걸프 연안을 강타한 태풍 허리케인 하비뿐아니라 2023년 5월 괌에 큰 피해를 준 슈퍼 태풍 마와르 모두 고수온 지역을 지나면서 위력이 강한 태풍으로 급변한 사례입니다. 온난화로 바다 온도가 높아지면 앞으로도 이런 슈퍼 태풍이 발생할 확률이 높아진다는 게 전문가들의 우려입니다.

🌡️ 북극의 해빙과 남극 빙하가 녹는 게 왜 위협일까요?

앞에서 지구 온난화로 바다 온도가 높아지고 있다고 설명했습니다. 그렇다면 바다 온도는 몇 도일까요? 기본적으로 바다 온도는 태양열을 많이 받는 지역과 그렇지 못한 지역의 온도 차가 있습니다. 적도 지역 바닷물의 평균 기온은 약 30도, 남극이나 북극은 영하 1~2도를 유지합니다.

그러나 북극의 해빙이 녹기 시작하면서 태양열을 반사하는 효과가 줄어들게 됩니다. 알베도Albedo 효과가 낮아지는 것인데요. 알베도 효과는 태양 에너지를 반사하는 비율인데 일반적으로 태양열은 대기, 지면, 해양에서 70%를 흡수하고 30%는 반사하곤 합니다. 이럴 때 알베도를 0.3이라고 하지요. 이 알베도 효과가 높아지면 에너지를 흡수하지 않고 반사하는 비율이 크다는 걸 의미합니다.

북극 빙하가 이런 빛을 반사하는 역할을 해서 기온이 한랭했던 거지요. 그러나 점차 북극과 남극의 빙하가 녹으면서 태양열을 반사할 반사판이 그만큼 사라지게 되는 거죠. 그 영향으로 북극과 남극의 주변 해수 온도는 상승합니다.

북극과 남극의 빙하가 녹으면서 그 녹은 얼음이 물이 돼 해수면을 상승시키는 데 일조를 합니다. 그러나 과학자들은 높아진 바닷물의 온도 자체가 해수면을 상승시키는 주요 요인이라는 점을 더 우려합니다. 따뜻한 물은 부피가 팽창하므로 해수면을 높이게 되죠. 실제로 IPCC에 따르면, 그린란드 해수면이 2100년경에는 27센티미터 높아질 거라고(반기성, 2024) 경고하기도 했습니다.

우리가 바다의 변화에 주목하는 이유는 바다 자체가 지구의 으뜸 탄소 저장소여서입니다. 지면 위의 숲 등에서 가둬 둔 탄소는 이내 대기 중으로 흡수되곤 합니다. 하지만 바다의 파도가 공기와 만나면서 이산화탄소를 모으고, 바닷물에 스며들면 플랑크톤이 다시 이산화탄소를 가두는 역할이 자연스러운 탄소 포집 과정이라고 합니다. 이렇게 갯벌과 바닷속으로 흡수된 탄소들은 수백 년 이상 탄소를 가둬 주는 자연 격리고 역할을 하게 됩니다.

자연 탄소 저장소 역할을 해 오던 바다가 온난화로 청정한 상태를 유지하지 못하면 더는 탄소를 포집하는 능력도, 지구의 열을 90% 이상 담아 주는 역할도 제대로 하기 어려울 겁니다. 이런 문제가 우리에겐 큰 위기라는 겁니다.

해수면이 1901~1971년 사이 1년마다 1.3밀리미터 높아지다가 2006~2018년에는 매년 3.7밀리미터로 가파르게 상승하고 있다(이충환, 2024)고 합니다. 얼핏 보면 그다지 큰 수치는 아닌 것 같지만 실제로 1901년을 기준으로 현재까지 20센티미터 이상 해수면이 상승한 겁니다. 최근에는 그 상승 속도가 더 빠르다는 점에서 위협이라고 할 수 있습니다. 이 역시 온실가스에 주로 기인한 문제라는 점에서 인류가 이제는 무언가 책임 있는 행동을 하지 않으면 안 될 때라는 글로벌 인식이 확산되는 거지요.

다행히 해수면의 상승 피해를 막는 다양한 방안을 고안하고 있습니다. 몇 가지 예를 들어 보겠습니다. 독일 함부르크 하펜시티 프로젝트의 경우, 제방을 높이는 대신 해발 토지 높이를 더 올리는 방법으로 해수면 상승의 피해를 막는 노력을 시도 중입니다. 늘 수몰 위협을 겪는 몰디브는 위기를 기회로 전환하기 위한 도전을 하고 있습니다. 수상 도시 '몰디브 플로팅 시티'를 건설하고 있습니다. 주민 2만 명이 거주할 수 있도록 떠다니는 도시를 만들겠다는 야심 찬 계획을 실행하고 있습니다. 앞으로도 해수면 상승에 대응하는 창의적인 도전 사례가 더 늘어날 것으로 기대합니다.

08

기후 이슈에
영향을 미치는 요소들

🌡️ 기후 변화는 왜 일어날까요?

기후는 지구의 역사 46억 년 동안 화산 폭발 등 자연적 요인으로 변화해 오곤 했습니다. 그러나 인류가 등장하면서 인간이 만든 농업화, 산업화 등을 통해 인위적 요인에 의한 변화도 최근에는 중요한 요인으로 부상하고 있습니다.

자연적인 기후 변화를 일으키는 요인에는 화산 폭발, 태양 에너지의 변화로 인한 자연적 요인을 꼽을 수 있습니다. 대표적으로는 밀란코비치 이론을 들 수 있는데요. 지구의 자전축 기울기, 지구 궤도의 변화 등으로 태양 복사량이 달라지면서 지구의 기온을 변화시킨다는 이론입니다.

인위적인 기후 변화 요인 중 대표적으로 이산화탄소 등 배출 증가로 인해 지구의 평균 기온이 비정상적으로 급격히 올라가는 현상을 꼽을 수 있습니다. 이를 '지구 온난화'라고 하죠. 인류가 농업을 시작하면서 초원과 산속의 공생하던 풀, 나무를 베어 내고 인류에게 필요한 벼와 밀 등을 재배하는 공간을 인위적으로 넓혔답니다. 대규모 숲이나 초원 지역은 불을 내어 농토를 만들기도 하는 과정에서 하늘을 뒤덮을 정도의 검게 그을린 연기가 발생했고, 오늘날 미세 먼지라고 불리는 환경 오염 물질이 대량 배출되곤 했습니다.

농업 시대를 지나 산업화 시대에는 이런 대기 오염이 더 많이, 더 빈번해졌답니다. 제조 공장이 우후죽순 들어서고, 화석 연료로 움직이는 기차 등이 바쁘게 도시화를 만드는 이면에는 하늘과 물과 인간, 동물에게는 치명적인 이산화탄소, 메탄 등의 물질이 제재 없이 대기 중에 방출되었습니다.

또 대규모 생산이 경제적 이득을 주는 시점이 되자 아마존과 같이 이산화탄소를 대량으로 흡수하는 열대 우림을 벌목하고 파괴하는 일을 서슴지 않고 했습니다. 이때만 해도 열대 우림의 파괴가 조만간 인간에게 피해로 다가올 거라는 점을 예측하지 못했죠.

🌡️ 국경이 없는 기후

공평하지 않은 상황을 볼 때 마음이 불편해지는 경험을 종종 해

보았을 겁니다. 우리가 다루는 주제인 기후가 일으키는 문제들은 '공평하지 않은 결과'를 보여 주는 대표적인 사례라고 할 수 있습니다. 그 예로 버려지는 쓰레기들을 살펴볼까요?

산업화 이후 상당히 오랜 기간 산업용 플라스틱은 분해되지 않은 채 대서양이나 태평양으로 흘러가곤 했습니다. 지금도 지구 어딘가에는 여전히 무단 폐기를 하고 있다는 사실이 안타까운데요. 문제는 그렇게 버려진 폐기물들이 한 번도 그 플라스틱을 사용하지도 않은 섬나라 해안가에 도착해 피해를 준다는 점입니다. 그래서 오랜 기간 낚시로 생계를 이어가던 섬나라 주민들이 오염된 바다로 인해 낚시할 물고기 대신 플라스틱 더미를 건져 내곤 합니다.

산업화가 빠르게 진행된 어느 유럽 국가나 아시아의 개발 도상 국에서 배출한 프레온 가스는 지구의 오존층을 파괴해 지구 반대편 나라까지 오존 위협에 시달리게 하곤 합니다. 우리나라도 매년 봄이면 심하게 겪는 황사와 미세 먼지 역시 국경을 넘어 도착하는 반갑지 않은 손님이랍니다.

이처럼 기후 변화를 일으키는 환경 오염과 이산화탄소, 메탄 등의 배출이 지구촌 어딘가에서 발생할 경우, 그 여파는 배출한 책임이 있는 그 나라에 국한되는 것이 아니라 대기 중으로 또는 해양 속으로 스며들거나 흘러 들어가서 전 세계 어디든 영향을 미칠 수 있다는 점에서 그 심각성이 크다고 할 수 있습니다.

이렇게 악화한 환경은 오래 걸리지 않아 생태계를 파괴시키고 있습니다. 실제로 세계자연기금World Wide Fund for Nature의 조사 결과에 따르면, 지난 40여 년 동안 척추동물의 절반이 소멸하고, 날벌레의 개체 75%가 사라졌다(웰즈, 2024)고 합니다. 이런 현상은 우리가 살고 있는 지금 일어나는 기후 변화의 결과라고 할 수 있습니다.

한 가지 희망적인 활동을 소개하면, 자랑스럽게도 우리나라가 몽골의 사막화가 진행되던 황무지에 약 20년 전부터 나무를 심기 시작했습니다. 나무 수백만 그루가 자라서 지금은 10미터가 넘는 무성한 숲이 되었습니다.

그 결과, 우리나라로 날아오는 황사도 막고, 몽골 국민에게는 쾌적한 산소를 제공하는 휴식처가 돼 기후 위기를 잘 극복한 사례로 손꼽히고 있습니다.

🌡️ 탄소 악당들

현재 지구상에서 가장 많은 탄소를 내뿜는 나라는 어디일까요? 중국이라고 합니다. 2020년 기준으로 이산화탄소를 가장 많이 배출하는 중국은 전체 이산화탄소 배출량의 30.6%(106억 6,788만 톤), 미국은 13.5%(47억 1,277만 톤), 이어 유럽연합 7.5%, 인도 7% 순이었습니다(김규남 외, 2022. 11. 06).

3년이 지난 2023년 중국은 짧은 시간 동안 20억 톤을 추가로 방출해 126톤에 달하는 탄소를 대기 중에 내보낸 1위 국가를 유지했습니다. 지금 글로벌 경제를 이끄는 강대국 중국과 미국이 여전히 세계 1, 2위 탄소 배출 국가라는 불명예를 안고 있는 겁니다.

물론 산업화 이후부터로 거슬러 올라가면 신흥 탄소 배출국인 중국보다는 미국과 영국을 비롯한 유럽의 대다수 국가가 탄소 악당으로 꼽힐 겁니다. 누적 배출량을 기준으로 보면 미국이 전 세계 중 가장 많은 20.3%, 중국 11.4%, 러시아 6.9% 수순이라고 합니다(임병선, 2021. 10. 06).

그러나 중국이 빠른 속도로 탄소를 대량 배출하기 시작하면서 이 세 지역의 강대국들이 전 세계 누적 배출량의 40% 수준을 차지하고 있다는 점에서 문제가 심각합니다. 전 세계 약 200개국이 있다는 점을 고려하면 탄소 배출량 쏠림 현상이 얼마나 불균형적인지 한눈에 알 수 있습니다. 아쉽게도 우리나라 역시 누적 탄소 배출량 순위가 20위나 돼서 개선이 필요한 상황입니다.

그렇다면 우리가 사용하는 제품 중에서 탄소를 가장 많이 배출하는 분야는 무엇일까요? 국제에너지기구IEA와 UNEP 평가 보고서 등의 분석을 따르면, 전력 생산 분야에서 전 세계 탄소 배출량의 42%를 차지할 만큼 탄소를 많이 배출합니다. 다음으로는 철강, 시멘트, 화학을 포함한 산업에서 약 20%, 항공을 비롯한 도로, 해상 교통에서 약 24%를 배출한다고 합니다. 농·축산업은 메탄이나 아산화질소를 통해 10%에 해당하는 탄소를 배출합니다.

또 다른 연구에 따르면, 의류를 생산할 때 발생하는 탄소는 온실가스 배출량의 8~10%에 해당하는 어마어마한 양입니다. 패스트 패션이라 불리는 쉽게 옷을 생산하고 짧은 기간 소비하고 버리는 트렌드로 인해 탄소 배출량이 줄지 못하는 거라고 합니다. 이처럼 인간의 의식주에 해당하는 것만으로 전 세계 탄소 배출량의 절반을 차지한다는 건 인간이 지구 환경에 얼마나 큰 영향을 미치는지 알게 합니다.

기술 발전으로 과거에는 고려하지 못했던 새로운 탄소 배출원이 등장했습니다. 우리가 매일 사용하는 인터넷과 연결된 모든 자료를 담아 두는 거대한 자료 상자인 데이터센터입니다. 데이터센터는 4장에서 자세히 다루고자 합니다.

또 하나의 신종 탄소 악당 서비스는 비트코인입니다. 비트코인은 채굴이라는 표현을 쓰는데요. 비트코인 채굴 시스템은 연산 작업에 전기 소모가 많은 그래픽 카드를 사용하고, 채굴 과정에서 발생하는 열을 식히는 데도 상당한 전기가 필요합니다. 이 점은 데이터센터의 쿨링 시스템이 전기를 많이 소비하는 것과 유사합니다.

비트코인을 채굴하는 데 연간 약 127테라와트시TWh를 소비하고 있다고 합니다. 이는 노르웨이 등 국가 수준의 소비량을 넘어서는 수준으로 위협적입니다. 이에 미국 정부는 비트코인 등 암호화화폐의 채굴 과정에서 얼마나 많은 전력을 소비하는지 조사에 착수했다(박정한, 2024.02.06)고 합니다.

이렇듯 데이터센터의 에너지 소비를 통한 탄소 배출량 증가, 비트코인 등과 같은 과거에는 없었던 서비스나 상품을 위해 앞으로 발생할 탄소 발생을 고려하면 탄소 발생의 잠재적 위험 요인은 예측보다 많을 것으로 전망합니다.

그러나 이런 문제 외에도 현재 지구에서 만들어지는 에너지의 70%가 버려진다는 사실을 아나요? 미국인들은 음식의 4분의 1을 버리고 있다(웰즈, 2024)고 합니다.

매년 의류의 상당수는 버려지고 또 새로운 의류를 만들기 위한 화석 연료를 다시 사용하는 악순환을 만들고 있는 거지요. 전기를 적재적소에 사용하고 낭비되지 않게 해서 불필요한 탄소 배출을 줄이는 노력이 필요한 때입니다.

마지막 사례로 산불을 탄소 악당으로 꼽을 수 있습니다. 근래 들어서 더 자주 대규모로 발생하는 산불이 대기를 뜨겁게 하고 있습니다. 최근 자주 접하는 산불은 이산화탄소 발생 공장 그 자체라고 할 수 있습니다. 미국 캘리포니아주에서 몇 개월에 걸친 산불이 나기도 했고, 오스트레일리아에서는 1년이 넘도록 산불이 꺼지지 않고 이산화탄소를 발생시킨 사례가 있습니다.

1997년 인도네시아에서 발생한 화재로 이산화탄소가 26억 톤 배출되었는데, 놀랍게도 이는 당시 전 세계 탄소 배출량의 40%에 달하는 수치였다고 합니다(안경찬 외, 2022. 11. 26).

산불이 발생했던 인도네시아령 파푸아(이리안자야) 습지는 면적 20만 제곱킬로미터에 깊이가 20미터 되는 보르네오 근처의 광대한 이탄(연탄의 원료로 쓰이는 석탄) 습지입니다. 숲이 타면서 이탄도 타게 돼 많은 탄소가 발생했습니다. 이 산불은 4개월이나 지속돼 고농도 미세 먼지를 발생시켜 신생아의 조기 사망에도 영향을 주었다는 연구 결과가 있습니다.

🌡️ 사라진 꿀벌과 죄인이 된 소

몇 년 전부터 꿀벌이 사라지고 있다는 뉴스를 접했습니다. 최근 폭염이 심해지고, 폭염과 열대야 일수가 증가하면서 꿀벌의 생존 터전이 위협을 받게 된 겁니다.

원래 꿀벌들은 고온에서 면역력이 떨어져 진드기 일종인 응애의 공격을 버티지 못합니다. 이렇게 사라지는 꿀벌이 문제 되는 건 꿀벌의 알찬 역할 때문입니다. 꿀벌은 꽃가루를 날라서 식물이 수정하는 걸 돕고 벌꿀 채집용으로도 기르곤 합니다.

이런 꿀벌의 개체 수가 감소하면 달콤한 꿀을 먹지 못하는 문제뿐 아니라 식물의 가루받이 역할을 하던 매개체가 사라져서 생태계가 무너지게 됩니다.

반추 동물이란 단어가 조금 생소하지요? 반추 동물은 포유류 소목에 속하는 동물로 흔히 되새김 동물이라고 해요(네이버 지식백과). 소, 사슴, 낙타, 기린 등이 여기에 속하는데, 한번 삼킨 먹이를 다시 씹어 내는 '반추위'가 있어 반추 동물이라고 합니다. 다른 의미로는 우리가 어떤 일을 되풀이해 음미하거나 생각하는 것(국어사전)을 '반추'라고도 하는데, 두 의미에서 연관성을 찾을 수 있겠지요?

반추 동물의 특성상 반추위 내 미생물이 발효 작용으로 여러 가스를 만드는데 그중 소의 방귀로 배출하는 메탄가스가 지구 온난화의 원인이라고 꼽히고 있답니다. 같은 육고기라도 닭을 키우는 과정에서 발생하는 온실가스가 소 사육을 할 때 발생하는 온실가스의

10%에 불과하다는 걸 알면 얼마나 소 사육이 온난화에 나쁜 영향을 끼치는지 알 수 있어요.

메탄에 주목하는 이유는 이산화탄소보다 20배 이상 강력한 온실가스이기 때문이에요. 실제로 NOAA에 따르면, 2020~2021년 대기 중 메탄가스 농도는 산업화 이전에 비해 3배 높아진 1,900ppb를 기록했다고 합니다(남상현, 2024).

이런 문제로 세계 몇몇 나라에서는 일명 방귀세라 불리는 세금을 걷고 있답니다. 에스토니아는 소의 트림이나 방귀로 메탄가스가 발생하고 이로 인해 온난화가 가속된다는 이유로 방귀세를 부과하고 있습니다. 최근 덴마크는 2030년부터 소 1마리당 탄소 배출에 따른 세금을 부과할 예정이라고 발표했습니다. 덴마크가 이런 결정을 한 데는 북유럽 국가 중 온실가스 배출량이 많다는 비판에 대한 친환경 정책이라고 할 수 있습니다.

🌡️ 우리나라는 기후 보호 모범생일까요?

우리는 학교에서 지역 특산물을 배우고 있습니다. 어떤 특산물은 조선 시대부터 지역 명물로 소문이 나서 임금님 수라상에까지 올려지는 귀한 대접을 받기도 했다고 하고요. 한 번 어느 지역의 특산물이 무엇이라고 정해지면 변하지 않는 것처럼 여기던 시절이 있었습니다. 이제 미래의 학생들은 초등학교 때 알게 된 지역 특산물을 대학 졸업 때는 다른 특산물로 알아 둬야 하는 일이 이상하지 않을 시대를 살게 됩니다.

대표적인 예로 대구광역시는 오랫동안 사과 특산물 고장으로 유명했습니다. 1899년 미국 선교사가 사과나무를 사택 근처에 심으면서 사과의 역사가 시작되었습니다. 100년이 훌쩍 넘는 동안 대구의 대표 작물이 사과로 자리 잡게 된 거지요.

그러나 이제 대구에서의 사과 재배지는 온난해진 기후로 줄어들고 있습니다. 사과는 연평균 10도 내외, 생육 시기에는 평균 15도 내외의 선선한 기후에서 당도 높은 과실을 맺는데, 기온이 높아져 생육 조건이 더는 대구 지역과 맞지 않게 된 겁니다. 오히려 사과 주산지는 강원도로 이전하는 상황입니다. 21세기 말에는 우리나라에서 사과 재배지가 사라질 것으로 예측하고 있습니다.

그렇다면 우리나라 기후는 어떻게 변해 왔을까요? 환경부에서 발표한 〈한국 기후변화 평가보고서 2020〉에 따르면, 우리나라는 1912년 이래 평균 지표 온도가 약 1.8도 상승했고, 해양 표면 수온 역시 1984년부터 30여 년간 0.024도 높아졌다고 합니다. 해수면은 1989년 이래로 2017년까지 연간 2.9밀리미터 상승했고, 폭염 일수가 앞으로 더 많이 증가해서 감염병이나 작물 재배에 큰 영향을 미칠 것이라는 전망도 제시했습니다.

이런 온난화 영향으로 우리나라의 벼 생산율은 25% 이상 감소하고, 사과 재배지는 사라질 것이며, 제주 감귤로 유명했던 주요 생산지는 강원도까지 올라오는 큰 변화를 보일 거라고 전망했습니다.

이처럼 우리나라도 기후 변화, 기후 위기의 그늘에서 자유롭지 못하다라는 사실을 확인할 수 있습니다. 그렇다면 우리나라의 지구 온난화에 영향을 미치는 탄소 배출량은 어느 정도일까요?

우리나라는 자랑스럽게도 경제 규모 10위의 선진국으로 부상했습니다. 반면에 앞의 절에서 설명한 것처럼 우리나라는 전 세계 약 200개국 중 탄소 누적 배출 20위라는 반갑지 않은 순위를 차지했습니다. 더구나 2022년 기준 한 해 이산화탄소 배출 순위는 더 높아서 10위에 있습니다.

우리나라의 탄소 배출량을 살펴보면 약 6억 2,000톤인데요. 영국 3억 4,000톤, 네덜란드 1억 4,000톤, 벨기에 9,500톤, 그리스 5,600톤을 합친 양에 육박한다는 점(김규남, 2022. 12. 09)에서 심각합니다. 더구나 1인당 탄소 배출량은 2018년 4위에 오르기도 했습니다. 세계 평균의 2.5배 이상의 탄소를 우리나라 국민 각자가 배출하는 격입니다. 우리의 근본적인 탈탄소 노력이 필요한 시점입니다.

09

기후 위기가 가져올
재난 시나리오

요즈음 우리가 말하는 기후 변화는 비정상적으로 지구의 평균 기온이 급격히 상승한다는 점입니다. 기후는 늘 변해 왔고, 지구가 탄생하는 순간부터 지금까지 끊임없이 변하고 있습니다. 그 과정에서 다섯 번의 대멸종을 겪기도 하고, 다시 살아남은 생물들이 새로운 환경에 적응하고 번성하는 선순환을 해 왔습니다.

그러나 최근의 기후 변화는 지구가 끓고 있다는 표현이 어색하지 않을 만큼 변화 속도 면에서 인류를 긴장시키고 있답니다. 우려하는 재난들이 해수면 상승, 이상 기온으로 인한 폭우, 폭설, 폭염, 해일 등으로 나타나고 있으며 그 피해를 지구촌 곳곳에서 확인할 수 있게 되었습니다.

🌡️ 기후 재난의 불평등성

이상 기후를 만드는 책임은 누구에게 있을까요? 한 가지 추론할 수 있는 데이터를 소개하고자 합니다. 세계은행에서 2017년 기준으로 1인당 탄소 배출량을 발표했는데요. 미국인 1명이 이산화탄소 16.21톤을, 에티오피아인 1명은 0.14톤을 배출합니다(한재각, 2021). 숫자만으로도 단박에 엄청난 차이를 느낄 수 있지요? 그러나 나라별로 이산화탄소를 배출하는 양이 현저히 달라도 기후 변화로 닥쳐오는 재난은 지구 곳곳을 가리지 않고 피해를 줍니다.

더구나 우리는 지구 평균 기온을 주로 말하는데요. 평균은 그야말로 가장 높은 온도와 낮은 온도 지역에 사는 생물들이 겪을 극단적인 기후 위기를 종종 잊게 합니다.

지구 평균 기온이 2도 또는 3도 상승할 경우, 북극 지역은 10도 가까이 상승할 수도 있어서입니다. 이 때문에 영구 동토층이 녹아내리는 속도가 더 빨라질 수 있답니다. 더 암울한 것은 IPCC 평가 보고서에 따르면, 2100년까지 영구 동토층이 최대 81%까지 사라질 것으로 전망된다는 겁니다(IPCC, 2013).

기후 재난은 그 자체로도 심각한 피해를 끼치지만, 전문가들이 우려하는 건 재난의 피해가 부유한 국가보다 그렇지 못한 나라들에 주는 피해가 더 크기 때문입니다. 한 나라 안에서도 폭우로 침수 피해는 부자들이 주로 거주하는 고층 아파트나 고지대보다 해안가나 반지하 거주 지역에 더 크게 다가옵니다. 이런 사례로 종종 영화〈기생충〉의 대비되는 장면이 거론되곤 하는데요. 글을 쓰려고 자주 들르는 카페 근처가 종로구 부암동의 〈기생충〉 촬영지입니다.

폭우가 내리던 날, 주인공 가족이 계단을 급하게 뛰어 내려가던 그 지점에 덩그러니 영화 장소였다는 표지가 남아 있습니다. 폭우는 부자에게도 반지하 집에도 공평히 내렸지만, 결과는 극명하게 달랐죠. 부자인 여자 집주인은 다음 날 쾌청해진 하늘을 보면서 밤새 비가 와서 하늘이 갰다고 만족스러워하지만, 반지하의 주인공 가족은 밤새 잠도 못 자고 폭우 침수를 피해야만 했습니다.

이런 서글픈 대비는 영화에서뿐만 아니라 주변에서도 어렵지 않게 볼 수 있습니다. 우리는 여름이 '그저 덥다'라는 말을 이제 쓰지 않게 될지도 모릅니다.

최근 매해 여름의 기간과 최고 기온 갱신을 거듭하고 있습니다. '덥다'라는 표현만으로는 부족해진 거지요. 한여름, '더워서 쓰러질 것 같은' 폭염의 연속인 낮 시간을 참으면 열대야가 수십 일째 이어지는 여름밤을 보내야 하기 때문이죠. 산업 현장, 직장, 가정, 공공장소에서 에어컨을 틀지 않고는 생활할 수 없는 날들이 지속되고, 에어컨은 다시 수소불화탄소를 비롯한 온실가스를 내뿜어 온난화를 가속하는 악순환이 반복되고 있답니다.

얼마 전 뉴스에 따르면, 기상청에서는 우리나라의 자랑이던 뚜렷한 계절의 구분을 변경하는 연구에 착수했다는 발표를 했습니다. 보통 3개월 주기로 계절이 바뀌지만, 여름이 120여 일 가까이 길어져서 6월부터 9월 말까지 4개월을 여름이라고 불러야 할지 모른다는 거죠.

그나마 에어컨을 작동할 수 있는 환경에 사는 사람들은 약간의 불평으로 여름을 보내겠지만 쪽방촌이나 저소득층 가정의 여름나기는 혹한의 겨울만큼이나 팍팍합니다. 폭염으로 목숨을 잃기도 하고, 바깥 활동이 어려워져 육체적 또는 정신적 건강에 심각한 영향을 끼쳐 삶의 질이 떨어지는 일은 당연한 수순입니다.

세계로 시선을 돌리면, 저위도 개발 도상국에 사는 10억 명은 고작 온실가스의 3%만 배출하는데도 폭우, 폭염, 해수면 상승으로 인한 삶의 터전 파괴 등을 고스란히 겪어야 하는 실정입니다. 연구에 따르면, 1999년부터 10년간 기후 변화로 피해를 가장 많이 본 국가 대부분이 아시아와 남미 국가들이었다고 합니다(한재각, 2021). 방글라데시, 필리핀, 네팔, 푸에르토리코 등 여러분이 한 번쯤 들어 보았을 나라들이 가장 큰 기후 변화 피해국들입니다. 앞으로는 이런 추세가 달라질까요? 아쉽게도 기후학자들과 환경학자들은 더욱 심해질 기후 재난의 불평등한 결과를 우려하고 있답니다.

🌡️ 아마존 열대 우림의 눈물

우리에게 산림, 특히 무성한 나무로 잘 보존되는 산림이 중요한 이유는 공기 중의 이산화탄소를 흡수해서입니다. 지구촌 산림이 흡수하는 이산화탄소의 4분의 1을 책임지는 곳이 아마존 열대 우림입니다. 마치 인간에게는 탄소 진공청소기 역할을 해 주는 곳이지요.

하지만 최근에는 아마존이 지구촌 탄소 진공청소기를 계속해 줄 수 있을지 우려가 커지고 있습니다. 아마존 열대 우림에 개발이라는 명목으로 진행되는 산림 파괴가 지구촌 전체의 환경에도 부정적인 영향을 끼치기 때문입니다.

실제로 아마존을 탐방한 전문가들의 말에 따르면, 아마존의 나무는 우리가 생각하듯 커다란 지름을 자랑하는 굵은 나무가 아니라고 합니다. 이제는 종종 사진에서도 만날 수 있는데, 높이 자란 나무들 사이에 해를 제대로 받지 못해 가늘고 긴 나무들이 아마존 열대 우림을 채우고 있다고 해요.

아마존에서 많은 나무가 베어지는 이 순간에도 지구는 계속 기후 악화의 길을 걷고 있습니다. 자연이 키워 준 열대 우림을 잘 보존하는 것만으로도 인간이 방출하는 대량의 이산화탄소를 정화할 수 있음에도 불구하고 아마존 주변국은 경제 개발이라는 이유로 지구촌에 커다란 피해를 주고 있습니다.

기후와 전쟁

기후로 인해 전쟁이 일어나거나 더 심각한 상황으로 진행된다는 분석을 들어본 적이 있는지요?

중동의 시리아는 오랜 내전으로 심한 내홍을 앓고 있습니다. 이런 내전의 원인 중 하나를 기후학자들은 2006년부터 4년간 극심한 가뭄으로 인한 시리아 민심의 요동과 그 대응이 미진했던 정부 간의 갈등이라고 보는 시각도 있습니다. 단순히 하나의 요인을 전쟁의 원인이라고 지목하기는 어렵지만, 온난화가 불러일으킨 이상 기후 가뭄이 한 나라의 정세에도 일정 부분 영향을 미쳤다는 데 그 시사점을 찾을 수 있습니다.

또 하나의 기후로 인한 지구촌의 아픔을 소개하고자 합니다. 종종 미디어를 통해 아프리카에서 유럽으로 오려는 난민들이 좁은 배에 갇혀 숨지거나 배가 풍랑을 만나 큰 희생이 발생하는 기사를 본 적이 있을 겁니다.

아프리카를 떠나 유럽으로 난민이 돼 들어가려는 사람들은 왜 조국을 떠나려 할까요? 오랜 내전으로 인한 정치적 불안정성과 경제적 고립 등으로 삶의 터전을 잃기도 하지만 기후 위기가 불러일으킨 더 빈번해진 자연재해로 인한 '기후 난민'이 매해 2,000만 명 정도 발생한다고 합니다.

이제는 기후 악화로 기후 전쟁의 발발도 고려해야 한다고 합니다. 실제로 수단에서는 심각한 기후 위기로 가뭄이 극심해지자, 식량난과 식수를 구하기 위한 두 부족 간의 싸움으로 45만 명이 희생되는 '다르푸르' 분쟁이 2003년부터 7년여간 이어지기도 했습니다.

기후가 인류의 삶에 영향을 미치는 분야가 넓어지면서 앞으로 기후로 인한 국가 간 분쟁의 위험성은 더 높아질 것으로 예상하고 있습니다.

🌡️ 기후 난민

　유엔은 기후 변화를 제대로 대처하지 못한다면 2050년에 기후 난민이 2억 명에 달할 것이라는 전망을 내놓기도 했습니다. 더 심각하게는 기후로 인한 빈민층이 약 10억 명에 이를 거라는 전문가들의 우려도 적지 않습니다.

　지금 지구의 인구가 80억 명을 조금 넘겼고, 30년 후인 2050년에는 100억 명이 될 거라고 추정한다면 지구 전체 인구의 10%가 빈민층으로 살아야 한다는 말입니다. 우리가 기후 변화에 대응하기 위해 발 벗고 나서지 않으면 암울한 미래가 온다는 것이겠지요.

10

우리에게
기회는 없을까요?

🌡 오존층 파괴를 해결한 지구 어벤저스

지금까지 지구 온난화에 영향을 미치는 주요 요인을 찾아보았고, 그 결과 현재 겪고 있는 어려움에 대해 살펴보았습니다. 이쯤에서 이런 문제들을 해결할 방법은 없을까 하는 궁금증이 생길 겁니다. 그렇다면 과거에 기후 위기를 어떻게 극복했는지 사례를 참고하는 것도 좋은 방법입니다. 대표적인 사례로 파괴되었던 오존층을 회복하는 국제 사회의 노력에서 찾을 수 있습니다.

오존층은 태양으로부터 오는 자외선을 흡수하는 중요한 대기층입니다. 오존층이 파괴되면 이 보호막이 사라져 자외선이 인간의 건강을 심하게 훼손할 수 있다고 전문가들은 경고했습니다. 한마디로 피부암이나 면역 결핍증 같은 치료가 어려운 질병에 쉽게 노출되는 거죠. 더 나아가 오존층이 파괴되면 광합성을 할 수 없거나 속도가 느려져 일부 생물이 생존할 수 없으며 그 영향으로 생태계가 혼란스러워지고 붕괴할 수 있는 거죠.

이렇게 중요한 오존층 농도가 감소해 오존층에 구멍이 생기는 면적이 점차 넓어지고 있습니다. 누군가는 하늘에 구멍이 뚫렸다고 우려를 하기도 했습니다. 이렇게 오존층 농도가 낮아진 이유는 산업화 이후 냉장고나 에어컨 등장으로 프레온 가스를 무분별하게 사용해 이 가스가 성층권까지 올라가 오존층을 파괴하는 염소를 대량 방출했기 때문입니다. 다행히 2010년부터는 프레온 가스 생산과 사용을 중단한 상태입니다.

이런 오존층 파괴를 과학적으로 증명하려고 국가적 협력이 이뤄졌습니다. 영국남극조사단BAS과 NASA의 관측은 놀랍게도 대기과학자들이 우려한 오존층이 얇아지고 있다는 점을 확인해 주었습니다. 덕분에 머지않아 글로벌 이슈로 부상했습니다. 1987년 캐나다 몬트리올에서 23개 가입국 대표가 프레온 가스를 당시의 절반 수준으로 줄이는 데 합의했습니다. 이를 '몬트리올 의정서'라고 합니다.

몬트리올 의정서는 눈에 띄는 효과가 있었던 건 아니지만 각국의 프레온 가스 가용을 99% 줄이는데 기초가 된 글로벌 협력이라고 할 수 있습니다. 실제로 2016년에 측정한 오존 홀 크기는 1991년부터 2016년까지의 평균보다 작아지고 있다고 합니다(마크 브룸필드, 2023). 이런 오존층의 회복은 다시 지구에 생태적 보호막으로 작용해 온난화를 막는 순기능도 가능하게 합니다.

🌡️ 지구공학은 괴짜 대안일까요?

《슈퍼 괴짜경제학》의 저자인 스티븐 레빗은 지구 온난화 문제를 해결하기 위해 성층권에 황산염 입자를 뿌려서 지구적 차원의 냉각 효과를 얻는 방안을 제시하기도 했습니다(한재각, 2021). 빌 게이츠도 이런 아이디어에 찬성했다는 이야기가 들리고 있답니다.

다소 엉뚱하게 들릴지 모르지만, 기후 위기에서 지구를 구하려는 과학적 기반의 다양한 시도가 진행되고 있습니다. 앞으로 소개할 미래 직업 분야로 대기 중의 이산화탄소를 모은 다음 저장하고 필요할 때 쓰는 방식도 초기에는 이상적이라는 비판을 받았지만, 지금은 다양한 산업 현장에서 상용화 서비스로 쓰이고 있습니다. 과학적 지식을 바탕으로 상상력을 더한다면 불가능해 보이던 일들도 실현할 수 있다는 걸 기후 분야에서도 체험할 수 있는 거지요.

🌡️ 우리가 어떤 일을 하기에는 아직 부족하다고요?

그레타 툰베리처럼 뛰어난 환경 활동가의 사례까지는 가지 않더라도 전 세계의 1,000여 건 넘는 환경 관련 소송이 청소년들과 어린이들의 제기로 진행되고 있다고 소개했습니다. 2012년 네덜란드 대법원의 우르헨다 판결을 시작으로 각국 정부의 기후 변화 책임에 대한 소송의 승소도 이어지고 있습니다.

우리나라도 2024년 8월 대법원에서 '아기 기후 소송단' 판결이 내려졌습니다. 당시 10살 어린이가 소송에 참여한 게 큰 울림이 돼 우리나라의 기후 위기에 관한 관심을 모으는 데 기여를 했지요. 아시아 최초의 아기, 어린이가 참여한 기후 소송으로 기록되었는데요. 결과는 정부의 기후 위기 대응이 국민의 기본권을 침해한다는 취지의 소송에서 일부 승소 판결을 얻었습니다. 미래의 주인공이 자신의 권리를 찾고 자신들이 살아야 할 미래 사회에 대한 방향에 목소리를 내는 바람직한 사례라고 할 수 있습니다.

여러분이 비록 사회 경험이 적은 나이이지만, 언급한 사례와 같이 함께 뜻을 모아 행동하는 일에서부터 플라스틱 줄이기 등 소소한 생활 습관을 고치는 일까지 '실천'할 수 있는 일은 다양합니다. 미래를 보는 안목을 기른다면, 보다 의미 있는 실천으로 여러분이 살아가게 될 미래 사회를 스스로 만들 수 있답니다.

그 하나의 실천이 기후 위기에 관심을 갖고 미래 직업의 세계를 진지하게 들여다보는 거지요. '나는 기후 위기에 몰린 지구와 우리 인류를 위해 어떤 일을 할 수 있을까? 내가 관심이 있는 영역에서 기후 위기에 대응할 방법은 없을까? 아직은 기후 위기를 잘 모르지만, 어떤 직업 분야들이 지구 환경을 보호하게 될까?' 이런 생각부터 시작해 봅시다.

3장

기후 위기 시대,
미래 직업 선택의 키워드 : AAC

AI(인공 지능), Age(수명), Climate tech(기후테크)

앞에서 살펴본 것처럼 우리는 기후 위기 시대를 살아가고 있습니다. 현재의 기후 위기 전에도, 자연적으로 발생한 급격한 기후 변화를 지구는 여러 차례 겪어야 했습니다. 지구의 시간으로 보면, 대멸종이라고 불렸던 다섯 번의 기후 변화가 가져온 생물 멸종과 생성의 끝자락에 인류가 탄생해 오늘에 이르렀음을 살펴보았습니다.

그동안 지구가 겪은 기후 대변화가 '자연스러운' 기후 변화의 결과라고 할 수 있는 데 반해, 지금의 시대는 인류세라 불릴 정도로 인간의 개입으로 이뤄진 것이라는 점에서 그 위기의 출발이 다르다고 할 수 있습니다.

우리가 살고 있는 이 시대의 기후 위기는 변화 속도가 급격해 기후 붕괴라고 여겨질 뿐 아니라 위기의 원인이 '인간'의 욕심이 낳은 위기라는 점에서 이전과는 확연히 다른 접근이 필요하다는 지적이 많습니다. 더구나 인간이 만든 위기라고 해서 인간이 해결할 수 있는 상황도 아니라는 비관적인 의견들이 제기되기도 합니다. 그러나 우리는 인류애를 가진 지구촌 생활자들로 '오존층'의 위기를 해결한 것처럼, 우리에게 다가온 기후 위기도 단계별로 해결할 수 있을 것이라는 기대를 해봅니다.

누구도 미래를 알 수는 없습니다. 하지만 인류가 지구와 자연환경에 끼친 피해가 더는 심화하지 않고 회복될 방법이 없는지 치열하게 고민해야 하는 시기입니다.

특히 여러분이 살아갈 미래를 지금의 예측보다는 더 살기 좋게 변화시키는 노력을 멈춰서는 안 되는 시점이며, 멈추는 것의 결과를 상상하고 싶지 않은 시점이기도 합니다. 지구 평균 기온을 더는 급격하게 상승시키지 않도록 하는 일에 우리 미래가 달렸다고 해도 과언이 아닐 겁니다.

《표준국어대사전》에 의하면, 노력이란 '목적을 이루기 위해 몸과 마음을 다해 애를 씀'이라는 뜻이 있습니다. 한자로는 노력努力으로 쓰지요. 노력은 그 힘의 방향성이 중요합니다. 몸과 마음을 다해 기후 위기를 대응하기 위해 애쓰긴 해야 하는데, 움직임의 방향성을 잘 정립해야 한다는 의미입니다.

사람마다 세상의 이슈를 바라보는 시각은 다양합니다. 방향성을 정하기 위해 셀 수 없이 많은 고려 사항을 나열할 수도 있습니다. 여러 고려 사항 중에서 기후 위기에 대응하는 우리의 방향성을 잡아 줄 길라잡이로 3가지 키워드를 소개하고자 합니다. 이 키워드는 미래를 연구하는 다수의 학자가 여러분이 살아갈 미래 사회에서 만날, 피할 수 없는 상황이 될 거라고 손꼽은 의미 있는 주제들입니다.

첫 번째 키워드는 '인공 지능AI'입니다. 이미 시작된 인공 지능을 통한 미래 사회의 변화는 '다가온 미래'처럼 보입니다. 마치 투명한 유리창을 통해 숲의 길이 어디로 나 있는지 알아볼 수 있는 것처럼,

인공 지능이 우리 삶을 더욱더 변화시킬 거라는 데 이견을 제기할 사람은 없을 겁니다.

두 번째 키워드는 인공 지능의 발전만큼이나 불변의 미래로 다가온 '인간 수명Age의 연장'입니다. 인간 수명이 지금보다 더 길어진다는 게 무슨 의미일지 당장은 다가오는 의미가 모호할 수 있습니다. 그러나 인공 지능 등 과학 기술의 도움으로 인간의 수명 역시 빠르게 증가하고 있다는 점에서 우리가 살아갈 미래에 어떤 영향을 끼칠지 꼭 짚고 넘어가야 합니다. 여러분이 지금 걸어가고 있는 이 미래로 향한 길이 어떻게 펼쳐질지 준비할 수 있다면, 미래 직업을 선택하는 일이 그만큼 덜 어렵게 느껴질 테니까요.

세 번째 키워드는 '기후테크Climate Tech'라는 다소 낯선 용어입니다. 기후 위기를 곁에서 맴돌며 피해 가는 게 아니라 기후와 관련된 다양한 이슈를 첨단 과학 기술을 접목해 적극 해결하고, 산업적 대응을 통해 개선하겠다는 의미의 신조어입니다. 이제 막 움트기 시작한 기후테크가 무엇인지, 어떤 새로운 도전과 산업이 생겨나고 있는지 알아갈 예정입니다.

함께 궁금증을 안고 AAC AI, Age, Climate Tech라는 3가지 키워드를 통해 여러분이 살아갈 미래의 세계를 미리 알아보고, 앞에서 이야기한 '노력'의 제대로 된 방향으로 힘차게 가 보도록 합시다.

01

인공 지능이 쏘아 올린
4차 산업 혁명의 시대

🌡️ 생활 속에 스며드는 인공 지능

여러분은 이제 인공 지능이라는 단어가 친숙할 거예요. 텔레비전이나 냉장고를 광고할 때도 인공 지능 또는 AI 기능이 포함돼 얼마나 편리해졌는지 쉴 없이 설명해 주니까요.

그래서 우리는 가전은 물론 제조업부터 달리는 자동차, 하늘을 나는 비행기까지 인공 지능 시스템을 적용하지 않은 경우를 찾아보기가 어려워졌답니다. 심지어 유치원에도 인공 지능을 이해하기 위해 코딩을 배우는 프로그램이 있을 정도이니 인공 지능과 우리 삶이 밀접해진 건 분명한 것 같지요?

놀랍게도 약 10년 전만 해도 인공 지능이라는 단어는 낯선 단어였답니다. 구글 딥마인드 챌린지 매치Google Deepmind Challenge Match 라는 정식 명칭이 있지만, 이세돌 9단과 인공 지능 컴퓨터 알파고의 대국으로 기억에 남는 이벤트가 있기 전까지는요. 2016년 3월 9일 부터 15일까지 총 다섯 번의 대국이 당시 세상 사람들의 시선을 사 로잡았답니다. 이 대국이 있기 20여 년 전에 세계 체스 챔피언과 IBM 슈퍼컴퓨터인 딥블루의 대결이 있었고 인공 지능이 체스 챔피 언을 이기자 다음 도전 게임으로 바둑이 대상이 되었답니다.

왜 바둑을 선택했을까요? 흔히 바둑을 할 때 경우의 수를 계산 하면 우주의 모든 원자 수(약 10의 80제곱)보다 많다고 설명합니다(주 현우, 2024. 04. 20). 이번엔 체스와 바둑의 경우의 수에 대해 챗GPT에 게 물어보았습니다.

체스는 8×8 격자판에서 두는데, 첫수를 둘 때 고려할 경우의 수 는 20개에서 많게는 40개가 될 거라고 합니다. 게임을 완전히 마칠 때까지 생각해야 할 경우의 수는 10의 120제곱이라고 합니다. 반면 바둑은 19×19 격자판에서 게임을 합니다. 첫수를 둘 때, 바둑의 경 우의 수도 361개나 된다고 합니다. 바둑도 한 판이 끝날 때까지 고려 해야 하는 경우의 수는 무려 10의 170제곱이라고 합니다.

산식에 따라 수치는 다르지만, 바둑은 인간계 최고의 두뇌 게임 이라 불릴 만큼 경우의 수가 많다는 것만은 분명합니다. 그만큼 인 공 지능이 인간을 상대로 이기기엔 어려운 게임이기도 했지요. 아마 구글의 딥마인드도 이런 바둑의 복잡성 때문에 체스를 통해 얻은 딥 러닝을 바둑에서 실험해 보고 싶었는지 모릅니다.

역사적인 대국이 실현되었을 때 이세돌 9단과 알파고 간 대국의 승패가 어떻게 될지 예측이 분분했습니다. 이세돌 9단의 노련한 경험을 인공 지능이 이기기엔 무리라는 의견도 많았답니다. 결과는 1승 4패로 알파고에 이세돌 9단이 패하고 말죠. 당시 언론에서는 이제 인공 지능이 모든 걸 지배하는 시대가 오게 되는 것 아니냐는 호들갑을 떨기도 했지만, 그렇게 야단법석으로 치부하기에는 당시 시청자들에게 준 충격은 상당했답니다.

당시 알파고는 한 달간 대국을 100만 번 학습했다고 합니다. 하루에 3.3만 번을 둔 셈이니 인간의 학습 능력을 뛰어넘는 성능을 보유한 거지요. 지금은 학습을 더 많이 해 인간이 바둑으로 인공 지능을 이길 수 있는 마지막 대국이었다고 역사는 기록하게 될 겁니다.

이렇게 혜성처럼 나타난 인공 지능은 그 이후 많은 궁금증을 불러일으켰습니다. 인공 지능은 1956년 존 매카시 교수가 다트머스 학회에서 사람처럼 생각하는 기계를 인공 지능이라 처음으로 명명한 이래, 지금까지 70여 년이 흘렀습니다. 당시에도 인공 지능의 핵심적인 알고리즘은 상당히 연구가 진행된 상태였답니다.

생각 같아서는 산업 현장이나 의료, 교육, 국방 등에 적용했을 것 같은데, 실상은 거리가 멀었답니다. 비록 논리적으로 발전한 인공 지능이었지만, 미션을 하나 수행하는 데 엄청나게 많은 컴퓨터 용량이 필요했습니다. 수십 년 전 컴퓨터 용량으로는 사람이 계산하는 것보다 빠르지 않아서 결과가 신통치 못했지요. 또 하나는 고도의 알고리즘을 장착한 인공 지능으로 분석할 다양한 재료, 즉 빅 데이터의 부재가 인공 지능을 활용하는 데 장애가 되었답니다.

그래서 인공 지능은 한동안 과학자들 사이에서도 외면받는 시기를 거치게 되죠. 미국과 구소련의 냉전 시기에 기대만큼 효과를 증명하지 못했던 인공 지능은 역사 속으로 사라지는 듯했습니다.

그러나 인공 지능 과학자들은 포기하지 않고, '게임 도장 깨기' 방식으로 인공 지능의 학습을 강화합니다. 첫 도장 깨기 방식은 튜링 테스트였습니다. 1950년 앨런 튜링이 제시한 이 테스트는 기계가 인간과 같은 지능이 있는지 판단하려고 개발했습니다. 현재는 이 방식에 대한 논란이 있긴 하지만 방식이 간단하고 직관적이라는 점에서 이목을 끌기에는 충분했습니다.

방식은 이렇습니다. 사람들이 컴퓨터 모니터상에 나온 질문과 대화합니다. 대화를 나눈 사람 중 70% 이상이 기계가 아닌 인간과 대화하는 것으로 답변할 경우, 튜링 테스트를 통과한 것으로 기준을 세웠습니다. 아직까지 튜링 테스트를 통과한 인공 지능은 없으며, 2029년 또는 2030년쯤 미션의 도장 깨기가 가능할 것이라는 전망이 나오는 중이랍니다.

그렇다면 요즘과 같이 챗GPT가 출현한 이후에도 튜링 테스트를 통과하지 못하는 이유가 무엇일지 궁금할 수 있습니다. 여기에 답변을 준 2024년 미국 조지아주립대학교에서 진행한 튜링 테스트가 있답니다. 그 결과, 아이러니하게도 '인간과 유사한 답변'을 해야 하는 챗GPT가 '인간을 능가하는 답변'을 해서 인공 지능이라는 걸 들켰습니다. 재미나기만 한 실험 결과는 아니죠? 처음 인공 지능을

머신 러닝과 딥 러닝

머신 러닝 Machine Learning 컴퓨터가 데이터를 통해 학습하고 명시적으로 프로그래밍하지 않고도 경험을 통해 개선되는 인공 지능의 하위 집합을 의미합니다. 머신 러닝에서 알고리즘은 대규모 데이터 세트에서 패턴과 상관 관계를 찾고 분석을 토대로 최적의 의사 결정과 예측을 수행하도록 훈련됩니다. 머신 러닝 애플리케이션은 적용을 통해 개선되며 이용 가능한 데이터가 증가할수록 더욱 정확해집니다. (SAP 홈페이지)

딥 러닝 Deep Learning 머신 러닝에 '딥Deep'이라는 표현을 쓰는 이유는 여러 신경망 레이어와 복잡하고 이질적이며 대량의 데이터를 포함하기 때문입니다. 시스템은 딥 러닝을 수행하기 위해 네트워크의 여러 레이어와 상호 작용해 상위 수준의 결과값을 추출합니다. 예를 들어 자연 이미지를 처리하고 글로리오사 데이지(데이지 꽃 종류) 꽃을 찾는 딥 러닝 시스템은 첫 번째 레이어에서 식물을 인식합니다. 여러 신경 레이어를 이동하면서 꽃과 데이지, 마지막으로 글로리오사 데이지를 인식합니다. (SAP 홈페이지)

머신 러닝과 딥 러닝 차이 흔히 두 개념을 복잡하게 생각하지만, 딥 러닝은 머신 러닝의 하위 개념입니다. 가장 큰 차이는 머신 러닝은 빅 데이터가 많아질수록 요구 사항에 더욱 정확도가 높아지는 결과를 수행하지만, 인간 개입이 필요합니다. 흔한 예로 개와 고양이의 특성을 사전에 데이터로 주고 개와 고양이를 분별하는 머신 러닝을 할 경우, 제대로 수행되지 않으면 인간이 개입해 분석 틀의 고도화를 수정해 줍니다. 인간의 조정을 통해서 정확도가 더 높아지는 거지요. 반면 딥 러닝은 스스로 판단하는 알고리즘으로 인간의 개입이 거의 없이 자체적으로 해답을 찾아갈 수 있습니다. 같은 예로 개와 고양이를 분류할 때, 딥 러닝은 신경망을 통해 개와 고양이 특성을 스스로 구분할 수 있는 기능을 수행합니다.

연구하던 시기에 생각했던 '인간처럼 생각하는 기계'라는 수준에서 이제 '인간보다 더 잘 생각하는 기계'로 발전했기 때문이죠.

인공 지능을 우리 삶에 가까워지게 만든 두 번째 도장 깨기는 유럽에서 인기 있는 체스 게임이었습니다. 튜링 테스트의 무한 반복에만 매달리는 게 아니라 인공 지능 과학자들은 조금 더 흥미로운 방식으로 인공 지능의 기능을 시험하고 싶어 합니다. 1996년 세계 최강의 체스 챔피언인 카스파로프와 인공 지능 딥블루가 체스 게임에 맞붙습니다. 당시 결과는 체스 챔피언이 딥블루를 3승 2무 1패로 이겼지요. 그러나 1년 만에 다시 붙은 2차 대결에서 딥블루가 이기게 돼 기계가 세계 챔피언을 이기는 기록을 세우게 됩니다.

그 후로도 체스를 두고 인간과 인공 지능의 대결이 이어지고 있습니다. 2024년 5월 13일, 일론 머스크는 '엑스x'에 '10년 안에 체스를 정복할 것'이라고 올려서 파장을 일으키기도 했습니다(글로벌 이코노믹, 2024. 05. 16). 실제로 중국에서는 2024년 1월 인공 지능 체스 로봇이 중국의 세계 챔피언이었던 선수를 이겼다고 발표했습니다.

그러나 이번에는 인공 지능의 활용 방식이 흥미롭습니다. 인공 지능과 인간의 대결 구도가 아니라 머신 러닝과 딥 러닝으로 학습한 체스 로봇으로 체스 선수들의 경기력을 향상할 수 있다고 보는 관점이었습니다. 우리 삶에서 인공 지능을 어떻게 활용할 수 있는지를 보여 주는 좋은 사례라고 할 수 있겠네요.

세 번째 도장 깨기 방식은 이미 여러분께 소개한 방법입니다. 체스를 학습한 인공 지능을 보다 복잡한 경우의 수를 가지고 있는 두

뇌 게임의 대명사 바둑의 세계로 안내한 거지요. 잘 아는 것처럼 알파고를 등장시켜 인류사에 큰 획을 긋는 이벤트를 만든 겁니다

🌡️ 인공 지능은 어디까지 발전할까요?

이렇게 우리의 평범한 생활에 이목을 끌게 된 인공 지능은 한동안 논란의 소재가 되기도 했습니다. 조만간 인간의 모든 능력을 뛰어넘어 인간을 '지배하는' 인공 지능이 등장할 거라는 우려와 아직은 그런 강력한 인공 지능이 되기에는 여러 가지로 인간의 지능을 따라오지 못한다는 논쟁이 있곤 했습니다.

이런 논란에 아직도 확실한 답을 할 수는 없지만, 분명한 건 이런 논쟁의 순간에도 인공 지능은 쉬지 않고 학습하고 있으며, 기업뿐 아니라 각국 정부 등이 인공 지능의 성능 향상과 적용에 앞다투어 거금을 투자하고 우수 인재를 투입하고 있다는 점입니다. 매일 발전하는 인공 지능의 달라지는 모습을 보는 것도 이젠 익숙해지는 시점이라고 할 수 있습니다.

그렇다면 인공 지능은 지금 어디쯤 와 있으며 어디까지 발전하게 될까요? 인공 지능의 현주소를 한마디로 말하면 '인공 지능이 미래'라고 할 수 있습니다. 인류가 접점을 두고 있는 모든 분야에서 이제는 인공 지능을 적용하지 않은 분야를 찾는 게 어려워졌습니다. 이해를 돕기 위해 분야별로 한번 살펴보도록 하겠습니다.

인공 지능과 제조업 분야

제조업 분야부터 알아보도록 하겠습니다. 신기술을 개발하고 적용하는 과정에서 경제 논리가 작용합니다. 그런 분야일수록 빠른 발전을 한답니다. 인공 지능을 도입하면서 제조 분야, 특히 자동차 분야는 큰 변화를 맞이합니다.

보통 자동차 1대를 제조하는 데 적게는 6,000번의 공정에서 많게는 2만 번이 넘는 공정을 거친다고 합니다. 대표적인 사례로 크라이슬러에서는 제조 공정을 전면 자동화해 인공 지능으로 오류를 발견하고 기계가 전 과정 제조에 관여하고 있답니다. 또 복잡한 자동차를 제조하기에 앞서 설계 과정에서 인공 지능의 도움을 받아 작업을 하고 설계를 변경하고 개선하는 등 다양한 고도화 작업에 인공 지능을 활용하고 있습니다.

인공 지능은 수천수만 번의 시뮬레이션을 할 수 있으므로 운전자에 최적화된 환경을 만들 수 있어 효율성에서 매우 뛰어날 뿐 아니라 사람 설계자가 설계를 시뮬레이션할 때 발생할 사고를 방지할 수 있어 일석이조로 여겨지고 있습니다. 최근에는 디지털 트윈 기술과 접목해 무거운 자동차 바퀴를 사람 기술자가 직접 들어서 시뮬레이션하는 대신 아바타 기술자가 가상에서 들어 보고 적정한지 판단하고 수정하는 작업을 안전하게 진행하고 있답니다.

인공 지능과 의료 분야

다음으로 의료 분야에서 인공 지능의 적용 사례를 보면, 영상 분석 분야에서 탁월한 발전을 보이고 있습니다. 우리나라 병원에서도 다양한 적용 사례를 발표하고 있는데요. 아주대학교병원의 경우, 척추를 정확히 진단하기 위해 인공 지능 시스템을 개발해 허리 통증이나 디스크, 척추 옆굽음증(측만증) 등을 판단하는 데 활용하고 있습니다.

인공 지능이 영상 분석 시스템과 결합하면 질병을 진단하는 정확도가 높아질 뿐 아니라 판별 속도도 단축한다는 점에서 주목받고 있습니다. 평소 10분 정도 걸리는 영상 분석을 인공 지능이 10초 만에 판별하는 등 속도는 인간 의사가 따라가기 어려운 수준으로 향상되었습니다.

2017년 IBM의 슈퍼컴퓨터 왓슨이 직장암 환자의 진료 자료와 영상을 판독한 적이 있는데요. 왓슨의 진단 정확도가 85% 이상 되는 성과를 내는 걸 시작으로 의료 분야에서 인공 지능의 투입은 눈부신 발전을 보이는 분야입니다. 현재 하버드대학교에서는 인공 지능으로 암 유형 19종을 파악하고 정확도를 96%까지 끌어올리는 인공 지능 모델 치프Chief를 2024년 권위 있는 학술지인 〈네이처〉에 소개했습니다(이미선, 2024. 09. 18).

이런 연구는 암의 빠른 진단에 도움을 주어 신속한 치료가 가능하도록 한다는 점에서 분명한 가치가 있습니다. 나아가 유사 기술을 희귀병 등 그동안 정복하기 어려웠던 분야까지 연계해 인간의 생명을 구하는 데 활용할 수 있다는 점에서 의미가 큽니다.

의료 분야는 코로나19 팬데믹으로 전염병에 대한 빅 데이터를 비교적 단시간에 수집할 수 있었습니다. 인공 지능에 빅 데이터를 제공해 앞으로 발생할지 모르는 감염 질환 연구를 활발히 하고 있답니다. 코로나 팬데믹이라는 위기로 과학 기술을 활용해 새로운 기회를 창출하고 있는 겁니다. 우리가 기후 위기를 대응하는 방향성을 찾기에 좋은 사례라고 할 수 있습니다.

우리는 종종 스스로 몸의 병이나 통증을 잘 안다고 생각하지만 실제로는 환자마다 통각이 다르고, 표현하는 방식도 제각각이라서 정확한 질병을 진단하는 데 담당 의사가 고심할 때가 많답니다. 때마침 표정을 읽는 인공 지능을 개발했다는 소식이 있습니다. 분당 서울대학교병원 연구팀은 표정 데이터를 인공 지능에 학습해 수술 후 환자들이 느끼는 통증의 강도를 예측하는 연구에서 성과를 거두었답니다. 어린이나 통증을 즉각 표현할 수 없는 환자들에게 적절한 치료를 할 수 있는 길이 열리게 되었다는 점에서 반가운 소식입니다.

재활 분야에서 인공 지능의 활약은 다양합니다. 뇌졸중 환자들은 자유롭게 신경을 사용하는 데 어려움을 겪는데, 인공 지능을 통해 웨어러블 장치를 활용한 재활 운동을 도울 수 있습니다. 이를테면 카이스트에서는 손 재활을 할 때 인공 지능 웨어러블 보조 장치로 손 근육이나 올바른 힘주기 방식을 지원하는 연구를 적극적으로 진행하고 있습니다.

또 전신마비로 움직일 수 없는 환자들에게 인공 지능을 활용한 웨어러블 슈트Suit는 새로운 희망이 되고 있습니다. 이 슈트는 걸을 수 있도록 돕고, 기본적인 생활을 하는 데 불편함이 없도록 지원하는 연구를 활발하게 하고 있답니다. 같은 맥락에서 선천 또는 후천적 사고로 신체 일부를 잃은 환자들에게 인공 지능 신체 기관을 제공하는 분야도 각광을 받고 있습니다. 유도 등 운동을 통해 귀 모양이 변형된 사람들에게 귀를 만들어 주고, 한쪽 다리나 팔이 없는 사람들에게도 일상생활에 불편함이 없도록 맞춤형 의족, 의수를 제공하는 데 인공 지능 기술을 적용하고 있습니다.

인공 지능과 자율 주행 분야

인공 지능이 우리 생활에 심심치 않게 이슈로 등장할 때마다 빠지지 않던 주제가 자율 주행입니다. 벌써 10여 년이 지난 지금도 도로에서 완전 자율 주행차를 보기는 어려운 상황이라서 기대만큼 실망이 크다고 할 사람들도 있을 거예요. 아직 기술적인 결함을 완전히 해소하지 않은 부분도 있지만, 여전히 내연 기관 자동차가 다수인 상황에서 자율 주행차를 도로 위에 올려놓았다가 발생할 혼란에 관한 법 제도적인 정비가 미흡한 이유이기도 합니다.

그래서 전면적인 자율 주행을 도입하기 전에 지방 자치 단체 주도로 일정한 지역을 순회하는 자율 주행 버스를 시험적으로 도입하고 시민들과 만나는 서비스를 제공하는 수준입니다. 미국은 광활한 고속 도로를 운행하는 화물 트럭이 많습니다. 장기 운전이 불러일으킬 위험이 크므로 우선 화물 트럭의 자율 주행 기능 테스트를 진행하기도 했습니다.

머지않아 우리나라에서도 자율 주행 택시를 만나게 될지 모르겠습니다. 다수의 글로벌 자동차 제조사와 공유 차량 서비스 업체에서 자율 주행 택시 도입을 준비하고 있기 때문입니다. 이미 2020년부터 미국에서는 구글의 웨이모가 주요 도시에서 로보 택시 사업을 시작해서 이용자가 100만 명을 넘어선 상태입니다. 운전자가 없는 자율 주행 택시는 안전만 보장된다면 인건비를 줄이는 데 기여해 운송 회사에서는 적극적으로 바라는 상황이죠.

하지만 종종 일어나는 자율 주행차 사고를 다룬 뉴스를 접하면, 과연 우리가 마음 놓고 이용할 수 있을까 하는 심리적 장벽을 넘어서는 것도 자율 주행차의 미래에 필요한 고민이랍니다. 법 제도와 여전히 개선해야 할 기술적인 이슈 등으로 완전한 자율 주행을 누리려면 다소 시간이 걸릴 듯합니다. 그러나 여기서 멈출 연구자들이 아니지요? 자율 주행 기술은 자동차뿐 아니라 드론, 비행기, 선박, 물류 시스템에 적용하고 있습니다.

드론을 보면 자율 주행차에 장착한 카메라, 라이다, 레이더, 초음파 등을 이용해 데이터를 수집하고 안전하게 운행할 정보를 파악합니다. 이를 자율 주행을 위한 센서 인식이라고 하죠. 이렇게 모은 데이터들은 인공 지능을 통해 다가오는 물체나 급작스러운 주변 환경을 빠르게 판단하고 대응할 시스템을 제공합니다. 여기에 자율 주행차와 달리 드론은 이륙과 착륙이라는 기능을 수행하기 위해 최적의 알고리즘을 찾아갑니다.

이렇게 만들어진 자율 주행 드론은 주변을 정찰하는 데 쓰이고,

자율 주행의 센서 주요 기술

라이다LiDAR 자율 주행에서 사람 운전자의 눈과 같은 역할을 합니다. 레이저를 사물에 비춰 거리를 예측하고 3D로 작업해 현실의 3차원 지도처럼 인지하게 했습니다. 어두운 밤이나 갑자기 다가오는 물체에 레이저를 탐지해서 빛이 돌아오는 시간이나 파장력을 고려해 자율 주행에 필요한 데이터를 만드는 데 필요한 기술을 제공합니다.

레이더RADAR 전자기파를 분석해 물체의 방향성, 속도, 거리 등을 파악해 자율 주행에 도움을 주는 기술입니다. 전자기파를 활용하므로 어두울 때 감지가 어려운 기존의 카메라 또는 비가 내리거나 안개 등이 내리는 기상 악조건에서도 전방 물체와 사람을 감지하는 정확도가 큽니다. 라이다에 비해 고가이기는 하나 해상도가 높아 정확한 거리를 측정하는 데 유용한 기술입니다.

카메라 자율 주행에 쓰이는 카메라는 인공 지능과 결합해 영상 인식 등이 고도로 향상된 기능이 탑재됩니다. 차량 내 탑재된 카메라는 인공 지능 분석을 통해 주변 물체의 이동 속도나 신호 등을 구분해서 자율 주행의 성능을 향상하는 데 기여합니다. 초기에는 카메라가 해상도 면에서 라이다, 레이더보다 장점이 있으나 거리를 측정하는 데 오류가 많았는데, 최근에는 3D 영상 분석을 통해 거리 정확도를 개선했습니다.

초음파 일반적으로 사람이 귀로 듣기 어려운 주파수(약 20kHz 이상) 파동을 말합니다. 자율 주행에서는 초음파 기술을 활용해 눈으로 파악하기 어려운 사각지대의 물체를 파악하고 그 거리를 측정해 알람을 제공합니다. 이미 상용화된 자동차에 탑재돼 주차 등을 할 때 거리가 짧으면 "삐삐삑" 등의 소리를 내어 운전자에게 경고음을 보내 안전 운전을 돕고 있죠. 이 초음파 센서를 통해 좁은 주차장에서의 자율 주차를 선보이는 자동차 제조사들이 등장하고 있습니다.

산불이나 망망대해에서 조난을 당한 사람들을 구조할 때도 효율적으로 투입돼 쓰일 수 있습니다. 특히 오지나 사람이 일일이 배송하기에는 비용이 너무 많이 들거나 위험한 곳에도 간편하게 배송 서비스를 할 수 있어서 아마존 같은 글로벌 유통 업체는 막대한 비용을 투입해 연구를 활발히 하고 있답니다.

또 인공 지능 카메라를 장착한 자율 주행 드론은 농지를 탐색할 수 있으므로 농사를 지을 때 병충해 피해를 빨리 파악할 수 있습니다. 이처럼 사람의 눈으로 인식하는 것보다 빠르게 상황을 파악할 수 있어서 대규모 피해를 사전에 막는 데도 효과적일 수 있답니다. 게다가 전쟁 지역에 구호 물품을 전달할 때도 구호 기관 봉사자들의 안전을 보호하려고 드론이 나서기도 하지요.

앞으로 자율 주행 드론은 일상생활에서 보다 자주 만나게 될 겁니다. 우리가 만나게 될 자율 주행 드론의 시스템에는 인공 지능의 알고리즘을 적용하고 있다는 걸 기억하면 좋겠지요.

인공 지능에 기반한 자율 주행 기술은 해양 산업에도 적용되고 있습니다. 대표적으로 스마트 선박이라는 개념으로 불리는데요. 기존과 달리 원격으로 선박을 제어하고 조종할 수 있다는 점에서 한층 업그레이드되었습니다. 스마트 선박이 앞서 설명한 자동차나 드론과 같은 자율 주행 시스템에 꼭 필요한 센서를 활용하는 건 이론적으로 같습니다.

특히 기상과 파도 변화 등이 센서를 통해서 인공 지능 시스템으로 전송되고 분석한 다음 실시간으로 항로를 변경하거나, 안전한 운항을 위한 전략을 세우는 방식으로 쓰이고 있습니다. 앞으로 운항 관련 빅 데이터가 더 많이 쌓인다면 자율 운항 시스템이 정착할 수 있을 거라고 전문가들은 예측합니다.

주로 거대한 선박에 화물을 실어 대서양이나 태평양 등을 가로질러 물류를 운반하게 되는데요. 인공 지능을 통해 화물 상태를 파악할 수 있고, 문제가 생겼다고 판단되면 조치를 할 수 있는 종합 상황실이 더욱 중요한 역할을 하게 됩니다. 이 종합 상황실은 선박 안에 있는 게 아니라 바다 저편 육지에 위치할 수 있답니다. 예를 들면 부산의 어느 건물에 있는 선박 종합 상황실에서 태평양 한가운데의 선박을 원격으로 제어할 수 있게 됩니다.

인공 지능과 농·축산업 분야

제가 종종 받는 질문은 농업 분야는 이제 사양길이 아니냐는 겁니다. 농업의 역사가 긴 만큼 첨단 과학 기술의 시대를 사는 요즘의 직업군으로 꼽기에는 의아하다는 생각이 바탕에 있는 거지요. 일단 그런 의구심은 일부 맞을 수도 있습니다.

구석기 시대 흔적에도 보리를 재배한 기록이 있고, 신석기 시대부터는 밀을 재배했으므로, 이렇게 역사가 오래된 농사에서 '새로울' 게 없을 거라는 추측에서 해석하면 말입니다. 첨단 과학 산업처럼 높은 수익을 내기에는 전통적인 농업 방식이 노동 집약적이라는 점도 미래 산업이라 보기에는 어려운 부분이 있죠.

그러나 인공 지능과 결합한 농업을 떠올려 보면, 농업 분야가 미래 지향적일 수 있다는 관점에 동의하게 될 것 같습니다. 인공 지능을 사용하면 농업 산업이 어떻게 변할지 잠깐 알아보겠습니다. 먼저, 농업에 종사하는 사람들은 날씨에 민감합니다. 재배 작물에 맞는 최적의 생육 조건을 만들려고 고군분투하는데, 예상치 못한 기상 악화로 몇 개월간 공들인 작물이 소실되는 경험을 겪고 싶지 않을 테니까요. 실제로 우리나라 가을에 불어오는 태풍으로 한 해 농사를 망치는 일이 종종 발생하기 때문입니다.

여름철 뙤약볕을 견디면서 땀 흘려 가꾼 벼들이 모조리 물에 잠겨서 고뇌하는 농부들의 인터뷰를 본 적이 있을 거예요. 참으로 안타까운 일인데요. 이제는 인공 지능을 통해 기상 변화를 사전에 파악하고 대비할 수 있게 도와 주게 됩니다.

다음으로 병충해가 농부들의 마음을 애타게 합니다. 작물에 붙어 영양분을 빼앗고 순식간에 광범위하게 전파돼 논밭을 초토화하기 때문이죠. 이럴 때도 인공 지능 CCTV나 드론을 통해 농작물 이미지 분석이 쉬워지면서 눈으로 구별하기 힘든 해충이나 질병, 잡초 등을 빠르게 파악하고 다른 작물에 전염되지 않도록 차단하는 데 유용하게 쓰일 수 있습니다. 더불어 인공 지능 이미지 분석을 활용하면 작물이 최종적으로 어느 시기에 수확이 가능한지 예측해 판매 가격이나 유통 계획을 세우는 게 가능합니다.

축산업에도 인공 지능을 적용하고 있습니다. 가축이 질병에 시달리지 않는지, 갑자기 이상 행동을 해 무리 내에서 문제를 일으키지 않는지 등도 인공 지능 모니터링으로 파악할 수 있습니다. 더욱

이 관측 결과를 축산업자에게 실시간으로 전송해 효과적으로 대응할 수 있게 돕습니다.

무엇보다 기존의 아날로그적인 농·축산업의 운영 방식을 인공 지능 도입 등으로 디지털화하면서 보다 '예측 가능한 산업'으로 변화를 꾀할 수 있다는 장점이 있습니다. 또 노동 집약적인 산업에서 스마트한 산업 영역으로 이동하는 발판이 마련되므로 인류의 수명 연장에 따른 식량난 등 앞으로 다가올 식량 문제에 효율적으로 대응할 수 있게 됩니다. 이런 점에서 농·축산업을 새로운 미래 산업으로 보는 시각에 한 표를 보태고자 합니다.

인공 지능과 교육 분야

코로나19 팬데믹을 겪으면서 교육 현장에도 '비대면'이라는 놀라운 변화를 맞이했습니다. 교육 세대를 구분할 때 앞으로는 대면 세대와 비대면 세대로 분석할 수 있을 정도로 말입니다.

교육 현장에 바람을 불러온 '비대면'은 인공 지능과 결합돼 학습자들에게 새로운 변화를 요구하고 있습니다. 최근 제가 경험한 인공 지능에 기반한 비대면 학습 장면은 여러분에겐 반갑지 않을 것 같습니다. 비대면으로 수업을 진행할 때 다른 일을 하거나 반응이 느리면 인공 지능 모니터링을 통해서 경고 연락이 오는 방식입니다. 기술 발전이 늘 반가운 것만은 아닌 거지요?

실제로 교실이 온라인 비대면으로 확장되면서 디지털 교과서와 생성형 인공 지능 시스템을 도입하는데 속도를 내고 있습니다. 생성형 인공 지능의 대표 격인 챗GPT를 사용한 적이 있다면, '내 지식 수준에 맞는 답을 얻을 수밖에 없다'는 점에 공감할 겁니다.

생성형 인공 지능이 지식 수준별 맞춤형 답변을 제공한다고 볼 수 있는데요. 이용자인 학습자가 어떤 주제에 지식과 경험이 많다면 생성형 인공 지능에 보다 정교하게 질문을 할 수 있고 그에 맞는 풍부한 답변을 얻을 수 있습니다. 그래서 생성형 인공 지능이 학습의 훌륭한 보조 교재 역할을 하게 될 뿐 아니라 학습자의 학습 능력 향상에도 도움이 될 수 있는 거죠.

2022년 말, 챗GPT 베타 버전이 세상에 소개되었을 때 '더는 공부할 필요가 없지 않을까요?', '챗GPT가 모든 걸 대답해 줄 테니까요'라는 질문은 실사용자들이 증가하면서 이제는 '챗GPT를 어떻게 활용하면 최대한의 답변을 얻을 수 있을까요'로 변하고 있답니다.

그렇다면 우리는 어떻게 인공 지능을 활용해야 할까요? 인공 지능이 교육과 만나 달라질 분야에서 교육 과정(커리큘럼)을 빼놓을 수 없습니다. 인공 지능이 우리 생활에 등장하기 전까지의 교육 과정과 분명히 달라져야 하는 데는 공감대가 형성돼 있으나, 어떻게 반영해야 할지는 나라별로 접근 방식이 조금 다릅니다.

자연주의 교육을 선호하는 북유럽은 문제 풀이 과정에서 코딩 등 인공 지능 알고리즘을 가르치는 방식으로 교육 현장에 적용하고 있습니다. 핀란드는 생성형 인공 지능을 활용해 시각 장애인 학생들이 텍스트를 들을 수 있게 변환해 주고, 생각을 말하면 인공 지능이 다듬어서 학습을 이끄는 방식입니다.

또 중학교 국어 시간에는 생성형 인공 지능을 활용해 긴 이야기를 작성하는 데 도움을 받기도 합니다. 이야기를 시각화해 삽화를 넣은 부분도 인공 지능의 도움을 받아 학습을 이어가곤 합니다(김은지, 2024. 09. 13). 핀란드답게 인본주의와 결합한 인공 지능 교육 과정을 선보이고 있습니다.

중국은 보다 경쟁적으로 진행하고 있습니다. 다른 나라보다 먼저 인공 지능 지식과 시스템을 신속하게 교육 과정에 포함했습니다. 유치원부터 대학교까지 인공 지능을 필수적인 교육 내용으로 다루고 있습니다. 단순한 코딩 교육이라기보다는 차원이 높은 인공 지능 교육을 적극적으로 가르치고 있습니다.

인공 지능을 통해 교육할 뿐 아니라 시험지를 채점하는 과정에도 인공 지능 로봇을 도입해 교육 전반에 사용하고 있습니다. 더불어 인공 지능 엘리트 양성 교육에도 공을 들여서 미래 산업의 성패를 가를 인재를 국가가 직접 길러 내는 데 앞장서고 있는 대표적 사례라고 볼 수 있습니다.

그렇다면 인공 지능 분야의 인재 확보 1위라고 꼽히는 미국의 인공 지능 시스템은 어떤지 살펴보겠습니다. 미국은 인공 지능 리딩 국가답게 2000년대 후반부터 STEM이라는 교육 제도를 도입했습니다.

STEM은 과학Science, 기술Technology, 공학Engineering, 수학 Mathematics의 앞 글자를 따서 만든 단어로, 디지털 시대에 맞게 과학적 지식을 기반으로 한 융합적인 사고와 문제 해결 능력을 향상하는 데 목적을 둔 교육 과정입니다.

그 결과 인공 지능을 활용한 10대의 창업이 매우 활발하기도 하고, 다양한 인공 지능 스타트업이 탄생하고 있어서 글로벌 IT 사관학교처럼 여겨지게 되었습니다.

이제 우리나라도 보다 인공 지능을 잘 이해하고, 학습 과정에서 잘 활용할 수 있는 교육 과정으로 변하려고 시도하고 있습니다. 2020년 '인공지능융합교육' 전공을 신설해서 교사를 양성하고 있으며, 학교 교육 과정에 다양한 방식으로 인공 지능 관련 지식과 경험을 제공하고자 노력하고 있습니다.

인공 지능과 금융 분야

인공 지능이 우리에게 소개되기 전까지 금융 분야는 고연봉의 난공불락 직업군이었습니다. 결혼 상대로 금융 종사자가 인기가 있을 정도였으니까요. 시장의 경제 동향을 분석하고, 투자 분석 리포트를 작성하고, 투자 위험 리스크를 분석하고 대응하는 일을 했던 금융 엘리트들은 인공 지능과 경쟁하는 사이가 된 것 같습니다.

이제는 엘리트 금융 전문가들 수십 명의 업무를 인공 지능 컴퓨터가 대체하는 일이 놀랄 만한 사건이 아닙니다. 영국의 유명 자문 회사도, 미국의 투자 회사도 수십 억에 달하는 인공 지능 컴퓨터를 도입하고는 수백 억의 연봉을 지불해야 하는 금융 엘리트들을 해고하기 시작했으니까요.

그렇다면 은행의 현실은 어떨까요? 예전 은행은 시민의 생활에서 가장 접근이 좋은 곳에 대면 창구 여러 개를 만들고 넉넉한 공간을 제공하면서 쉼터가 돼 주기도 했습니다. 더운 날 눈치를 보지 않고 영업장에 들어가서 더위를 식힐 수 있고, 추운 날에 버스를 기다리면서 은행을 사랑방처럼 들르곤 했지요. 이제는 호랑이 담배 피우는 시절이라는 말처럼 역사 속으로 사라지는 풍경이 되고 있답니다.

최근에 은행은 대면 창구를 보유한 은행 지점을 폐점하는 선택을 하고 있습니다. 대신 인공 지능 기반의 '챗봇'을 도입해 상담을 대체하고 있습니다. 이제는 사람이 아니라 챗봇이 고객의 다양한 문의를 해소하는 모습을 어렵지 않게 볼 수 있습니다.

챗봇에게 자리를 내준 사람들은 어디로 갈까요? 기존 은행의 접수 창구에서 일하거나 전화로 고객 상담을 하던 인력을 분주하게 개편하고 있답니다.

지금은 굳이 은행을 찾아가지 않아도 계좌를 개설하고, 적금을 들고, 대출할 수 있는 시스템까지 발전한 상태이죠. 이를 핀테크Fin Tech라고 하는데요. 핀테크는 파이낸셜Financial과 기술Technology을 합친 단어입니다. 금융 서비스에 첨단 정보 통신 기술을 도입해 혁신적으로 프로세스를 개선하고 있습니다.

이미 모바일 뱅킹이나 인터넷 뱅킹 등을 가능하게 한 핀테크의 시대는 활짝 열려서 이용자들에겐 대면 은행, 비대면 중심의 간편 페이나 스마트폰 앱 뱅킹 등 다양한 선택지를 제공하고 있습니다. 이런 시스템의 편리성으로 인해 장기적으로 점차 대면 금융 시대는 저물고 언제든 고객이 필요할 때 손안의 휴대폰 등으로 간편하게 금융 서비스에 접속할 수 있는 핀테크가 주류로 자리 잡게 될 겁니다.

인공 지능과 유통·서비스 분야

일상생활에서 인공 지능을 가장 많이 접하는 분야는 유통과 서비스업이라고 할 수 있습니다. 코로나19를 겪으면서 배달 앱으로 음식을 주문하는 시장이 기하급수적으로 성장하는 경험을 했습니다. 몰려드는 주문을 누락 없이 효과적으로 대응하고, 늦지 않게 배달을 완료하려면 인공 지능 시스템이 불가피했습니다. 인공 지능 배차 시스템은 주문마다 배달지 위치나 거리를 고려해 가까운 배송원에게 연락을 주는 시스템으로 효율성과 안전성을 높인다고 합니다.

은행뿐 아니라 보험 회사, 통신 회사 등에서 도입한 챗봇은 서비스업에 새바람을 불러일으켰습니다. 고객들은 사람 상담원이 전화를 받을 때까지 지루하게 기다리지 않아도 챗봇을 통해 문의할 수 있게 되었습니다. 이로써 고객 응대율이 높아지고, 고객 만족까지 향상되는 효과를 거두고 있습니다.

넷플릭스나 디즈니플러스 또는 티빙 등의 OTT 업체에서는 인공 지능에 기반한 빅 데이터 분석을 통해 개인 맞춤형 서비스를 제공합니다. 이용자가 즐겨 보는 콘텐츠를 분석해 메인 화면에 추천하는 방식입니다.

실제로 콘텐츠가 넘쳐나는 요즘에는 꽤 유용한 서비스입니다. 이런 인공 지능을 기반으로 한 추천 시스템은 미디어뿐 아니라 쇼핑, 도서, 여행, 건강 관리법 등에 널리 접목돼 쓰이고 있습니다. 요즘은 유튜브 등의 쇼츠를 통해 제공되는 영상들은 '그 사람' 자신을 대표한다고 말할 수 있을 정도니까요.

맥도날드 등 패스트푸드점부터 시작한 키오스크에 기반한 주문 시스템은 이제 테이블 오더링으로 진화해 1인 식당에 널리 적용되고 있습니다. 자영업자 입장에서는 인건비를 줄이고, 정확한 주문을 받을 수 있어서 좋은 평가를 받고 있답니다. 식당의 배송 로봇 역시 낯설지 않은데요. 이처럼 앞으로는 서비스업에도 인공 지능 같은 IT 기술을 적용하는 일이 더욱 활발해질 것으로 전망합니다.

서비스업과 연계된 유통·물류 분야도 인공 지능이 적용돼 변화를 맞이하고 있습니다. 대형 온라인 쇼핑몰은 주문이 접수되면 물류 창고에서 해당 제품을 가능한 빨리 찾아 카트에 담고 배송을 위한 포장 단계로 들어갑니다. 과거에는 사람이 직접 제품을 찾아 카트에 담았지만, 대형 물류 창고에서 비효율적인 노동이었습니다.

최근에는 인공 지능 카트가 제품이 놓인 곳을 단숨에 찾은 다음 자율 주행으로 이동해 다음 단계로 신속하게 배달하는 시스템이 일반화되고 있습니다. 이를 통해 고객은 보다 빠르게 주문한 물품을 받을 수 있고, 온라인 쇼핑몰에서는 같은 시간에 더 많은 상품을 판매할 수 있게 되었답니다.

유통업에 인공 지능을 적용하면서 타깃 고객들이 선호하는 제품을 매우 정교하게 분석할 수 있게 되었습니다. 덕분에 30대 남성이 토요일 저녁에 주로 구매하는 제품들을 묶어서 판매한다거나 계절별·시간대별 구매 패턴을 분석해 상품 진열을 달리하기도 합니다. 이렇게 우리 생활에서 편리하다고 느껴지는 많은 분야에 인공 지능이 작용하고 있다는 건 이제 더는 신기한 일이 아닙니다.

인공 지능과 국방 분야

국방 분야에서 인공 지능 기술을 활용한다고 하면 "전쟁도 인공 지능 로봇이 대신 하게 되나요?"라는 질문을 많이 받습니다. 일부는 맞습니다. 그러나 영화에서처럼 사람을 닮은 휴머노이드 로봇이 무기를 들고 전쟁에 참여해 활약을 펼치는 모습과는 사뭇 다릅니다. 인공 지능은 인식과 판단과 제어 또는 대응 면에서 인간의 능력을 뛰어넘을 만큼 기능이 발달했습니다.

국방을 지키는 업무에 투입되는 인공 지능은 국경이나 주변 국가의 움직임을 인간이 파악하는 속도보다 빠르게 인식하고 많은 데이터를 분석하게 됩니다. 그 분석에 따라 방안을 제안하고, 인간의 결정에 따라 제어 또는 대응할 태세를 전격적으로 갖추게 됩니다. 그래서 인공 지능을 국방에 투입하는 대다수 국가에서는 휴머노이드 로봇 개발보다 인공 지능을 통한 국방 데이터 분석의 정교화, 정확성을 확보하는 데 인공 지능 인재의 역량을 모으고 있답니다.

이를 통해 유사시 적군의 공격을 사전에 방어할 뿐 아니라 전쟁 상황에서도 인공 지능 분석을 통해 민간인의 피해를 최소화하고 적진의 무력화만 노리는 타깃 공격이 가능하도록 인공 지능을 활용합니다. 자국의 국민을 보호하기 위한 피할 수 없는 전쟁 상황에서도 인류를 보호할 방안으로 고도화된 인공 지능의 기술을 활용한다는 점에서 의미가 있습니다.

군인들을 전략적 목표에 맞게 훈련하는 과정에서도 인공 지능의 도움은 빛을 발합니다. 전투기 조종사를 훈련할 때도 인공 지능에 기반한 가상 현실VR, Virtual Reality을 활용합니다. 공군뿐 아니라 육군과 해군에서 모두 가상으로 전투 상황을 시뮬레이션해 전투 능력을 고도화하고 있습니다.

이런 전투 시뮬레이션 과정을 통해 실제에서 벌어질 수 있는 상황을 인공 지능 프로그램으로 다각도로 체험하고, 훈련하고, 개선합니다. 무엇보다 인공 지능을 통해 반복 훈련할 수 있다는 점에서 군인들은 역량 향상만이 아니라 발생할 수 있는 훈련 중의 부상 등을 최소화할 수 있습니다. 더불어 예산을 절감할 수 있다는 점에서 차세대 국방의 모델로 자리 잡아 가고 있습니다.

얼마 전, 국방부가 개발한 인공 지능이 미디어에 소개된 적이 있습니다. 인공 지능에 기반한 자율 탐사 로봇은 위험하거나 지하 등 사람이 직접 확인하기 어려운 곳을 탐지하고 정보를 습득합니다. 또 국방에 특화된 생성형 인공 지능 덕분에 문서 요약이나 음성 분석, 군 특화 번역 등이 가능하답니다.

무엇보다 인공 지능에 기반한 VR 모의 비행 훈련(국방부 블로그, 2024. 08. 02)이 이목을 끌었습니다. 실제 비행 비용을 절감하는 건 물론이고 안전한 환경에서 훈련을 반복할 수 있어 전투 조종사의 역량을 향상할 수 있습니다.

IBM Q 양자 컴퓨터

출처 : www.flickr.com

인공 지능의 미래, 양자 컴퓨팅

지금까지 설명한 분야만 봐도 인공 지능은 우리 삶에 가까이 와 있을 뿐 아니라 발전할 기능이 더 남아 있을까 하는 의구심이 생깁니다. 그러나 인공 지능 전문가들은 앞으로의 인공 지능이 더욱 기대된다고 말합니다.

앞으로 인공 지능이 어디까지 발전할 수 있을지 단초를 제공하는 기술이 있습니다. 양자 컴퓨터랍니다. 아직 양자 컴퓨터는 꿈의 기술이라고 불리기도 합니다. 빨라야 10년 후에 양자 컴퓨터를 적용한 서비스가 가능하다고 보는 전문가들의 의견이 우세합니다. 그런데 왜 우리는 실현되지도 않은 양자 컴퓨터를 알고 있어야 할까요? 양자 컴퓨터를 상용화하면 인공 지능이 우리 삶에 미친 영향력을 뛰어넘을 만큼 강력한 변화가 생길 거라고 전망되기 때문이죠.

양자 컴퓨터는 미국의 대표 물리학자 리처드 파인만이 1982년에 제시한 개념입니다. 기존 컴퓨터는 비트 단위인 0과 1의 이진법으로 정보를 처리하는 반면, 양자 컴퓨터는 양자 역학에 기초합니다. 양자 컴퓨터는 에너지의 최소 단위인 전자와 광자 역학을 활용해 0과 1 선택이 아닌 '중첩'이라는 개념을 활용하며 큐비트(양자비트)라는 단위로 읽습니다. 큐비트는 4개의 조합된 정보(00, 01, 10, 11)를 동시에 선택해 슈퍼컴퓨터보다 빠른 연산이 가능해서 주목을 받게 되었습니다(한경 경제용어사전).

그렇다면 양자 컴퓨터의 이론적 기초가 되는 양자 역학은 무엇일까요? 인공 지능이 1956년대에야 이름을 갖게 된 데 비하면 양자 역학의 역사는 훨씬 더 오래전으로 거슬러 올라갑니다. 1925년경 독일의 막스 보른, 베르너 하이젠베르크 등은 기존의 역학과 다른 양자 역학의 시초인 '행렬 역학'을 제시했으며, 막스 보른은 이를 더 발전시켜 '양자 역학'이라고 명명하고 관련 연구로 1954년에 노벨 물리학상까지 받습니다.

20세기 과학사에서 양자 역학을 빼놓고 논할 수 없을 정도로 많은 물리학자의 참여와 연구가 양자 역학의 발전에 지대한 공을 세웠습니다. 여기서 양자 역학의 허구를 밝히기 위해 예를 든 '슈뢰딩거의 고양이'는 물리학뿐 아니라 철학, 정치학, 경제학 등 이후 학문에 다각적인 영향을 끼치게 됩니다.

물리학의 거장 파인만이 기존 컴퓨터로는 계산할 수 없는 영역에 대한 도전으로 양자 역학을 활용해 양자 컴퓨터에 적용하자는 의견을 제기하면서 다양한 실험이 시작되었습니다. 현재까지도 상용화하지 못한 이유는 상용화에 가장 가까운 방법으로 꼽히는 초전도체 방식을 해결하지 못해서입니다.

양자 컴퓨터의 기본 단위인 큐비트는 알루미늄 같은 초전도체로 만들어진다고 합니다. 이 초전도체는 영하 243도라는 극저온에서 전기 저항이 0이 돼 초전도 현상이 나타납니다. 아직까지는 실험실 밖인 현실 세계에서 이런 극저온의 냉각을 유지하면서 상용화할 방안을 찾지 못했습니다.

그러나 이런 난제가 있음에도 기업마다 양자 컴퓨터 연구에 막대하게 투자하는 이유는 상용화되었을 때 드러날 엄청난 효과 때문입니다. 일부는 양자 컴퓨터의 계산 속도에 비해 지금 우리가 쓰는 컴퓨터나 슈퍼컴퓨터 성능은 마트 계산기 수준에 불과하다고 평할 정도니까요.

슈뢰딩거의 고양이 오스트리아 물리학자 에르빈 슈뢰딩거가 설명한 이론으로, 밀폐된 상자 속에 독극물과 함께 있는 고양이의 생존 여부를 이용해 양자 역학의 원리를 설명했습니다. 상자 속 고양이의 생존 여부는 그 상자를 열어서 관찰하는 여부에 의해 결정되므로 관측 행위가 결과에 영향을 미친다는 사실을 이 사고 실험을 통해 설명하고 있습니다. (두산백과)

실제로 이코노미스트의 보도에 따르면, 2019년에 구글이 양자 컴퓨터로 지금의 슈퍼컴퓨터가 1만 년 걸려 풀 문제를 200초 만에 풀었다고 발표했습니다(정두용, 2024. 08. 24). 이를 '양자 우위'라고 하는데, 양자 컴퓨터가 기존 컴퓨터보다 성능이 월등하다는 첫 증명 사례라고 할 수 있습니다.

이 뉴스는 다른 기업들에게 반갑지 않은 소식이기도 했습니다. 은행 등 금융업 또는 국방 같은 고도의 보안이 필요한 분야에서는 복잡한 암호키로 정보를 보호해 왔습니다. 이를 통해 개인 자산을 보호하는 건 물론 국가의 기밀 정보들을 경쟁 또는 적대 국가의 해킹으로부터 보호하는데 풀기 어려운 암호키는 필수적이어서입니다. 이를 구축하려고 각 기업과 정부에서 막대한 투자를 해 온 것도 널리 알려진 사실입니다. 그러나 몇 초 만에 이 모든 암호를 해독할

> **양자 컴퓨터** 얽힘Entanglement이나 중첩Superposition 같은 양자 역학적인 현상을 이용해 자료를 처리하는 컴퓨터입니다. (한경 경제용어사전) 양자 컴퓨터는 화학, 최적화, 분자 시뮬레이션 같은 과학·산업 분야의 발전으로 이어집니다. 또 금융 서비스가 시장 움직임을 예측하고 제조업이 운영을 개선하는 것은 점점 더 관심의 대상이 되고 있습니다. 양자 컴퓨팅은 연구 개발, 공급망을 최적화하고 생산을 개선할 수 있습니다. 예를 들어 복잡한 공정에서 경로 계획 같은 요소를 최적화해 제조 공정 관련 비용을 절감하고, 사이클 시간을 단축하기 위해 양자 컴퓨팅을 적용할 수 있습니다. 또 다른 응용 분야는 대출 기관이 자본을 확보하고 금리를 낮추며 상품을 개선할 수 있도록 대출 포트폴리오를 양자 최적화하는 겁니다. 양자 컴퓨터는 중첩이나 양자 간섭 같은 양자 역학적 효과를 활용해 기존의 컴퓨터보다 빠르게 특정 유형의 문제를 해결할 수 있습니다. (https://aws.amazon.com)

양자 컴퓨터의 등장은 전 세계를 혼란스럽게 할 수 있다는 주장이 거세어지고 있는 거죠.

이런 혼란에 손 놓고 있을 글로벌 기업들이 아니지요? 앞서 양자 우위의 첫 사례를 등장시킨 구글은 양자 컴퓨터에 투자를 지속적으로 하고 있습니다. 기존 20세기 컴퓨터 등장부터 지금까지 컴퓨터 역사에서 빠질 수 없는 기업 IBM도 클라우드 기반의 양자 컴퓨터를 개발하고 있습니다. 마이크로소프트도 양자 컴퓨터를 개발하는 데 앞장서고 있습니다.

이런 연구를 통해 양자 컴퓨터를 적용할 영역은 무한대일 것으로 전망하는데요. 앞에서 설명했던 암호 해독 분야에서 혁신적인 변화가 일어날 것으로 예측됩니다. 기존의 컴퓨터 기반 암호 체계는 무력화되고, 양자 컴퓨터 기반의 새 암호 체계가 도입될 테니까요.

이미 양자 컴퓨터가 대부분의 암호화 프로그램을 해독할 걸 대비해 양자 내성 암호PQC, Post-quantum cryptography 표준을 위해 각국이 치열하게 준비하고 있습니다. PQC는 양자 컴퓨터로도 뚫리지 않는 암호를 의미합니다. 창과 방패의 싸움처럼 앞으로 과학 기술 발전의 꽃으로 기대되며 상당한 발전을 이룰 분야로 전망됩니다.

양자 컴퓨팅의 도입은 신약 분야에서 새로운 변화를 맞이할 것이라고 합니다. 보통 신약 하나를 개발하는데 때로는 1,000억 원의 비용과 최소 5~10년의 시간이 걸린다고 하는데요. 인공 지능의 도입만으로도 신약을 개발하는 데 드는 시간과 비용을 절감하는데, 그 능력치를 웃도는 양자 컴퓨터의 도입은 개개인 대상 맞춤형 신약을 개발할 수 있을 거라는 기대를 품게 합니다.

무엇보다 인공 지능이 양자 컴퓨터를 상용화했을 때 가장 도움을 받는 분야가 될 것이라고 합니다. 현재는 머신 러닝이나 생성형 인공 지능이 미션을 수행하는데, 시간이 꽤 걸립니다. 또 인공 지능으로 정보를 처리하는데 데이터센터 등에서 엄청난 전력을 소비하는 데 반해 양자 컴퓨터를 도입하면 특정 분야의 계산 속도를 급격히 높이면서 성과를 내게 될 겁니다.

실제로 보스턴컨설팅그룹은 2040년 양자 컴퓨터가 최대 8,500억 달러(약 1,009조 원)의 부가가치를 창출할 것이라고 분석했습니다. 앞에서 언급한 신약 개발에는 3,300억 달러, 자동 운전 같은 AI 학습 분야에서 2,200억 달러씩의 경제적 가치를 창출하게 된다는 거지요(정영효, 2021. 12. 23). 아마도 본격적인 상용화 시기의 시장 규모는 지금의 인공 지능 시장을 훌쩍 뛰어넘을 것으로 전망됩니다. 이런 이유로 아마존은 양자 컴퓨팅이 새로운 산업 혁명을 불러일으킬 거라고 극찬하기도 했습니다.

🌡️ 미래 직업과 인공 지능

우리는 미래 직업을 이야기할 때 '유망한' 직종인지를 질문합니다. 인공 지능 분야는 그런 질문에 긴 설명을 할 필요가 없을 정도로 미래 지향적인 영역이라고 할 수 있지요. 하지만 그런 유망한 분야도 여러분 자신이 속해 있지 않는다면, 그 분야의 눈부신 발전과 성취를 공감하고 혜택을 누리기 어려울 거예요.

인공 지능 관련 직업에 종사하려면 어떤 준비를 해야 하는지 아직은 명확하게 보이지 않을 수 있어요. 그러나 맨 먼저 할 수 있는 일을 해야 합니다. '인공 지능과 친해지기'입니다. 인공 지능 기술의 발전과 적용 분야에 '관심'을 갖는 게 첫걸음입니다. '이런 이유로 안 돼, 저런 이유로 불가능할 거야'라는 생각과 거리 두기가 필요합니다. 인공 지능 분야는 발전하고 있고, 현재 보이는 기술적 한계는 끊임없이 노력하는 연구자들이 머지않은 미래에 극복할 거라고 보는 의견이 지배적입니다. 지금까지 과학의 역사가 보여 주듯이 말이죠.

다음으로 자신이 평소에 관심이 있고, 앞으로 진출하고 싶은 분야와 인공 지능의 연계점을 찾아보는 겁니다. 푸드테크 분야에서 자세히 다루겠지만, 요리사가 되고 싶은 사람이라면 과거에는 생각지도 못했던 버섯으로 고기를 만들어 맛있게 요리할 수 있는 시대를 살게 될 거라는 점을 알아야 해요. 물론 그 과정에 인공 지능 등 첨단 기술이 있답니다. 식품영양학과 인공 지능의 관계가 겉으로 보기엔 다른 영역 같지만, 이제는 상생 기술이라는 점에서 여러분 꿈의 어딘가에 꼭 인공 지능과 맞닿은 창이 있다는 걸 이해해야 합니다.

더구나 10여 년 후 양자 컴퓨터가 상용화되는 시점이 여러분에겐 새출발하는 시대이므로 미리 양자 컴퓨팅의 세상을 상상해 보고, 관련 공부를 준비하는 것도 필요할 것 같습니다.

02

인간의 수명이 증가하다, 120세의 의미

🌡 120세까지 산다는 건…

벌써 10여 전 발표된 《세계미래보고서 2050》에 따르면 2000년 이후 출생한 인구의 기대 수명이 120세에 이를 거라고 전망했습니다(박영숙 외, 2016). 여기서 '기대 수명'이라 함은 0세 출생자가 앞으로 생존할 것으로 기대되는 평균 생존 연수Life Expendancy를 의미합니다(통계청, 2023).

대한민국 국민의 기대 수명은 2022년 기준 82.7세입니다. 불과 50여 년 전인 1970년대의 기대 수명이 62.3세였던 데 비하면 20년 늘어난 셈이죠. 2000년 이후 태어난 사람들의 기대 수명은 120세가 될 거라고 하니 인간의 기대 수명은 점차 증가하는 것만은 분명합니다.

그렇다면 초기 인류의 수명은 얼마나 되었을까요? 학자들의 연구에 따르면, 21~30세였을 것으로 추정합니다. 짐승의 습격과 출산 또는 부상으로 인한 감염 등으로 당시 인류 수명은 지금보다 훨씬 짧았을 것이라는 추측입니다.

문명이 발달했던 로마 시대에도 0세 사망률이 높아 평균 수명이 20대 초반이었지만, 1세까지 살아남은 아이들의 평균 수명 연령이 33세 정도였다고 합니다. 비슷한 시기 이집트의 기대 수명도 20대 초반이었는데 0세 사망률을 기대 수명에 포함한 수치입니다. 이집트가 위상을 떨치던 시대를 기준으로 1세까지 살아남은 아기부터 계산하면 36세 정도였다는 연구 결과가 있습니다.

수천 년이 지나서도 중세 사람들의 평균 수명은 32세에 머물렀습니다. 이후 수백 년이 지난 산업 혁명 즈음에야 영국과 미국의 평균 수명은 37~41세였다고 합니다. 선사 시대까지 거슬러 올라가 보면, 산업 혁명 전까지 인간의 기대 수명이 꽤 천천히 증가했음을 알 수 있습니다.

그렇다면 산업 혁명 이후 어떤 이유로 인간의 기대 수명이 이렇게 증가하는 걸까요? 하나의 단초로 상하수도 정비에 따른 위생 상태의 개선에서 찾기도 합니다. 실제로 미국 공학한림원National Academy of Engineering은 20세기에 이룩한 인류의 업적 가운데 하나로 상하수도Water supply and distribution를 꼽았을 정도니까요(김정원, 2016. 05. 26).

중세 시대에 위생이 어느 정도로 나빴는지를 보여 주는 단적인 사례가 프랑스 향수라는 말이 있습니다. 귀족들도 몸에서 나는 악취를 참을 수 없어 향수를 많이 뿌리고 다녔다는 거지요. 프랑스의 화려한 문화를 상징하는 베르사유 궁전에는 화장실이 없어서 온갖 오물이 길에 널려 있었다고 하니, 일반 시민이 살던 파리 길거리 위생 수준을 가늠할 수 있겠지요?

이런 비위생적인 환경은 장티푸스, 콜레라 등 질병을 확산시켰고, 적절한 치료제가 없었던 당시에는 질병에 걸리는 건 사망에 이르는 길과 직결돼 있었습니다. 그런 환경에서 물의 청결을 유지하기는 어려웠고, 물은 생명을 유지하는 수단인 동시에 오염된 물은 사람의 수명을 단축하는 일종의 '마시는 독극물'이 되기도 했답니다.

다행히 산업 혁명 이후에 근대식 하수도를 만들었습니다. 당시 도시로 몰려드는 사람들이 밀집해 사는 곳에서 전염병이 증가하자 근본적으로 문제를 해결하려고 하수를 체계적으로 처리하는 방안이 떠오른 거지요.

물론 메소포타미아 문명에서도 하수도 흔적을 발견할 수 있으며, 로마 시대에 만든 하수도는 식수와 분리되어 있어 로마의 안정적 번영의 상징이 되기도 했답니다. 이런 하수도가 근대식으로 발전한 시기는 산업 혁명 이후랍니다. 산업 혁명 이후 인간의 수명은 물 위생의 개선에 힘입어 1950년대 초반의 세계 평균 수명은 48세 정도로 오릅니다. 세계보건기구WHO 발표에 따르면, 2016년 기준 세계 평균 수명은 72세로 높아졌다고 합니다.

우리나라도 예외는 아니어서 조선 시대까지만 해도 상하수도 시설이 없었으므로 당시 번화가인 청계천과 종로 일대는 오염물과의 생활을 피할 수 없었습니다. 그러다가 1908년 서울 뚝도 정수장을 시작으로 상수도 시설을 확대했고, 하수도는 1980년대가 돼도 8.3% 수준에 머물렀다고 합니다(박임수, 서울하수도과학관). 환경 악화와 수질 악화 이슈가 대두되는 1990년대부터 본격적으로 수질을 관리해 최근에는 전 세계에서 상하수도 관리가 뛰어난 나라로 손꼽히고 있습니다.

산업 혁명 이후 인간 수명의 증가는 앞서 설명한 하수도 시설을 통한 위생적인 환경으로의 진화 외에 다른 요인이 작용합니다. 바로 항생제 등장인데요. 페니실린 같은 항생 물질 덕분에 영유아 사망률을 현격하게 개선한 점을 꼽을 수 있습니다. 그뿐 아니라 청년기의 조기 사망률을 높였던 결핵을 치료하면서 인간 수명은 점차 늘어나게 되었습니다.

여러분은 '알파 에이지'라는 단어를 들어본 적이 있나요? 알파 에이지는 의학의 발달로 평균 수명이 늘어나는 기간을 말하며, 보통 30여 년이 증가한다고 합니다. 이미 우리나라의 평균 수명은 82세를 넘어서고 있습니다. 그런데 앞으로는 이 수명에 30여 년의 알파 에이지를 더한 수명까지 살 수 있다는 전망이 나왔습니다. 물론 2000년대 이후에 태어난 사람은 더 오래 살 것으로 예측됩니다.

최근 우리는 코로나19라는 전 세계적 전염병을 겪었습니다. 과거에 발생했다면 지금의 희생자 수십 배를 웃도는 참사가 나왔을지 모르지요. 중세의 흑사병을 들어본 적이 있나요? 마땅한 치료법을 찾지 못했던 흑사병으로 7,500만 명에서 2억 명이 목숨을 잃었다고 합니다. 당시 유럽 인구를 4억 5,000명 정도로 추산하면 3분의 1 이상이 흑사병으로 사망하는 인류 최대의 비극적 질병이었습니다(전병득, 2020. 03. 27).

그러나 의료 과학이 발달한 21세기에는 대응 방안이 달랐습니다. 코로나19가 발생하자 전 세계 의료진은 밤낮을 가리지 않고 환자를 치료했고, 백신을 개발했습니다. 신약을 개발하고 나서 4~5년 만에 팬데믹에서 엔데믹으로 전환을 선언했지요. 코로나19로 인한 희생은 크나큰 피해를 남겼지만, 중세 시대와 비교하면 의학 기술이 발전한 덕분에 신속하게 의료 방어막으로 대응한 사례로도 역사는 기록할 것으로 보입니다.

인간 수명의 한계가 있을까요?

그렇다면 인간은 몇 살까지 살 수 있을까요? 흥미로운 주장이 있어서 소개할까 해요. 노르웨이 웹 개발자인 호콘 스카루드 칼슨은 노화가 진행되는 속도와 함께 젊음을 유지하는 기술도 발전하므로 향후 30여 년간만 생존할 수 있다면 그사이 기술이 발전해 1000살까지도 살 수 있다는 주장을 한 바 있습니다(김태준, 2016. 06. 17). 이 주장을 하던 10여 년 전 기준으로 30년 정도 지나면 인간이 '천천히 늙는' 기술을 뛰어넘어서 생체 나이를 젊게 되돌리는 기술을 개발할 수 있을 거라고 믿었던 겁니다.

반면 인간의 수명이 예상만큼 급증하지 않을 거라는 연구 결과도 있습니다. 미국 일리노이대학교 스튜어트 올샨스키 교수팀은 과학 저널인 〈네이처 에이징Nature Aging〉에 기고한 글에서 '생물학적 노화 속도를 조절하고 건강과 수명을 좌우하는 주요 요인을 근본적으로 변화시키는 게 가능해지지 않는 이상 금세기에 수명이 크게 연장되는 건 불가능하다'(이주영, 2024. 10. 08)라고 주장합니다.

실제로 기대 수명이 높은 10개국을 추적 조사해 보니 1990년대 이후로는 기대 수명 증가율이 둔화했다는 점을 근거로 제시하고 있답니다. 여러분은 극단적인 두 주장에서 어떤 입장인지요?

인공 지능이 늘려 주는 인간의 수명

여기서 인간 수명에 대한 논쟁을 또 하나 소개하고자 합니다. 인간의 노화를 연구하던 두 과학자가 2000년 이후 출생 기준으로 150세까지 살 아이가 태어났는지를 두고 내기를 했습니다. 자그마치 5억 달러(약 6,672억 원)를 걸고 말입니다.

150세까지 사는 아이가 이미 태어났다고 주장하는 앨라배마대학교 스티븐 어스태드 석좌 교수와 달리 스튜어트 올샨스키 교수는 130세는 가능하지만 150세는 불가능하다는 입장이라고 합니다(이우상, 2024. 03. 17). 그 결과는 2150년에 확인할 수 있습니다. 아마도 두 교수의 후손이 결과를 확인하지 않을까 싶습니다.

그렇다면 인간 수명 150세를 주장하는 스티븐 어스태드 교수의 근거가 궁금해집니다. 줄기세포 기술의 발전이 인간의 수명 한계점을 뚫을 것이라고 본 겁니다. 초기에 줄기세포가 주목을 받은 이유는 면역 관련 치료에 필요한 조절 능력이 있어서예요. 그래서 염증을 완화하는 데도 줄기세포 치료를 적용하곤 합니다.

또 하나의 중요한 특징은 줄기세포는 계속해서 분화하므로 자가 세포를 복제하고 회복하는 능력이 있습니다. 이런 자가 회복 능력에 더해 손상된 조직을 타깃으로 정확하게 복원 재생하는 능력도 있고요. 이를 호밍 효과Homming effect라고 하는데요. 이런 기능이 생명을 연장하는 데 줄기세포가 큰 역할을 할 것이라고 본 겁니다. 노화된 세포를 회복하게 지원하고, 노화를 일으키는 원인으로 알려진 텔로미어Telomere가 짧아지는 것을 막는 데 줄기세포가 도움을 줄 것이라는 얘기입니다.

두 교수의 대결은 줄기세포 연구가 얼마나 큰 성과를 거두느냐에 따라서 결과가 달라질 것 같습니다. 여러분도 이 분야를 공부해 인간 생명을 연장하는 데 기여해 보면 어떨까요?

유전자 가위 역할을 하는 크리스퍼

이제 인간 수명 연장에 대한 좀 더 현실적인 연구 성과를 알아보도록 하겠습니다. 과거에는 항노화 연구 분야에 많은 글로벌 기업이 활발하게 투자했습니다.

이제는 한발 더 나아가 '역노화'라는 개념이 등장했습니다. 역노화란 노화를 늦추는 항노화에서 노화를 거스르는, 다시 젊어지는 방안을 연구하는 분야입니다. 이 연구를 하는 사람들은 노화를 하나의 질병으로 진단하고 해결해야 할 과제로 봅니다.

또 선천적 질병이나 장애를 사전에 조절해 건강한 신체로 태어나게 도와 주는 의학 기술이 주목받고 있습니다. 크리스퍼CRISPR, Clustered Regularly Interspaced Short Palindromic Repeats 유전자 가위 기술이 그겁니다. 크리스퍼는 세균의 DNA에 보편적으로 존재하는 규칙적·반복적인 염기 서열을 의미합니다. 이는 미생물의 바이러스 면역 체계로 바이러스가 침투하면 일부는 살아남아 다시 같은 바이러스가 그 세균에 침입하면, 크리스퍼 카스9CRISPR-Cas9 복합체가 바이러스 염기 서열을 인식해 결합한 후 절단해 세포를 보호하는 역할을 합니다(김진수, 2020. 10. 15.).

크리스퍼 자체는 1987년에 발견되었지만, 2010년대 초반이 돼서야 크리스퍼의 작동 방식을 알아내고, 유전자 편집 기술이 개발되면서 크게 발전했습니다. 크리스퍼는 특정 유전자를 선택해 잘라 낼 수 있는 기술입니다. 이 과정에서 돌연변이 등 이상 유전자를 잘라 낼 수도 있고, 특정 유전자를 주입할 수도 있어 어떤 의미로든 유전자 변형에 영향을 미치는 기술이랍니다.

크리스퍼 연구로 제니퍼 다우드나 교수와 에마뉘엘 샤르팡디에 단장이 2020년 노벨 화학상을 공동으로 받았습니다. 두 사람의 크리스퍼 기술이 세계에 소개되었을 때, 유전 질환으로 고통받는 사람들에게 큰 희망이 될 거라는 찬사가 이어졌습니다.

한편에서는 이 유전자 가위로 인해 발생할지 모를 윤리적 논란이 끊임없이 제기되고 있습니다. 이유는 아직은 기술적 완결성이 보장되지 않았기 때문입니다. 기술 이점에 숨겨진 부작용 등에 대한 연구가 충분하지 않아서 인류를 실험 대상으로 해서는 안 된다는 주장이 거셉니다.

학자들의 공감대가 형성되면서 '2015년 제1차 인간 유전자 편집 정상회담에서 유전자 편집 기술은 임신을 목적으로 한 인간 배아 변경에 사용해서는 안 된다'(YTN 사이언스, 2023. 02. 10)라는 합의를 하기도 했습니다. 과학자들이 유전자 가위로 잘못된 돌연변이를 수정하는 휴머니즘 차원의 의료 행위 외의 악의적 또는 상업적 사용 여지를 당분간은 차단해야 한다는데 기술적·윤리적 차원에서 합의한 겁니다.

이런 우려를 비웃듯 중국 과학자가 엄청난 사건을 일으킵니다. 유전자 가위로 에이즈 환자의 유전자를 편집해 에이즈 면역 체계를 가진 쌍둥이를 탄생시켰습니다. 학계는 물론 전 세계가 이 비윤리적인 행위를 일제히 규탄하고, 해당 연구를 주도했던 중국 과학자는 3년의 징역형을 살게 되었습니다. 이 사건은 자율적인 합의로 유전자 연구의 금지선을 지키기엔 더욱 어려워졌다는 위기감을 학계에 던진 계기가 되었습니다.

또 다른 이슈로 바이오 해커Bio-hacker가 등장해 인류를 위한 유전자 기술의 활용에 관한 찬반 논란을 불러일으키게 됩니다. 해커가 주는 이미지가 무조건 나쁠 것 같지만, 바이오 해커의 의미는 조금 다릅니다. 기존 제도권이 만든 윤리를 깬다는 의미가 더 가까울 것 같습니다.

지금과 같이 대규모 연구에만 인류 공통의 재산인 유전자 기술 같은 바이오 기술이 적용되면 의료 한계에 부딪힌 개인에게 돌아가는 혜택이 적어진다는 의미에서 출발하는 경우가 많습니다. 해커 스스로 자신의 몸에 바이오 기술을 직접 투입하는 등 적극적인 활동을 통해서 대기업인 제약 회사의 폭리를 비판하고, 대중에게 보다 저렴한 방식으로 기술 혜택을 돌려주고자 하는 의도입니다.

하지만 모든 일에는 명암이 존재하듯이 의도가 좋은 바이오 해커만 존재하는 건 아니랍니다. 앞서 설명한 유전자 기술을 개인 영리를 위해 악용하는 바이오 해커가 등장하는 것도 막을 수 없다는 문제가 있답니다. 인간의 욕망에 따라 윤리적으로 금지된 '맞춤형 배아'를 만든다거나 바이오 테러 등 사회에 위협적인 결과를 만들 수 있기 때문입니다.

우리나라의 저출생과 고령화

우리나라는 인구 생태학적 관점에서 무척 곤란한 입장입니다. 우리나라는 경제협력개발기구OECD 38개국 중 출생률이 가장 낮은 저출생 국가입니다. 일반적으로 한 국가가 지금의 인구를 유지하는 데 필요한 최소한으로 필요한 출생률이 있는데, 저출생의 기준은 2.1명이라고 합니다. 우리나라는 1980년대 2명, 1990년대 이후부터는 1명 이하로 떨어져 이제는 다음 세대의 유지를 걱정해야 할 수준이라는 우려의 소리가 높습니다.

인구 감소는 무엇을 의미할까요? 당연히 국가 경제를 지탱할 새로운 세대가 줄어든다는 의미이고, 좁게는 한 가정의 안정적인 생활을 유지할 미래 세대가 감소한다는 의미입니다. 다른 말로 인구 소멸은 국력 쇠락과 연결될 수 있다는 암울한 전망이 이어지고 있습니다.

우리나라는 초고령 사회로 진입하는 데 10년이 걸린 일본보다 더 빨리 7년 만에 진행되고 있다고 합니다. 초고령 사회란 65세 인구가 전체 인구의 20% 이상이 될 때를 일컫습니다.

2024년 현재 우리나라 국민 수는 약 5,175만 명이고 이 중 65세 이상 인구는 점차 늘어서 1,000만 명이 되었다고 합니다. 2030년 이후에는 전체 인구의 30% 이상이 65세 이상이 될 예정입니다. 1970년대 2차 베이비붐 세대가 노인으로 편입되는 시점에는 폭발적으로 늘어나게 됩니다.

우리는 2016년부터 경제 활동 인구(15~64세)보다 비경제 활동 인구인 어린이나 노인 수가 역전하는 '인구 절벽' 시대를 살고 있습니다. 우리나라는 이제 어린이 인구가 많은 '젊은 국가'가 아니라 노인 인구가 많은 '늙은 국가'로 접어들었다는 의미이기도 합니다. 젊은 국가에는 베트남 등 동남아시아 국가들이 속합니다.

그렇다면 저출생·고령화 시대를 사는 여러분은 이런 인구 생태학적 특징으로 어떤 변화를 겪게 될까요? 먼저, 저출생은 다음 세대를 이어가는 벨트가 약해진다는 치명적인 문제가 있습니다. 우리보다 앞서 저출생 이슈를 겪은 프랑스와 스웨덴 등은 다양한 복지 정책과 다자녀 정책을 활발히 제시해 저출생의 위험한 분수령을 잘 넘기기도 했습니다.

각국에서 막대한 예산을 들여 저출생을 극복하려는 이유는 인구가 줄어든 국가의 미래가 그만큼 암울해서이지요. 다음 세대에서 나와야 할 훌륭한 인재도 줄어들 뿐 아니라 다른 나라의 침략 대상이 될 수도 있어서입니다. 극단적으로는 주권을 지킬 수 없는 상황도 발생할 수 있다는 위기감이 각국에서 저출생을 제1과제로 해소하고자 노력하는 이유 중 하나이기도 합니다.

우리나라가 겪고 있는 저출생·고령화 현상은 식량 부족을 비롯한 의식주 문제와 밀접하게 관련이 있습니다. 식량을 소비하는 인구는 수명 연장으로 감소하지 않는데 고령화로 식량을 생산하는 현장에서 일하는 인구는 점차 감소하므로 식량 배급의 불균형이 발생하는 거지요. 더구나 기후 악화로 농작물 피해가 극심해지는 미래에는 저출생·고령화의 대응을 어떻게 하느냐에 따라 우리 미래가 달렸다고도 할 수 있겠습니다.

🌡️ 미래 직업과 인간 수명

우리는 지금 기후 위기 시대를 살고 있다는 걸 이제는 잘 인식하고 있습니다. 이 기후 위기 시대에도 미래에 대한 준비는 현재 진행형이어야 하므로 고민이 깊어집니다. 그래서 어떤 직업을 선택해 기후 위기에 대응하고 나아가 우리도 인간의 존엄성을 지키며 직업적 행복을 누릴 수 있는지 알아보는 여정에 관심을 두는 거랍니다.

인간의 수명이 증가할 거라는 전망과 함께 우리나라는 저출생이라는 위기가 미래에 영향을 미치는 주요 요인임을 살펴보았습니다. 건강한 국가는 경제 활동에 유입하는 인구가 지속적으로 늘어나야 튼튼하게 경제 구조를 뒷받침할 수 있는데, 우리나라는 경제 활동 인구는 점차 줄고, 경제 활동에서 은퇴한 인구의 수명이 길어지는 현상을 보이니까요.

이런 인구 변화 속에서 미래를 어떻게 준비해야 하는지는 더욱 중요해집니다. 어떤 분야를 선택해야 삶의 질을 높이고, 즐거운 환경에서 일할 수 있을까 하는 근본적인 목표와 함께 늘어난 수명만큼 여러분 미래에는 더 오랜 경제 활동, 즉 직업 생활이 이어져야 한다는 걸 의미합니다.

조부모 세대는 60세 전후에 은퇴했습니다. 그마저도 운이 좋은 사례이고 50대 초반에 은퇴하고 길어진 노후를 살아가는 방식이었습니다. 최근 늘어난 수명으로 부모 세대는 노후 정보를 바탕으로 체계적으로 미래를 준비하려는 움직임이 커지고 있습니다. 특히 국가와 기업 차원에서 정년을 연장하거나 노후 보장을 위한 다양한 정책을 마련하고 있지요.

여러분은 부모보다 더 긴 인생을 살아가게 될 겁니다. 이는 부모 세대의 은퇴 시기보다 여러분의 은퇴 시기는 훨씬 뒤로 밀려날 거라는 의미입니다. 어쩌면 70~80세에도 직장을 다니는 모습이 낯설지 않은 첫 세대일 수 있습니다. '백년 직업'의 선택은 피할 수 없고, 피해서도 안 되는 과제가 돼 버린 겁니다.

그렇게 오래 직업을 갖게 된다는 건 그만큼 준비가 많이 필요하고, 고려 사항이 더 늘어난다는 걸 의미합니다. 다시 말해 부모 세대보다 직업 교육을 위한 시간이 더 많이 필요하다는 걸 시사하기도 합니다. 또 부모 세대에는 고려하지 않았던 인공 지능의 등장, 늘어난 수명, 기후 위기로 인한 생활 터전 또는 방식의 변화를 떠올리지 않은 미래 준비는 힘을 발휘하지 못할 거라는 점도 기억해야 합니다.

03

기후 위기가 불러온
글로벌 경제의 변화 바람

지금까지 앞으로 세상에 영향을 미치게 될 2가지 주제를 살펴보았습니다. 인공 지능과 인간 수명 연장은 미래 성장이나 감소할 산업 분야를 예측하는 데 도움을 줍니다. 앞에서 소개한 인공 지능이 불러온 빠른 변화와 인구 수명과 관련된 인구 생태학적인 변화의 요소를 잘 이해하고, 각자의 적성을 기반으로 미래 직업을 설계하는 단계가 필요하다는 의미입니다.

이번에는 주요 변화 요소인 기후 위기로 인해 달라지거나 새롭게 생기는 산업을 소개하고자 합니다.

이미 잘 아는 것처럼 수십 억 년의 역사를 가진 지구에 최근 등장한 인류가 지구를 위협하는 존재가 되었다는 건 참 안타까운 일입니다. 이렇게 인간이 지구를 망가지게 둘 수는 없겠지요? 지구는 인간의 소유가 아니라 수많은 동식물, 자연과 공존하는 모두의 공간이니까요.

다행히 우리에게는 아주 희망적인 사례가 있었지요? 산업 혁명 이후 오존층의 위협을 극적으로 해결한 사례를 기억할 텐데요. 글로벌 협의를 끌어내기까지 강대국들의 이익 때문에 다소 아쉬운 시작을 했지만, 결국엔 적정 수준으로 오존층을 보호하는 데 성공했다는 게 전문가들의 평입니다.

그렇다면 이번에 우리에게 다가올, 아니 이미 도착한 기후 위기는 대응이 가능할까요? 산업화가 내뿜는 이산화탄소는 대기 중에 남아서 100년 후에도 대기에 떠돌고 있을 거라고 합니다(마크 브룸필드, 2023). 이미 대기 중 이산화탄소 농도는 산업 혁명 전의 280ppm을 훌쩍 넘어서 400ppm 이상 대기를 채우고 있습니다.

이렇게 방출된 이산화탄소에 대응하지 않는다면 우리 세대는 물론 후손 세대에까지 심각한 영향을 미칠 것이라는 의미입니다. 더구나 이산화탄소 발생량이 감소하지 않고 지속된다면 지구는 살기 좋은 행성에서 '떠나야 하는 행성'으로 변할지 모릅니다.

이산화탄소와 메탄 등의 방출은 온실가스를 만들고, 이는 대기 곳곳에 스며들어서 지구의 평균 기온을 높입니다. 이렇게 높아진 지구 평균 기온은 온난화로 이어져 해수면이 상승하고 빙하 또는 빙붕이 붕괴하죠. 이 영향으로 지금까지 잘 살아온 동식물의 생존을 위협하고 먹이 사슬의 균형이 깨지면서 인간도 삶의 터전을 잃고 홍수, 폭우, 폭염, 혹한 등의 기상 재난에서 점차 생존력을 잃게 된다는 게 기후 위기 시나리오입니다.

그래서 IPCC에서 제시한 지구 평균 기온을 2도 상승으로 제한하는 일이 매우 중요한 과제라고 설명했습니다. 문제는 기후학자들이 해결할 수 있는 게 아니라 모두가 참여해 대응해야 그나마 더 높은 지구 평균 기온 상승을 저지할 가능성이 열립니다.

그러면 기후 위기를 우리는 어떻게 대응해야 할까요? 기후 위기와 관련된 새롭게 등장하는 직업과 변화하는 직업은 4장에서 상세히 소개하고자 합니다. 이번 절에서는 기후 위기에 대응한 글로벌 국가의 노력과 제도 등을 알아보도록 하겠습니다. 그간의 활동을 이해한 기반 위에서 미래에 어떤 방향으로 직업 세계를 개척할지 선택하는 게 중요하기 때문입니다.

🌡️ 기후 위기를 극복하려는 노력

탄소 중립-넷제로

지금까지 우리는 기후 위기의 문제를 집약해서 하나의 어젠다로 집중해 보았습니다. 지구 평균 기온이 2도 상승하는 것도 높으니 1.5도 정도 상승하는 수준에서 막자는 거지요. 그러나 1.5도가 상승하는 것도 지구에는 큰 부담입니다. 일시적으로 지구촌 곳곳에서 1.5도 이상 상승한 평균 기온을 보이는 현실에서 그나마 최소한의 방어막으로 설정한 것일 뿐이니까요. 지구는 이미 유엔 사무총장

안토니우 구테흐스의 말처럼 "끓고" 있는 지경이니까요.

　지구 온도를 상승시키는 온실가스의 주범인 탄소를 줄이는 게 지구 살리기의 첫 번째 행동 지침이라는 데 대부분 동의한답니다. 나아가 온실가스 농도의 증가를 막으려면 배출되는 탄소량과 지구가 흡수하는 탄소량을 같게 해서 '0'이 되는 넷제로Net-Zero 상태가 되도록 하는 게 중요합니다. 즉 '배출되는 탄소량-흡수되는 탄소량 = 0'이 되는 걸 의미합니다.

　종종 '탄소 중립'이라는 말로도 설명하는데요. 여기서 탄소는 이산화탄소의 줄임말입니다. 엄밀히 말하면 탄소 중립과 넷제로는 의미가 조금 다릅니다.

　넷제로는 대기 중에 방출되는 온실가스량과 흡수되는 온실가스량을 같게 하는 데 목적이 있습니다. 여기서 온실가스는 교토의정서에서 선정한 6대 온실가스(이산화탄소CO_2, 메탄CH_4, 아산화질소, N_2O, 수소불화탄소HFCS, 과불화탄소PFCS, 육불화황SF_6)를 의미하는데요. 최근에는 삼불화질소를 넣어 7대 온실가스라고 하기도 합니다. 이 온실가스의 순배출이 '0'이 되도록 하는 게 넷제로입니다.

　반면에 탄소 중립은 이산화탄소와 메탄을 대상으로 합니다. 이 두 물질의 순배출을 '0'으로 한다는 거지요. 넷제로 개념 안에 탄소 중립이 포함된다고 할 수 있습니다.

　앞에서 설명한 것처럼, 1992년 '기후 변화에 관한 유엔 기본 협약UNFCCC' 이후 잡음이 많긴 했지만, 기후 위기에 더 많은 책임이 있는 일부 강대국들이 참여하지 않은 상황에서 교토의정서를 1997년에 채택했습니다. 더는 물러설 수 없는 기후 위기의 심각성이 드러나는 시점인 2015년에 파리협정을 합니다. 이는 지구의 평균 기온 상승을 2도 이하로 유지해야 하고, 안전한 지구를 위해서는 1.5도 이하의 상승으로 제한하는 것이 필요하다는 것을 최초로 명시한 국제 사회의 합의입니다.

지구 온도가 2도 상승하면 해수면이 상승하고, 생태계가 파괴되면 이상 기후로 기아와 기근이 심해져서 기후 난민이 속출하게 됩니다. 이는 한 나라뿐 아니라 글로벌 국가 전체의 위기로 다가올 거라는 심각한 예측입니다.

그나마 1.5도 상승으로 제한을 강력히 주장하고 있으나, 1.5도 상승만으로 제한하는 데 성공한다고 하더라도 폭우, 가뭄, 해수 온도 상승으로 일부 생물종의 멸종은 불가피합니다.

우리나라 역시 기후 위기의 심각성을 인식하고 2020년에 '2050 탄소중립 선언'을 발표했습니다. 즉, 2050년에는 우리나라에서 배출하는 탄소량과 우리나라에서 흡수하는 탄소량을 동일하게 해서 탄소 중립 상태로 만들겠다는 의지를 담았습니다.

이렇게 탄소 중립, 나아가 넷제로 목표를 달성하려면 적극적인 조치가 필요하다는 의견이 제기되었는데, 몇 가지 대표적인 방법을 소개하고자 합니다. 탄소에 가격을 매기는 방식입니다.

탄소세

탄소에 세금을 매긴다는 말을 들어 보았나요? 직접 배출하는 이산화탄소를 측정해 책임자 개인이나 기업에 세금을 부여한다는 말은 아닙니다. 탄소를 많이 배출하는 원료에 부여하는 거죠. 온실가스 배출량의 3분의 2가 탄소에서 비롯된다고 보므로 탄소 발생을 줄이기 위해 세율이 높은, 즉 강도 높은 세금 형식으로 제안한 겁니다.

기후 심리학 전문가인 토마스 브루더만은 자동차로 1킬로미터를 가는 데 100명당 이산화탄소를 약 21킬로그램을, 비행기는 100킬로미터를 운항하는 데 100명당 이산화탄소 43킬로그램을 방출한다고 지적합니다. 우리가 먹는 채소 1킬로그램을 생산하는 데 이산화탄소는 평균 1.15킬로그램, 소고기 1킬로그램을 생산하는 데 이산화탄소는 12~24킬로그램 방출돼 온실가스를 내뿜게 된다고 합니다(토마스 브루더만, 2024). 이런 탄소 배출원을 대상으로 한 탄소세를 1990년대 핀란드에서 최초로 도입했는데요. 이제는 노르웨이, 스웨덴을 비롯해 30개국 가까이 참여하고 있습니다.

현재 탄소가 가장 많이 발생하는 나라는 중국, 미국, 유럽, 인도 순입니다. 중국은 21세기 이후 이산화탄소 배출량이 가장 많은 나라로 그만큼 탄소 감축에 대한 글로벌 요구가 많아지고 있답니다. 그래서 하나의 노력으로 유럽보다 큰 탄소 시장을 만들고 탄소세를 도입했습니다. 연방국인 미국은 주별로 탄소세를 도입해 시행하고 있습니다. 탄소 배출 상위에 늘 오르는 인도는 아직 탄소세를 도입하지 않고 있지만, 석탄에 세금을 부과하는 정책을 펼치고 있답니다.

이런 탄소세가 과연 효과가 있을까요? 대표적인 성공 사례로 독일을 들곤 하는데요. 독일 환경부 발표에 따르면, 정부 주도의 다각적 노력과 함께 탄소세도 도입해 탄소 배출량을 1999년 대비 2021년에는 42% 감소했다고 합니다.

우리나라는 탄소세를 부과하고 있지 않지만, '유사 탄소세' 형식의 세금을 부과하고 있습니다. 휘발유 등에 부과하는 세금이 자동차, 버스 등 이동 수단의 탄소 배출에 대한 세금과 유사하게 작용해서 다른 나라의 탄소세와 비슷한 제도라고 할 수 있습니다.

이런 탄소세는 탄소를 줄이려고 도입한 제도이지만, 다른 한편으로 생각하면 돈만 있다면 탄소세를 내면서 많은 양의 탄소를 배출해도 되는 구조여서 일종의 도덕적 해이(모럴 헤저드)를 불러온다는 비판도 있답니다. 따라서 탄소세 운영에서 참여자들의 높은 인식이 필요합니다.

탄소 배출권 거래제

소개한 탄소세의 문제점을 어느 정도 보완할 방법이 있습니다. 탄소 배출권 거래제입니다. 탄소세와 가장 큰 차이로 탄소 배출권의 허용량에 제한을 두는 제도입니다. 이 거래에 참여하는 모든 탄소 배출자는 총한도가 정량으로 정해져 있습니다. 만약 배정된 탄소 배출량을 초과하면 여유분이 있는 다른 기업이나 배출자의 배출권을 구매해야 합니다. 무한대로 탄소세를 내는 방식과 가장 다른 점이라고 할 수 있습니다. 상대적으로 배출량이 적은 배출자나 기업, 기관은 여분을 판매해 이윤을 창출할 수 있습니다.

탄소 배출 거래권은 6대 온실가스를 배출할 수 있는 권리를 구매하는 겁니다. 6대 온실가스는 이산화탄소, 메탄, 아산화질소N_2O, 수소불화탄소, 과불화탄소, 육불화황을 의미합니다. 달리 말하면 온난화를 부추기는 물질이라고 할 수 있습니다. 탄소 배출권 거래제는 중국과 유럽 등에서 도입해 사용하고 있고, 우리나라도 2015년부터 23개 산업 분야에서 하고 있습니다. 우리나라는 배출권 거래제를 시행하고 있지만 기업 800여 개를 중심으로 운영하고 있고, 일반 참여자들에겐 제한된 시장으로 확산을 위한 보다 정교한 제도 마련이 필요한 상황입니다.

이 탄소 배출권 거래제에 관한 운영상 문제점을 꼽자면, 참여한 시장의 여건에 따라 탄소 배출권 가격이 제각각이라는 데 있습니다. 탄소를 가장 많이 배출하는 중국은 2060년까지 탄소 중립 달성을 선언했습니다(송민규, 2024. 01. 06). 중국은 국가 탄소 시장에서 $1tCO_2$당 7.6달러인 데 반해 유럽연합은 $1tCO_2$당 약 69달러에 거래되는 등 차이가 큽니다. 가장 큰 시장을 형성한 중국이 앞으로 얼마나 잘 운영할지 관심이 집중되기도 합니다.

이처럼 특정 국가나 경제 공동체 간 탄소 배출권 시장에 따라서 가치가 달라지는 건 글로벌 위기를 공동으로 대응하는 데 국가별 입장 차이를 만들게 하는 요소가 되기도 합니다.

또 자금 여력이 많은 대기업이 탄소 중립을 위한 보다 혁신적인 노력을 수행하는 데 탄소 배출권 거래제는 방해가 될 수 있습니다.

일정 비용만 지불하면 필요한 배출량을 구매할 수 있고 충족할 수 있으니까요. 이런 점이 탄소 배출권 제도를 비판하는 입장에서는 궁극적으로 환경 보호에 도움이 되지 않는다는 지적을 하는 이유입니다.

탄소 국경 조정 제도

2023년 유럽연합은 탄소 국경 조정 제도CBAM, Carbon Border Adjustment Mechanism를 도입했습니다. 유럽 이사회에서 본 안건을 최종 승인한 겁니다. 유럽연합은 CBAM을 시행함으로써 철강·알루미늄·비료·전기·시멘트·수소 제품 등 6대 품목을 유럽연합으로 수출하는 기업의 경우, 생산 과정의 탄소 배출량에 대해 2026년부터 이들 제품에 대한 '탄소 국경세'를 부과하게 됩니다. 당장은 철강 등 수출이 많은 우리나라에 미칠 파급 효과에 대응하는 노력이 필요하지만, 점차 이 제도가 글로벌로 확대가 될 경우, 근본적인 대응이 필요한 시점입니다.

RE100

RE100Renewable Electricity 100%은 2050년까지 기업에서 소비하는 전력은 100% 모두 풍력, 태양광 등 재생 에너지로 해야 한다는 국제적 합의입니다. 2014년 영국의 비영리 단체에서 구호처럼 시작했는데요. 애플과 구글 등 빅 테크 기업들이 적극적으로 참여하면서 주목을 받게 되었습니다.

현재 RE100 가입 기업은 전 세계적으로 350여 개에 달할 정도로 환경을 생각하지 않는 글로벌 기업은 거의 없을 정도입니다. 우리에게 친숙한 마이크로소프트, 스타벅스는 물론이고 LG와 SK도 적극 참여하고 있답니다. RE100을 통해 지구 평균 기온을 올리는 온난화를 부추기는 온실가스를 감축할 수 있어서입니다.

탄소세, 탄소 배출권 거래제 등 탄소가 비용으로 자리 잡으면서 탄소 배출을 근본적으로 줄이는 방안을 각 기업이 연구하고 실천하고 있답니다. 더불어 깨어 있는 시민 의식의 결과로 RE100에 참여한 기업은 '클린, 그린'이라는 이미지를 얻게 돼서 고객의 선호를 받게 됩니다. 알고 있듯이 기업의 목표는 이윤 추구와 더불어 지속 성장인데요. 이런 목적에 맞는 방안이기도 합니다.

이런 글로벌 인식이 정착되면서 글로벌 기업들은 자사 제품에 들어가는 부품이나 재료 등을 만드는 회사들도 RE100 기준을 준수하도록 영향력을 행사 중입니다. 아무리 제품이 좋아도 글로벌 리딩 기업들의 경우는 공급사들이 RE100 기준을 지키지 않는다면 부품을 선택하지 않는 원칙을 세우고 공급사들도 적극 환경 개선에 참여하도록 요구하고 있답니다.

🌡️ 기후테크 산업의 등장

이런 배경에서 기후테크 산업이 등장했습니다. 기후테크란 온실가스 감축에 관한 기술과 기후 변화 적응에 기여하는 기술을 통칭하며, '기후Climate, 탄소Carborn, 청정Clean'을 일컬어 C테크라고 합니다.

UNFCCC 산하 단체인 기술집행위원회TEC에 따르면, 기후테크는 '온실가스를 감축하거나 기후 변화에 적응하기 위한 어떠한 기기, 테크닉, 실용적 지식 또는 스킬'이라고 합니다(배영임, 2024. 06. 12). 글로벌 컨설팅 기업인 PWC가 제시한 기후테크 특징으로 탄소 배출 절감, 기후 변화 상황 대응, 기후 변화 이해를 높이는 데 도움을 주는 기술이라고 요약합니다(LG CNS 융합기술연구소, 2023. 03. 22). 우리나라의 '2050 탄소중립녹색성장위원회'에서 제시한 기후테크 개념은 다음과 같습니다.

> **'2050 탄소중립녹색성장위원회' 기후테크 개념**
>
> 기후 기술(테크)은 기후Climate와 기술Technology의 합성어로 수익을 창출하면서 온실가스 감축과 기후 적응에 기여하는 모든 혁신 기술을 의미한다. 기후 기술(테크)은 5개 분야(클린·카본·에코·푸드·지오테크)로 구분되며 에너지(클린), 탄소 포집·산업·물류(카본), 환경(에코), 농식품(푸드), 관측 기후 적응(지오) 등 기후 산업의 전반적 분야를 포괄한다. 5대 분야로는 (1) 재생·대체 에너지 생산과 분산화 해결책(솔루션)을 제공하는 '깨끗한(클린) 기술(테크)Clean Tech', (2) 공기 중 탄소 포집·저장과 탄소 감축 기술을 개발하는 '카본 기술(테크)Carbon Tech', (3) 자원 순환 저탄소 원료와 친환경 제품 개발에 초점을 둔 에코 기술(테크)Eco Tech, (4) 식품 생산·소비와 작물 재배 과정 중 탄소 감축을 추진하는 '음식(푸드) 기술(테크)Food Tech', (5) 탄소 관측·점검(모니터링)과 기상 정보를 활용해 사업화하는 '지오 기술(테크)Geo Tech'이 있다. (중소벤처기업부 보도자료, 2023. 03. 13)

"기후 기술(테크)은 기후Climate와 기술Technology의 합성어로 수익을 창출하면서 온실가스 감축과 기후 적응에 기여하는 모든 혁신 기술을 의미한다"(중소벤처기업부, 2023. 03. 13)라고 정의하고 있습니다.

다양한 정의가 있지만, 기후테크는 기후 위기에 공감하고 첨단 기술을 활용해 대응하고자 하는 목표는 하나라고 할 수 있습니다.

예측 기관마다 차이는 있지만 기후테크 시장의 미래는 굉장히 밝아 보입니다. 한 기관은 2021년 기후테크 시장 규모를 138억 달러, 2032년 시장 규모는 1,475억 달러로 전망했습니다. 2022년부터 2032년까지 연평균 성장률CAGR을 24.2%로 전망하기도 합니다(문형남, 2023. 10. 14).

또 미국의 퓨처 마켓 인사이트에 따르면, 전 세계 기후테크 시장의 규모는 2023년 204억 4,000만 달러에서 2033년 1,825억 4,000만 달러로 연평균 24.5% 성장할 것이라고 합니다(Future Market Insight, June 2023). 기후테크 분야는 인공 지능 분야와 함께 최근 가장 빠르게 성장하고 있는 분야라고 할 수 있습니다.

이렇게 성장하는 분야는 그만큼 일자리가 많이 창출된다는 의미입니다. 미래 세대가 진입해서 역량을 펼치기에 알맞은 분야라는 점에서 기후테크 분야가 각광받게 될 겁니다.

실제로 미국 산업 그룹 E2는 재생 에너지 산업의 발전 방향에 따라 일자리 최대 331만 5,199개가 새롭게 추가될 수 있다고 전망했습니다.

2050 탄소중립녹색성장위원회 기후테크 5대 분야

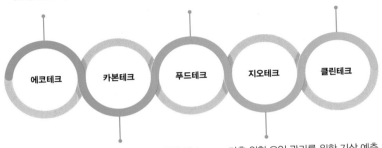

- 자원 재생, 순환 경제, 폐자원 업스케일링
- AI 활용 폐플라스틱 회수 로봇 등 창업 사례

- 농축산 분야 탄소 저감을 위한 대체육, 대체 농업
- 식물성 대체육, 미생물 코팅 종자 등 창업 사례

- 재생 에너지 확대, 에너지 저장 장치
- 장주기 ESS, AI 활용 에너지 효율화 등 창업 사례

에코테크 카본테크 푸드테크 지오테크 클린테크

- 탄소 직접 포집과 CCUS를 통한 탄소 흡수
- 발전소 포집 장치, 도심 포집 부스 등 창업 사례

- 기후 위험 요인 관리를 위한 기상 예측
- 기상 데이터의 상업적 활동과 결합으로 자연재해 예측 플랫폼 창업 사례

출처 : 중소벤처기업부 보도자료(2023. 03. 13)

특히 에너지 효율성 분야 5만 517개, 전기와 수소 등 친환경 차량 관련 4만 7,760개 등 탄소 절감과 신재생 관련 산업의 일자리 창출이 기대되는 예측을 제시한 바 있습니다(정수성, 2024. 01. 02).

미국 노동청 전망에 따르면, 향후 10년간 기후 관련 녹색 일자리 Green Job는 8.6% 성장하고, 추가로 일자리 11만 개가 새롭게 생길 거라고 예측했습니다(Future Market Insight, June 2023). 기후 위기의 심각성이 크게 인식되는 만큼 개선하고자 하는 투자도 활발해 앞으로 기후테크 시장은 빠르게 성장할 것으로 예측되고, 그만큼 많은 수의 새로운 직업이 탄생할 것으로 기대합니다.

2050 탄소중립녹색성장위원회 기후테크 5대 분야의 연계성

- 에너지 효율적이고 지속 가능한 건축 설계
- 훼손된 생태계 복원 계획과 실행

- 식품 공급망 분석과 개선 방안 제안
- 대체육 식품 인증 기준 개발과 인증 농업 데이터 분석·활용

- 에너지 효율 향상을 위한 솔루션 제공과 실행 계획 수립
- 재생 에너지 프로젝트 계획·실행·관리
- 태양광 발전 시스템 설계·설치

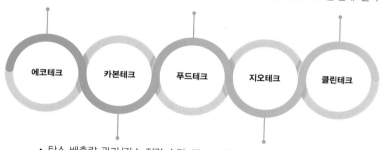

- 탄소 배출량 관리/감소 전략 수립, 탄소 포집/저장 기술 개발·운영, 탄소 배출 규제 준수·정책 개발
- 기업의 탄소 중립 목표 달성을 위한 전략 수립·실행

- 기후 변화 예측 모델 개발과 분석 기상 데이터 수집·분석
- GIS 데이터 수집·분석과 지도 제작

출처 : 중소벤처기업부 보도자료(2023. 03. 13)

우리나라의 기후테크 동향

우리나라도 2023년 '2050 탄소중립녹색성장위원회'에서 '탄소 중립 시대의 새로운 성장 동력, 기후 기술(테크) 본격 육성 방안'을 발표했습니다. 발표 내용에는 탄소 중립을 위한 실천 방안으로 기후 관련 산업 분야 5개를 정의하고 집중 육성하는 전략 방안을 제시했습니다. 이때 소개한 기후 관련 5개 산업 분야를 '기후테크 5대 분야'라고 하는데요. 클린테크, 카본테크, 에코테크, 푸드테크, 지오테크라고 분류합니다.

2050 탄소중립녹생성장위원회에서 기후테크를 5개 분야로 구

분하고 특징과 기대되는 산출물을 제시하고 있습니다. 기후와 관련된 모든 분야가 기후테크 5대 분야에 포함되는 것은 아닙니다. 또 클린, 카본, 에코, 푸드, 지오테크가 각각 독자적인 영역으로 존재하는 것도 아니랍니다. 실제로 어떤 기업은 5대 분야를 포괄하는 제품이나 서비스를 제공할 수도 있습니다.

현재는 각 분야의 핵심 기술을 개발하고 상용화를 타진하는 산업 초기의 모습을 띠고는 있습니다. 하지만 5대 분야의 기술이 융합돼 새로운 시장을 만들어 나갈 겁니다.

그래서 2050 탄소중립녹색성장위원회가 제시하는 기후테크 5대 분야를 상호 연계된 개념으로 이해하는 것이 필요합니다. 클린과 카본테크 기술이 융합해 푸드테크 시장의 상품을 보다 친환경적으로 제공할 수 있게 도와 줄 수 있습니다. 또 지오테크의 기상 정보가 태양광 같은 신재생 에너지 생산성에 영향을 미치게 돼 클린테크와 관련성이 높다고 할 수 있습니다. 이처럼 상호 유기적인 협력 속에서 기후와 관련된 산업이 발전할 것으로 기대됩니다.

기후테크 분야에서 다루지 못하는 분야에 관한 관심과 대응도 필요합니다. 기후테크 분야 외에도 기후 위기가 가져올 다양한 변화에 대해 대응하는 방안이 새로운 직업군을 탄생시킬 것으로 전망되기 때문입니다. 예를 들어 기후 위기로 인한 정신 질환이나 심리 상담을 하는 직업이 필요하고, 기후 위기가 가져올 다양한 사회적 갈등을 중재할 전문적인 법률가들의 역할도 필요할 겁니다. 또 기존의 산업군에 속한 전통적인 직업들 즉, 의사, 건축가, 회계사, 교사 등의 직업도 기후 위기에 대응하는 지식과 경험을 학습해 변하는 기후 시대를 맞이해야 하기 때문입니다.

물론 아직은 기후테크와 관련된 규제가 미완성이라서 제도 준비가 필요하고, 인공 지능과 빅 데이터 등 첨단 기술 분야에 우수 인재를 육성하는 시스템도 마련해야 합니다. 무엇보다 기후 위기에 대한 공감대와 개선에 대한 국가·사회·학교, 일상생활에서부터 의식의 전환이 필요한 상황입니다. 4장에서는 5대 기후테크 분야를 중심으로 새롭게 떠오를 직업의 세계를 탐방하고자 합니다.

4장

기후테크 시대, 미래 직업의 세계

01

환경 오염을 줄이고 자원을 효율적으로 활용하는 클린테크

기후테크 5대 분야 중에서 먼저 소개할 클린테크는 2050 탄소중립녹색성장위원회 정의에 따르면, '재생·대체 에너지 생산과 분산화 해결책(솔루션)을 제공하는 '깨끗한(클린) 기술'입니다.

클린테크는 환경 오염과 탄소 배출 등 온실가스를 방출하는 에너지원의 사용을 줄이고, 나아가 오염 원인을 찾아 줄이거나 제거하는 데 기술을 집중하는 분야입니다. 환경 오염이나 기후 위기를 불러오는 많은 오염 물질이 방출된 다음에 후처리하는 게 아니라 사전에 오염이 발생하지 않도록 오염 물질을 통제하고 배출을 줄이는 선제적 대응과 관련된 분야가 클린테크입니다.

이처럼 클린테크는 온난화에 심각한 영향을 주는 대기·수질 오염 등의 원인을 찾아서 감축·제거 대안을 마련하고, 한정된 자원을 효율적으로 사용하는 에너지 절감과 관련된 분야에 기술을 집중하는 산업을 일컫습니다. 이런 맥락에서 클린테크 분야는 에너지 효율과 재생 에너지에 관심이 높습니다.

더불어 기존의 제품 생산 방식이나 운영 방식을 개선해 오염 물질이 적게 발생하도록 하거나 스마트 그리드 등과 같은 자원의 효율적 사용에 집중된 기술을 볼 수 있습니다. 이미 시작된 분야이긴 하지만 앞으로 발전 가능성이 많으므로 흥미로운 도전이 기대되기도 합니다. 미래의 직업을 찾아가는 여정에서 클린테크의 다양한 세계를 함께 탐험해 보도록 하지요.

🌡️ 왜 클린테크가 필요한가요?

앞에서 설명한 것처럼, 클린테크는 에너지 자원의 낭비를 막고 최적화된 에너지 사용을 추구합니다. 이 과정에서 대기·수질 환경을 오염시키는 물질을 최소화하는 기술을 개발하는 분야입니다. 대체 에너지 소비가 어떤 상황이길래 적극적인 클린테크 적용이 필요할까요?

현재 전력 생산은 대부분 석유·석탄 같은 화석 연료에 의존하고 있습니다. 전기 소비가 증가한다는 건 탄소 배출이 증가한다는 것과 같은 맥락입니다. 탄소 배출량의 증가를 막지 못하면 지구 평균 기온의 1.5도 상승은 물론 2도 이상의 상승까지도 속수무책으로 막을 수 없게 되죠. 2024년에 지구 평균 기온이 1.5도를 넘어선 기록을 세웠고, 앞으로 집중적인 노력이 없이는 기온이 낮아질 거란 기대는 어렵다고 전문가들은 말하고 있습니다.

언론 보도에 따르면, 2022년 세계 전력 소비량은 약 2만 7,000테라와트시였는데 중국이 최대 소비국으로 8,540테라와트시를, 미국은 뒤를 이어 4,128테라와트시를 사용하고 있습니다. 더구나 세계 전력 소비량은 지속적으로 증가하고 있는 추세인데요.

이렇게 거대한 사용량에는 일상생활에 필요한 전기뿐 아니라 인터넷 보편화에 따른 데이터센터와 챗GPT 등과 같은 인공 지능 서비스의 폭발적 사용까지 늘어나고 있기 때문입니다. 연간 전 세계 데이터센터 등에서 쓰는 전기량이 영국이나 프랑스 같은 나라의 1년 치 전기 사용량을 초과하거나 육박하는 수치라는 데서 놀랍다고 할 수 있습니다.

더욱 큰 문제는 앞으로도 데이터센터에 대한 수요가 끊임없이 증가할 것이며, 향후 2~3년 안에 지금의 2배 이상으로 전기 사용이 증가할 것으로 전망된다는 데 있습니다. 이런 증가 추세로 볼 때, 데이터센터의 전력 소비량은 세계에서 다섯 번째로 높은 전력 소비국인 일본의 전력 소비량(2022년 기준 1,020테라와트시)과 맞먹을 것이라는 전망이 나오고 있습니다(이상엽, 2024. 10. 02).

더구나 비트코인 등과 같은 가상 화폐를 채굴하는 데 2022년만 해도 미국 전체 전력 사용량의 10%에 달하는 415테라와트시를 사용했다는 점에서 첨단 기술의 발전이 또다시 온난화를 부추기는 작용을 하고 있다는 사실을 확인할 수 있습니다.

이런 문제를 해결하기 위해 클린테크 산업 분야에 거는 기대가 점차 커지고 있습니다. 그렇다면 현재 클린테크 시장의 강자는 어느 나라일까요? 맨 먼저 중국을 들 수 있습니다.

이미 세계 전기차용 배터리의 65% 이상을 생산하고, 태양광 모듈의 70% 이상을 생산하는 나라가 중국입니다. 2022년 한 해에만 에너지 전환 분야에 약 5,500억 달러를 투자하는 공격적인 전략을 펼치고 있답니다(KITA, 2023. 03. 27).

이에 미국도 분주히 클린테크를 비롯한 기후테크 전략을 수립하고 시행하고 있는데요. 인플레이션 감축법IRA, Inflation Reduction Act이라는 제도를 도입하면서 클린테크를 비롯한 기후테크 분야를 맹추격하고 있습니다. IRA는 미국 역사상 가장 큰 에너지·기후 정책 프로젝트라고 합니다.

미국은 청정 에너지와 기후테크 산업에 향후 10년간 3,590억 달러(약 491조 원)의 물량 공세를 할 예정인데요. 이를 통해 미국은 2030년까지 2005년 대비 온실가스를 40% 줄이는 목표를 실행하고자 합니다(윤원섭, 2023. 08. 14). 그러나 여전히 기후를 정치적인 이슈로 바라보는 시각도 적지 않아서 이런 제도를 지속적으로 시행할지 우려를 표하는 시각도 있답니다.

클린테크가 강대국들이 적극적으로 투자를 아끼지 않는 미래 산업이라는 점에는 의심의 여지가 없습니다. 투자가 많아지는 시장은 그만큼 일자리 기회가 많다는 걸 의미해요. 더불어 우리나라도 기술력을 강화해 성장하는 클린테크 시장에서 기회를 창출할 수 있도록 여러분의 관심과 참여가 필요하답니다.

🌡 전기 먹는 하마, 데이터센터

온난화를 부추기는 환경 오염 배출원을 없애려면 어떤 분야에서 탄소 배출이 많아지는지 알아볼 필요가 있는데요.

우리가 이해하기 쉽게 탄소 발생 배출원을 구분해서 볼 수 있도록 만든 지표가 '탄소 발자국'입니다. 탄소 발자국은 우리가 생활하면서 직간접적으로 발생시키는 온실가스량을 말하는데요. 일상적으로 떠올리기 쉬운 화석 연료 사용, 전기·제조 공정 등뿐 아니라 제품 폐기 등 전 과정에서 발생하는 이산화탄소를 온실가스 측정의 지표로 활용하는 단위입니다.

2011년 〈탄소 관리Carbon Management〉 저널의 정의를 인용하면, 탄소 발자국은 지구 온난화 지수를 사용해 이산화탄소 등가물로 측정하는 겁니다(Wright. L etc., 2011). 여기서 지구 온난화 지수GWP, Global Warming Potential는 이산화탄소의 지구 온난화 영향도를 기준으로 다른 온실가스의 배출량을 비교하는 것을 가리킵니다. 이산화탄소가 일종의 기준점이 되는 거지요.

예를 들어 이산화탄소를 1로 볼 때 메탄은 21, 아산화질소는 310, 수소불화탄소는 1,300, 육불화항은 23,900이라고 합니다(위키백과, 2024. 05. 17). 이런 탄소 발자국의 크기를 알면 오염이 많은 배출원의 사용을 줄이고, 대체품을 개발하거나 새로운 대안을 마련하는 노력을 적극적으로 할 수 있게 되죠.

그렇다면 '디지털 탄소 발자국'은 무엇일까요? 일상에서 떼놓을 수 없이 매일 사용하는 스마트폰, 노트북, 각종 게임기, 텔레비전 등에 전기가 꼭 필요하지요. 이 전기를 만드는 과정에서 발생하는 이산화탄소의 양을 디지털 탄소 발자국이라고 해요. 특히 인터넷이나 소셜 미디어에 영상 또는 사진을 업로드하거나 정크 메일을 그냥 둔다면 우리는 디지털 탄소 발자국을 남기게 되는 것이라고 해요(한화 솔루션케미칼, 2024. 07. 29.).

이렇게 우리가 무심코 만들어 버리는 디지털 탄소 발자국은 또다른 문제를 낳는데요. 디지털 데이터를 저장하기 위한 데이터센터 용량이 부족하게 돼 계속 추가 증설을 하게 됩니다.

데이터센터는 우리가 쓰지 않고 버리지도 않는 지나간 영상이나 사진과 메일 등을 담아 두느라 더 많은 전기를 쓰게 되고, 탄소를 지속적으로 배출하는 요인이 됩니다. 이는 곧 디지털 탄소 발자국의 증가로 이어져 온난화에 영향을 미치게 됩니다.

🌡️ '더, 더 많은' 데이터센터를 짓게 하는 숨은 빌런

10여 년 전만 해도 데이터센터를 채우는 데이터는 인터넷 자료와 사진, 영상 등이었습니다. 전 세계 인구가 PC나 스마트폰을 사용하면서 폭발적으로 데이터 수요가 증가하고 이를 저장할 데이터센터도 빠른 속도로 증가한 거지요.

최근에는 인공 지능 기술이 확산하면서 데이터센터의 수요를 이전보다 더 빠른 속도로 증가시키고 있습니다. 실제로 인공 지능 서버는 2027년까지 연간 85~134테라와트시 전력을 소비할 것으로 예상되는데 이는 전 세계 사용량의 0.5%에 달하는 수준이고, 아르헨티나(121테라와트시), 네덜란드(112테라와트시), 스웨덴(134테라와트시) 등의 연간 전력 소비에 비교될 만한 큰 수치라고 합니다(이서희, 2024. 10. 12).

더구나 2022년 말에 등장한 챗GPT는 GPT를 기반으로 오픈AI에서 개발했는데, 전 세계의 높은 관심으로 오픈한 지 5일 만에 사용자 100만 명을 돌파해 관심을 모았습니다. 이제는 고도화 작업을 몇 번 거쳐서 더 정교하게 개선한 챗GPT 같은 생성형 인공 지능 서비스를 빅 테크별로 다양하게 출시하고 있는데요. 문제는 이런 생성형 인공 지능 서비스가 사용하는 전력과 물의 양입니다.

한 예로 챗GPT에 질문 20개 정도를 입력하면 우리가 마시는 생수 500밀리리터 양만큼 물을 소모하는 것과 같다고 합니다. 우리가 던지는 질문에 생성형 인공 지능이 답을 찾아가는 연산 과정에서 막대한 전기와 물 등이 소비되는 겁니다. 이런 문제를 해결하지 못한다면 앞으로 개발될 다양한 인공 지능 기반 서비스의 전기와 물 소비량이 어떨지 우려되기도 합니다. 지구 평균 기온을 2도 상승에서 막으려는 노력이 더욱 어려워질 것이기 때문입니다.

🌡️ 마이크로소프트의 해저 데이터센터가 주는 교훈

글로벌 클라우드 컴퓨팅 산업을 끌고 있는 빅 테크 기업인 마이크로소프트, 구글, 아마존, 메타, 애플 등의 데이터센터 규모는 점차 증가하고 있습니다.

미국의 마이크로소프트는 데이터센터를 전 세계에 약 300개 이상 구축하는 것으로 추정되고 있습니다. 아마존도 그 뒤를 이어 200여 개 지역에서 데이터센터를 운영하고 있습니다. 데이터센터를 짓고 운영하는 데 드는 토지 면적과 전기, 물은 이제 해당 도시의 전력난과 물 부족을 걱정하게 할 만큼 이슈로 부상하고 있습니다.

미국의 버지니아주는 '데이터센터 골목'이라고 불릴 만큼 데이터센터가 다수 몰려 있어서 전기를 가장 많이 소비하는 지역으로 선정되기도 했답니다. 게다가 데이터센터에 구축된 컴퓨터 등 하드웨어를 냉각하는 데 물을 엄청나게 쓰게 되는데, 버지니아주는 이런 이유로 물 부족 사태를 우려해야 하는 수준이 돼 사회적 이슈가 되었습니다.

데이터센터 냉각에 필요한 에너지 소비나 부지 문제를 해결하는 방법으로 마이크로소프트는 9년간 매우 흥미로운 실험을 했습니다. 이를 '나틱Natick 프로젝트'라고 하는데요.

마이크로소프트는 2015년에 총 27.6페타바이트PB 용량의 스토리지를 갖춘 서버 864대와 냉각 시스템 등을 장착한 원통형의 데이터센터를 만들었습니다. 길이 12미터의 이 데이터센터를 '나틱 노던아일'이라고 명하고 스코틀랜드 오크니섬 약 36.5미터 아래 설치했습니다. 바닷속에 앉힌 이 원형 데이터센터는 해류 저항을 덜 받게 설계했습니다.

나틱 프로젝트는 몇 가지 가능성을 테스트하는 데 목적이 있었습니다. 첫 번째는 컴퓨터를 냉각하는 데 드는 전기와 물을 절약할 수 있는가였습니다. 데이터센터는 평균 18~20도 안팎의 온도와 45도 수준의 습도를 일정하게 유지해야 하는데요. 바닷속 온도가 이를 유지하는데 적절했다는 결과를 얻었습니다.

두 번째는 육지보다 면적이 넓은 바다를 활용해 데이터센터를 운용할 수 있는가였습니다. 다행히 9년간의 연구 결과는 유의미했습니다. 지상에서보다 서버 다운 정도가 8분의 1 수준으로 감소돼 안정적인 운용이 가능했습니다. 무엇보다 냉각에 필요한 물과 전기를 지상의 데이터센터 대비 절약할 수 있는 환경임을 확인했습니다.

그러나 실제 상용화 계획은 없다는 소식도 전해집니다. 그만큼 고려해야 할 부분도 함께 발견되었다는 의미일 겁니다. 절반의 성공으로 끝난 마이크로소프트의 해저 컨테이너 데이터센터는 앞으로 이 분야에 더 많은 발전이 필요하다는 걸 시사합니다. 미래 직업을 선택하는 데 이 분야에 도전할 기회가 열려 있다는 의미이기도 합니다.

🌡️ 재생 에너지 산업의 새로운 도전

클린테크 산업은 환경을 오염시키는 기존의 화석 연료 대신 풍력이나 태양광 등 재생 에너지에 관심이 높습니다. 이미 풍력 발전소나 태양광을 이용한 에너지는 상용화 경험이 수십 년 된 재생 에너지 산업의 리딩 분야입니다. 이 산업은 재생 에너지 거래 등 다양한 비즈니스 모델이 만들어지고 있는데요. 인공 지능, 빅 데이터, 클라우드 등 첨단 기술을 활용해 클린테크 분야가 성장하고 있습니다. 몇 가지 의미 있는 사례를 알아보도록 하겠습니다.

태양광 발전소의 패널 관리 : 커널로그, 리셋컴퍼니

일반적으로 재생 에너지를 말할 때, 태양광 발전소가 대표적으로 떠오릅니다. 하지만 수십 년이 지나자, 관리 문제가 또 다른 환경 이슈로 떠오르게 되었답니다. 노후화된 태양광 패널은 발전량이 떨어진다는 문제가 있는데요. 이는 태양광 패널로 수집되는 전기량 감소로 이어져 관련 수익이 저하되는 일과 직결됩니다.

이 점을 개선하고자 커널로그Conalog라는 우리나라의 스타트업은 정보 통신 기술을 활용해 태양광 패널로부터 10초당 1회 이상의 데이터를 수집해 문제점을 진단하고, 대응하며, 유지 보수하는 시스템을 개발했습니다(백봉삼, 2023. 09. 22).

태양광 패널이 건물 옥상 등에 있기도 하지만 강 위에 설치한 경우도 있는데요. 매번 인력이 투입돼서 점검하는 일이 어려웠죠. 그러나 태양광 패널마다 측정 센서를 부착해 갑자기 발전량에 변동이 생기거나 고장이 발생하는 경우 원격에서 파악하고, 즉각 대응할 길을 열었다는 점에서 의미가 있습니다.

태양광 패널의 문제를 해결하고자 하는 또 다른 스타트업이 있습니다. 태양광 패널의 성능이 저하되는 걸 막고, 버려진 패널을 재활용하는 방안을 고안한 리셋컴퍼니입니다.

리셋컴퍼니는 태양광 패널을 청소하는 로봇을 개발해 사람의 손이 닿기 어려운 부분까지 관리해 주어 패널의 수명과 효율성을 유지하는 데 도움을 줄 것으로 기대합니다. 또 폐패널을 재활용하는 과정에서 가열 방식으로 인한 탄소 발생의 문제점을 해소할 수 있도록 레이저를 활용한 비가열식 기술을 개발했습니다.

이처럼 재생 에너지의 대표 사례인 태양광 발전과 관련해서도 다양한 클린테크 기술이 개발되고, 적용되고 있습니다. 앞으로 새롭게 등장할 첨단 재생 에너지 분야의 개발도 기대되고 있어서 기후테크에 기반한 미래 직업 영역으로 부상하고 있습니다.

재생 에너지 가상 발전소 : 브이젠, 식스티헤르츠

또 이런 클린테크 산업의 부흥과 함께 주목받는 기술이 있습니다. 향후 재생 에너지 생산이 많아지면 재생 에너지에 관한 입찰 제도가 확대될 텐데요. 현재는 제주 지역을 중심으로 입찰 제도 시범 사업을 하고 있습니다. 이 제도는 기존의 발전과 유사하게 재생 에너지를 전력 시장에서 가격, 발전량 등을 입찰해 거래하는 제도입니다. 아직은 시행착오가 많지만, 미래에는 더 많은 거래가 있을 것으로 기대되는 새로운 시장이랍니다.

여기에도 인공 지능에 기반한 정보 통신 기술을 접목해 사용하는데요. 브이젠Vgen이라는 가상 발전소 솔루션 전문 기업을 소개할까 합니다. 전력을 거래하는 시장이 안정화되려면 생산하는 재생 에너지 규모를 예측할 수 있어야 합니다.

브이젠은 클라우드와 인공 지능에 기반해 예측 기능을 고도화하는 데 강점이 있습니다. 이 기술력을 기반으로 발전소 여러 개를 통합 관리할 수 있으며, 매일의 기상 변화에 따른 발전량을 모니터링하고 관리할 수 있는 체계를 갖추고 있다고 합니다.

가상 발전소 매니지먼트 기술력을 보유하고 있는 우리나라의 또 다른 스타트업 식스티헤르츠60Hertz는 전력망의 안정적인 관리 중요성을 인식하고 사업화한 기업입니다.

식스티헤르츠는 가상 발전소의 수요와 공급의 균형을 통해 견고한 시장이 형성되도록 인공 지능, 빅 데이터 관리 등 IT 기반 기술을 활용해 '햇빛바람지도'라는 서비스를 제공하고 있습니다. 태양광이나 풍력 같은 재생 에너지 대상으로 클라우드 기반 인공 지능 분석을 시행합니다.

그 결과로 도출한 데이터를 통해 분산된 에너지 데이터를 하나로 관리하고 통합 관제를 할 수 있는 기술력을 보유하고 있습니다. 또 재생 에너지를 사용하고자 하는 기업 고객에게 '구독제'를 도입해 재생 에너지 공급 인증서를 제공하고 있습니다. 이처럼 재생 에너지를 통합 관리할 뿐 아니라 기업 같은 구매자를 연결하는 전 과정을 구축함에 따라 안전하고 효율적으로 재생 에너지 자원을 순환하고 있다는 점에서 의미가 있습니다.

이렇게 클린테크와 같은 새로운 산업 분야에서 이전에는 없던 기술이 개발되고 적용되면서 다양한 일자리를 창출하고 있다는 점을 주목해 보세요.

에너지 플랫폼의 발전 : 그리드위즈

에너지를 절감하고 효율적으로 활용하는 것이 클린테크의 기본 방향입니다. 그러려면 에너지의 수요와 공급을 조절하는 역할이 필요한데 이를 수요 관리DR, Demand and Response라고 합니다.

우리나라 스타트업인 그리드위즈Gridwiz는 전력 거래소에서 한여름이나 에너지 집중 사용을 대비해 전력 감축 지시가 발령되면, 사전에 계약한 고객사에 이를 전달해 에너지 감축에 동참하게 하고 그 대가를 지급하는 플랫폼을 제공합니다. 이는 에너지 사용 자체를 절감하는 직접적인 방식의 하나로, 탄소 중립 정책을 구현하는 좋은 예라고 할 수 있습니다.

또 친환경 자동차로 분류되는 전기차의 모니터링을 위한 모뎀을 제공하는 사업 모델도 운영하고 있습니다. 이 모뎀은 전기차의 충전 상태를 파악해 과충전으로 인한 화재 등의 문제를 방지하는 데 기여하고 있습니다. 그리드위즈는 전기차 충전 서비스와 함께 기존의 DR 솔루션과의 연계도 시도하고 있습니다. 이를 통해 고객은 낮은 요금에 충전할 수 있고, 재생 에너지 발전사는 효율적인 공급을 할 수 있게 됩니다.

그리드위즈는 이런 안정적인 플랫폼을 제공함으로써 재생 에너지 선순환 체계를 만들어 시장을 확대하고 있습니다. 이렇듯 에너지 플랫폼 시장의 성장 역시 미래 직업의 기회를 엿보게 하는 분야라고 할 수 있습니다.

재생 에너지 100%로 살아가는 마을 : 독일 펠트하임

재생 에너지만을 사용해 살아가는 마을이 있다면 믿어지나요? 독일 베를린에서 조금 떨어진 펠트하임Feldheim에 사는 주민들은 이런 놀라운 일을 직접 실행하고 있습니다. 물론 130여 명이 사는 작은 마을이지만, 벌써 10여 년이나 된 재생 에너지 100% 자립 마을로 세계의 주목을 받고 있습니다.

이 마을이 에너지 자립을 할 수 있었던 건 마을에 설치한 풍력 발전소 50여 기 덕분입니다. 이 풍력 발전소로 약 4만 가구의 전력을 공급할 만한 전력을 얻고 있기 때문에 펠트하임에서 생활하는 데 필요한 모든 에너지를 재생 에너지로 충당하는 데 문제가 없습니다. 생산된 재생 에너지의 1%만 자체 사용하고, 99%는 지역 전력 회사에 판매해 이 마을의 소득원으로 활용하고 있습니다.

풍력 발전으로 새로운 시도에 성공한 펠트하임 주민들은 이번에는 가축 배설물을 활용한 바이오 가스를 활용하기 시작했습니다. 가축 배설물과 옥수수를 혼합해 에너지를 만드는 방식이라고 합니다. 여기서 발생한 에너지는 각 가정의 난방 에너지로 활용돼 저렴한 난방비를 유지하는 데 도움을 주고 있습니다.

작지만 전 세계 유일의 재생 에너지 자급자족 마을인 펠트하임은 우리에게 신선한 클린테크 방향을 제시해 줍니다. 미래에는 수소 에너지 등 다양한 신재생 에너지 도입도 가능하므로 자급자족 에너지 마을 2호, 3호에 대한 기대가 커집니다. 그만큼 새로운 일자리도 만들어지고 재생 에너지 시장이 확대될 것으로 전망합니다.

수소 에너지의 안정성을 강화하다 : 스탠다드에너지

'수소 에너지는 위험하다?' '에너지 저장 장치ESS 배터리 또 폭발?' 이런 기사 제목을 종종 본 적이 있을 겁니다. 우리가 흔히 수소 에너지는 클린 에너지이고, 미래 에너지라는 설명을 듣곤 합니다. 하지만 불완전한 환경에서 수소 저장고인 ESS 배터리가 폭발하기도 해서 사용자들의 불안감을 커지게 했습니다. 전문가들은 화재 원인을 리튬 이온 전지의 특성에서 찾는데요. 리튬을 사용한 전지는 음극에서 약 80도, 양극에서 약 140도에서 열이 발생해 냉각 기능이 원활하지 않을 경우 화재로 이어집니다.

우리나라의 스타트업인 스탠다드에너지(주)는 이런 화재의 위험성을 근본적으로 차단하는 기술을 개발해 혁신적인 ESS를 제품화하는 데 성공했습니다. 여기에는 바나듐이라는 이온 배터리를 활용한 게 중요 포인트입니다. 원자 번호 23번인 바나듐은 은빛의 전이 금속입니다. 이 바나듐 이온으로 배터리를 만들면 기존에 사용했던 리튬 이온 배터리 대비 4분의 1가량 저렴한 가격인데도 5만 번에 달하는 높은 충방전을 유지할 수 있습니다. 기존 리튬 이온 배터리가 보통 5,000회 정도의 충방전을 지원한다는 점에서 10배 정도의 우수한 효율을 장착하게 됩니다.

무엇보다 바나듐은 물 성분의 전해액을 사용하므로 화재 위험성을 근본적으로 차단해 ESS에 적용할 경우, 안정성이 높습니다. 바나듐 이온을 활용한 ESS는 과전압과 과충전을 방지할 수 있고, 고온에 노출된 경우에도 안전하게 물질이 유지돼 기존 리튬 이온을 활용한 ESS 대비 우수한 제품으로 평가받고 있습니다. 최근 세계 최초로 바나듐 이온 셀을 장착한 에너지 타일을 선보여서 '2025 CES 혁신상'을 받아 성과를 인정받기도 했답니다.

향후 5년 안에 ESS 글로벌 시장은 40조 시장으로 성장할 것으로 전망됩니다. 스탠다드에너지가 지속적인 연구 개발을 통해서 문제를 해결하고 고효율 고성능의 ESS 제품을 만드는 것과 같이 글로벌 클린테크 스타트업들이 다양한 도전을 하고 있는 분야입니다. 그만큼 잠재성이 큰 시장이기도 하답니다. 앞으로 클린테크에 관심이 있는 우수 인재들의 참여가 기대되는 분야입니다.

엉뚱한 상상력도 펼쳐볼 만하다, 인공 구름

우리는 지금까지 온난화가 수많은 기후 위기를 불러일으킨다는 분석을 살펴보았습니다. 비영리 환경 단체와 미국 워싱턴대학교 연구진들은 다소 엉뚱해 보일 수 있지만, 인공 구름을 만들어 구름을 밝게 하면 지구의 온도가 하락할 것이라는 가설을 세우게 됩니다. 가설에서 멈추지 않고 인공 지능 컴퓨터로 시뮬레이션까지 진행한 결과, 구름이 밝아지면 빛을 더 많이 반사해서 지구 표면을 덮히는 온도가 조금 낮아질 것이라는 결과를 얻었습니다.

이에 힘입어 바닷물을 미세하게 만들어 대기 중에 분사하는 방식으로 인공 구름을 만드는 계획을 거의 실행할 뻔했습니다. 이렇게 되면 바닷물 속의 소금 입자 때문에 구름이 환하게 보이는 역할을 해서 빛 반사율은 더 높아지게 됩니다. 아직은 바닷물을 대기 중에 뿌리는 것이 어떤 환경 위험이 있는지 검증되지 않아서 실행하지 못했지만, 새로운 접근으로 지구 평균 기온의 상승을 막는 시도를 했다는 점에서 의미가 있습니다.

또 다른 괴짜 실험이 중단된 적이 있는데요. 2021년 지구 온도를 낮추는 방법으로 성층권에 에어로졸을 뿌리겠다는 하버드대학교 화학공학부 교수의 시도가 있었습니다. 에어로졸은 지구의 온도 급상승과 급하강을 막는 기능을 하는데요.

공학 기술을 이용해 인공적인 에어로졸을 만든 다음 성층권에 살포해 지구 온난화를 막겠다는 의도였습니다. 실제로 화산이 분출돼서 나온 아황산가스가 성층권에 올라가면 지구 온도를 낮추는 사례들에서 착안한 아이디어입니다.

거의 실행될 뻔한 이 시도는 지상에서 약 20킬로미터 떨어진 성층권에 기구를 올려서 탄산칼슘 가루를 뿌린 다음 빛을 차단하고, 그 결과 지구 온도 상승을 저지하는 데 얼마나 영향을 미치는지 알아보고자 했습니다. 이 야심 찬 계획에 빌 게이츠가 거금을 투자하면서 실행력을 높이긴 했지만 환경 단체의 반대와 검증되지 않는 부정적인 피해를 고려해 중단되고 말았습니다. 그러나 클린테크 기술을 활용해 온실가스 배출 요인을 차단하려는 시도였다는 점에서 미래에 어떻게 발전할지 기대를 모으는 분야입니다.

🌡️ 클린테크와 미래 직업

지금까지 살펴본 클린테크 분야는 기후테크 산업 중에서 비교적 오랜 경험과 역사가 있는 분야입니다. 그래서 클린테크 시장에 안정적인 투자가 이뤄지고 있다는 장점이 있으며, 향후 성장성이 밝은 산업 분야라고 할 수 있습니다. 현재 클린테크 분야가 직면한 과제는 크게 2가지입니다.

첫 번째는 지속적으로 기존 탄소 에너지원을 절감하거나 제거하고 새로운 재생 에너지 또는 대체 에너지 기술을 개발해야 한다는 점입니다. 이를 위해 인공 지능, 화학공학, 전자공학 등 지식과 경험 집약적인 전문가 풀Pool이 필요합니다.

두 번째는 기존의 태양광이나 전기차 등 친환경 에너지로부터 '발생하는' 2차적 환경 오염을 막는 일입니다. 앞에서 언급한 것처럼 노후화된 태양광 배터리나 전기차 배터리 등은 사회적 문제로 부상하고 있습니다. 온난화를 일으키는 온실가스 방출을 줄이기 위해 시작된 노력이 오히려 처리 과정에서 탄소를 발생시키거나 바다로 흘러가 해양 생물에게 위협이 될 수 있기 때문입니다.

따라서 클린테크 기술을 통해 차세대 친환경 배터리, 패널 등을 개발하고, 순환하고 처리할 시스템을 구축하는 것이 또 하나의 과제로 남았습니다.

이처럼 클린테크 산업은 환경 문제를 해결하기 위한 다양한 기술과 혁신 과제를 수행해야 하는 분야입니다. 온실가스 발생을 줄이고 지구 평균 기온 상승을 최소한으로 방어하기 위한 최전방의 기술로서 융합적인 전문가들의 참여가 필요합니다.

다음의 전공으로 클린테크 분야의 진입을 위한 준비를 해 나갈 수 있을 겁니다.

- ☀ **환경공학** : 환경 오염 문제를 해결하기 위한 기술과 방법론을 배우며 수질, 대기, 토양 오염 방지와 복원 기술을 연구합니다.
- ☀ **재료공학** : 지속 가능한 재료 개발과 재활용 기술을 연구해 환경에 미치는 영향을 최소화하는 데 기여합니다.
- ☀ **전기전자공학** : 재생 에너지 시스템(태양광, 풍력) 설계와 최적화를 통해 에너지 효율성을 높이는 기술을 개발합니다.
- ☀ **기계공학** : 에너지 효율적인 기계·시스템 설계, 대체 에너지 기술 개발에 필요한 기초 지식을 제공합니다.
- ☀ **화학공학** : 화학 공정의 최적화, 친환경 화학 물질 개발을 통해 오염 물질 배출을 줄이는 데 기여합니다.

☀ **생명과학** : 생물학적 방법을 활용한 환경 복원, 지속 가능한 농업 기술 개발에 중요한 역할을 합니다.

☀ **지구과학** : 기후 변화, 환경 변화를 연구해 클린테크 솔루션을 개발하는 데 필요한 기초 데이터를 제공합니다.

☀ **정보기술** : 데이터 분석, 인공 지능 기술을 활용해 에너지 관리 시스템과 스마트 그리드 기술을 개발합니다.

☀ **인공지능** : 클린테크 분야에서 데이터 분석, 예측 모델링, 최적화 문제 해결 등을 통해 에너지 효율성을 높이고 환경 영향을 줄이는 데 기여합니다.

☀ **경제학** : 지속 가능한 경제 모델과 정책 개발을 통해 클린테크 솔루션의 상용화·확산을 지원합니다.

☀ **정책학** : 환경 정책, 규제 개발을 통해 클린테크 기술의 도입과 확산을 촉진하는 데 필요한 지식을 제공합니다.

☀ **산업디자인** : 지속 가능한 제품, 서비스 디자인을 통해 소비자에게 친환경 솔루션을 제공하는 데 기여합니다.

이런 전공들은 클린테크 분야에서 다양한 기술과 혁신을 개발하고 적용하는 데 필수적인 역할을 합니다. 각 전공은 서로 다른 관점에서 문제를 해결하며, 협력해 보다 효과적인 솔루션을 찾는 데 기여할 수 있습니다.

2023년 여름, 중국과 인도는 기록적인 폭염에 시달렸어요. 중국 창사와 광저우 같은 대도시들은 기온이 45도 이상까지 상승했으며, 인도에서는 기온이 50도에 달하는 지역도 있었죠. 파키스탄은 2022년에 이어 2023년에도 폭우와 홍수로 피해가 컸는데, 많은 지역이 물에 잠겼으며, 1,000명 이상이 사망하고 수백만 명이 영향을 받았어요.

2023년 지중해 지역의 대규모 산불, 2022년 카리브해와 미국의 허리케인 등 기후 변화는 극단적인 날씨 현상, 해수면 상승, 자원 부족, 식량 안보 위기, 경제적 피해, 사회적 불안 등 다양한 문제를 발생시키고 있어요.

2017년 캘리포니아주 정부는 BP, 쉐브론, 엑슨모빌 등 대형 석유 회사 5개를 상대로 이 기업들이 과도하게 배출한 온실가스 때문에 기후 변화가 일어나 산불, 가뭄, 해수면 상승 등의 자연재해가 발생하고 있다며 소송을 제기했어요. 주민들에게 심각한 피해를 주는 것은 물론 막대한 재정적 손실이 발생한다면서 말이죠.

하지만 석유 회사들은 법적으로 허용된 범위 내에서 운영하고 있고, 기후 변화 문제는 복잡한 과학적·사회적 요소가 얽혀 있으므로 해당 소송은 기각돼야 한다고 주장했죠.

주 정부는 다시 기후 변화가 캘리포니아주의 재난과 그로 인한 경제적 손실과 직접 연결돼 있다는 과학적 데이터를 제출하며, 이들 기업이 기후 변화에 대한 과학적 사실을 알고도 무시하며 이익을 추구했다고 강조했어요. 이 사건은 여전히 진행 중이지만 기후 변화에 대한 문제 의식을 높이고, 정부가 기업의 책임을 묻는 새로운 방법이 생겼다는 점에서 시사하는 바가 커요.

이렇게 기후 변화에 따른 기업의 책임이 강조됨에 따라 기업들은 법적·재정적 부담이 증가하고 경영 리스크 증가, 산업 구조 변화에 대한 대응, 정책의 불확실성 등 여러 이슈에 직면하게 되었어요. 기업들은 기후 변화에 대한 책임을 묻는 소송에 휘말릴 가능성이 높아졌고, 소송에서 패소할 경우 대규모 손해 배상금을 지급해야만 하죠.

결국 이런 측면에서 클린테크 기업은 재생·대체 에너지 관련 기술을 개발해 화석 연료에 대한 의존도를 줄이고, 온실가스 배출을 최소화하는 걸 목표로 하기도 해요.

테슬라Tesla는 전기차, 배터리 저장 시스템, 태양광 패널 등을 통해 화석 연료 의존도를 줄이고 청정 에너지를 확산시키고 있으며, 삼성SDI와 LG화학 등 국내 기업에서도 전기차와 ESS용 리튬 이온 배터리를 개발하는 등 친환경 에너지 솔루션을 제공하고 있어요.

한화큐셀은 태양광 발전 분야에서 태양광 모듈과 시스템을 제작해 재생 가능 에너지 시장에서 중요한 역할을 하고 있고, 현대자동차는 전기차와 수소차를 개발하는 데 집중하고 있죠.

클린테크와 관련된 새로운 법률 분야로는 ① 태양광·풍력 등 재생 가능 에너지의 발전과 관련된 규제, 지원 정책, 인센티브 등과 관련된 재생 가능 에너지 법률 분야, ② 탄소 배출량을 줄이기 위한 시장 기반 접근 방식을 다루는 법률로 탄소 배출권 거래 시스템과 관련된 규정이 포함될 탄소 배출 거래, 탄소 세법 분야, ③ 기업들이 클린테크 솔루션을 개발하고 운영하는 과정에서 준수해야 할 환경 규제를 다룰 환경 규제, 컴플라이언스 분야, ④ 클린테크 관련 혁신과 기술 보호를 위한 특허, 상표, 저작권 등과 관련된 지적 재산권 분야, ⑤ 클린테크 제품과 서비스 공급에 있어 환경적 영향을 줄이기 위해 공급망의 투명성과 책임을 강조하는 공급망 지속 가능성 법률 분야, ⑥ 클린테크 기업들이 사용하는 데이터와 기술에 대한 보안·보호를 다루는 법률로 개인 정보 보호와 사이버 보안 관련 법률이 포함된 기술, 데이터 보호 법률 분야 등이 있어요.

이에 대응하는 법률 분야 관련 직업으로는 ① 재생 가능 에너지 법률 자문가, ② 탄소 거래세 관련 법률가, ③ 환경 규제 전문 변호사, 컴플라이언스 관리자, ④ 특허 변호사, ⑤ 공급망 법률 자문가, ⑥ 사이버 보안 법률 자문가 등이 있고요.

클린테크 분야 법률 전문가로 성장하려면 관련 학위와 자격증을 취득해 전문성을 높이는 한편 환경과 기술 관련 최신 동향을 파악하고, 새로운 법률이나 규제에 대한 지속적인 학습이 필요해요. 또 인턴십이나 프로젝트에 참여해 실무 경험을 쌓는 것도 좋은 방법이 될 거예요.

02

탄소를 줄이고 유용하게 사용하는
카본테크

기후 위기를 가속하는 요인을 하나만 꼽으라고 하면 '과다한 탄소 방출'이라고 할 수 있습니다. 탄소는 영어로 카본Carbon이라고 합니다.

기후테크 5대 분야 중에서 카본테크는 탄소, 메탄 같은 근본적인 오염 물질을 연구하고 감소 대응 방안을 모색하는 산업 분야라고 할 수 있습니다.

카본테크는 대기로 방출되는 탄소량을 원천적으로 줄이고 대기 중의 탄소를 다시 활용할 수 있는 다양한 방법을 인공 지능을 비롯한 첨단 과학 기술의 도움으로 찾아가는 분야입니다.

🌡️ 왜 카본테크가 필요한가요?

탄소가 문제라면 어디서 가장 많이 배출할까요?《그린테크 트랜지션》이라는 책에 따르면, '에너지 소비'가 탄소 배출의 73%를 차지하고 있다고 합니다.

에너지 소비를 자세히 들여다보면 "산업 활동에서의 에너지 사용이 24.2%(철강 7.2%, 화학 3.6% 등), 운송 사용이 16.2%(도로 운송 11.9%), 건물 에너지 사용이 17.5%(주거지 10.9%, 상업용 건물 6.6%)"를 차지한다고 합니다(하인환, 2023). 우리가 별 의식 없이 일상적으로 쓰고 소비를 위해 제품을 만드는 과정에서 에너지를 사용하며, 그 과정에서 온난화를 부추기는 탄소가 배출됩니다.

기후 위기 시대에 카본테크 즉, 탄소와 관련한 기술 개발과 적용이 왜 중요할까요?

먼저 우리 머릿속에 떠오르는 생각은 '탄소가 많은 게 문제니, 탄소를 줄여야죠'일 거예요. 과학자들은 여기서 더 나아가 '탄소를 활용할 방법은 없을까'라는 고민을 한답니다. 규제와 법을 담당하는 정부와 법률가들은 '탄소 다량 배출을 규제하는 법과 새로운 카본테크 산업에 필요한 법/규제 틀은 어떤 걸까?'를 고민합니다. 각자 입장에 따라서 같은 카본테크 주제를 푸는 방식이 다르지요?

자, 카본테크를 도입한 이유를 알아봅시다. 우리가 직면한 문제를 해결하는 첫 단계는 문제를 일으키는 원인을 제거하거나 줄이는 방식을 선택합니다. 예를 들어 자동차 소음이 심해서 일상생활이 어려우면 경적 금지 표지를 세우거나 큰 소음을 내는 차량을 규제하거나 방음벽으로 소음을 차단하거나 근본적으로 자동차 소음이 적게 기술 개발을 하는 등 다양하게 문제를 해결하려고 합니다.

기후 위기를 직면한 우리의 선택도 이와 유사합니다. 온실가스를 배출하는 물질인 탄소를 줄이는 일이나 제거하는 일에 먼저 관심을 가지게 되었습니다. 한 걸음 더 나아가 탄소를 줄이고, 제거하고, 모아서 다시 '활용'하는 건설적인 방안까지 고민하는 폭넓은 분야가 카본테크입니다. 그 과정에서 정보 통신 기술과 접목해 다양한 시도를 하고 산업에 적용하게 되는데요.

카본테크에서는 탄소 배출량을 줄이거나 적정량을 배출하도록 관리하는 일이 중요합니다. 또 배출된 탄소를 모아 저장한 후 재활용하는 고도의 기술력 개발에 카본테크 연구진들이 힘을 모으고 있습니다. 다시 말해 과거에는 공해이기만 했던 탄소를 이제는 모으고 어딘가 저장했다가 필요할 때 쓰는 방안을 연구하죠. 이를 '탄소 포집 저장·운영'이라고 합니다.

이 과정에서 다양한 실험을 했고, 그 성과를 모아 상용화하고 있습니다. 그래서 요즘은 '탄소가 또 하나의 자원'이라는 말도 나오고 있습니다. 그렇다고 탄소를 많이 만들자는 의미는 아니고요, 탄소를 저감하면서 혹은 저장하는 과정에서 무용지물이 될 탄소를 재활용하는 방법은 환경을 보호하고 기후 위기를 막는 바람직한 해결책이 될 수 있다는 의미입니다.

또 탄소 배출을 제한하고 감소시키기 위한 규제를 수립하고 적용하는 전문성이 필요한 분야이기도 합니다. 새로운 분야이므로 이전에는 예측하지 못했던 다양한 이슈나 문제점이 등장할 수 있습니다. 이를 대응하려면 공학자뿐 아니라 글로벌 협의체에 참여하거나 규제 기관에서 일하는 신규 직업이 탄생할 예정입니다.

이제부터 카본테크로 각 산업 분야에서 발생하는 탄소를 줄이는 해결 방안을 만들기 위해 어떤 도전을 하는지 알아보고, 미래에 참여할 수 있는 분야에 대해 생각할 수 있도록 안내하겠습니다.

🌡️ 인류의 골칫거리 탄소를 포집하는 기술

이제 우리는 지구 평균 기온 상승을 2도로 제한하는 데 맨 먼저 해야 할 일로 탄소 배출 감소가 중요하다는 걸 알았습니다. 이미 산업계에서는 탄소를 어떻게 줄일 수 있을까, 나아가서 이미 배출된 탄소를 재활용할 수 있는 방법은 없을까 하는 고민을 적극적으로 하게 되었습니다.

산업계에서 배출하는 탄소가 전체 탄소 배출량의 상당 부분을 차지해 지구 평균 기온을 높이는 데 악영향을 끼쳐서입니다. 산업별로 보면, 철강 25%, 시멘트 25%, 화학·석유 화학 30%(Deloitte, November 2023) 등으로 전체 온실가스 배출에서 차지하는 비중이 작지 않습니다.

그래서 대기 중에 배출하는 이산화탄소를 어떻게 모으느냐와 관련된 '포집' 기술, 어떻게 사용할지에 대한 '활용' 기술, 어떻게 재활용을 위해 담아 둘 것인지에 대한 '저장' 기술이 인공 지능과 결합해 눈부시게 발전하는 분야가 탄소 포집, 활용, 저장 기술입니다. 이런 기술을 '탄소 포집 기술'이라고 하는데, 여기서는 핵심 기술만 간략히 소개하고자 합니다.

탄소 포집과 저장

탄소 포집은 자연적인 상태에서는 갯벌이나 습지, 나무, 숲에서 상당 부분 진행되고 있습니다. 하지만 탄소가 과잉으로 방출되고 있는 요즘은 적극적이고 인공적인 탄소 포집이 필요한 수준까지 왔는데요. 인공적인 탄소 포집은 말 그대로 철강, 시멘트 등 제조 공정 과정에서 탄소를 흡수하는 기계적 설치를 통해 발생하는 이산화탄소를 '모으는' 기술을 의미입니다. 이 과정을 크게 습식, 건식, 분리막 고정으로 나누고 있는데요.

습식 포집은 탄산칼륨 용액 등 액체로 탄소를 화학적으로 포집하는 방식입니다. 건식 포집은 아직 기술적 완결성이 부족하지만, 이론적으로는 활성탄이나 제올라이트 같은 고체 형태의 흡수체로 탄소를 포집하는 방식입니다. 분리막 기술은 탄소만 걸러내는 막으로 선별적으로 포집하는 방식인데, 실제 상용화가 되려면 고비용 등의 문제가 있다고 합니다.

탄소 포집과 저장CCS, Carbon Capture & Storage에서 현재로서는 습식 방식이 상용화에 한 걸음 다가선 방식이라고 합니다. 향후 여러분이 카본테크 분야에 관심을 가지고 연구하고 참여하게 된다면 다양한 탄소 포집 기술이 발전할 수 있을 겁니다. 이런 점에서 유망한 분야라고 할 수 있습니다.

이와 같은 방식으로 포집한 탄소를 저장 장소로 안전하게 이송해 저장하는 방식 역시 높은 기술력을 요구합니다. 포집한 탄소는 부피를 줄이기 위해 고압 압축을 하고 액체화합니다. 그래야 수송에도 편리하니까요. 그다음 일반적으로는 대기로부터 격리를 위해 바다 깊숙한 곳과 같은 지층에 저장합니다. 이 과정에서 안전하게 수송하는 다양한 기술을 현재 개발하고 있습니다.

포집한 탄소는 석유 수송관같이 파이프라인을 활용하기도 하고, 선박이나 대형 트럭을 이용해 저장고로 이동합니다. 더불어 깊숙이 매립할수록 저장 비용도 상승해 비용 효과적인 접근이 필요한 분야입니다. 물론 탄소를 광물화해 저장하는 방식도 있고, 지하 암석에 가두는 방식 등도 시도하고 있습니다.

앞으로 여러분의 참여로 더욱 혁신적인 저장 방식이 개발될 것으로 기대되는 분야입니다.

탄소 포집과 활용

언급한 방식으로 포집한 탄소는 어떻게 활용할 수 있을까요? 탄소 포집과 활용-CCU, Carbon Capture & Utilization에도 고도의 기술이 적용된답니다. 이 과정을 전문가들은 '탄소의 업사이클링'이라고도 부릅니다. 모아 둔 탄소를 다양한 산업군에서 활용할 수 있도록 연구하고 상용화하는 데 힘쓰는 분야입니다.

이를테면 이산화탄소의 화학적 반응을 통해 우레탄 등의 화학
제품 원료로 쓰기도 하고, 광합성을 이용해 이산화탄소를 생물학
적 자원으로 활용하기도 하며, 이산화탄소를 모아 콘크리트나 벽
돌 등으로 활용하는 방식이 일부 상용화 중에 있습니다(Deloitte,
November 2023). 종종 탄산음료 원료로도 활용하니 앞으로는 흥미
로운 탄소 활용처를 일상생활에서 더욱 많이 만나게 될 겁니다.

실제 적용 사례는 카본테크 분야의 스타트업 기업을 소개하면
서 자세히 다뤄보고자 합니다.

탄소 포집 활용과 저장

탄소 포집 활용과 저장CCUS, Carbon Capture, Utilization & Storage은 오
래된 분야입니다. 1970년대 초부터 연구된 이 기술은 최근 상용화
수준으로 발전돼 주목받고 있습니다. 앞에서 설명한 CCS 기술과
CCU 기술을 합친 분야라고 할 수 있습니다. 이 방식은 이산화탄소
다량 배출원인 철강, 시멘트 공장이나 발전소 등 내외부의 탄소를
가까이서 포집하는 것이므로 효율성이 매우 높습니다.

실제로 IEA는 CCUS 없이 탄소 중립 목표를 달성하는 일은 어렵
다는 입장입니다. 2050년까지 탄소 배출량 감소 목표 중 10% 정도
는 CCUS를 통해야 가능하다는 겁니다(김봉수, 2023. 09. 11).

따라서 그 중요성만큼 각국이나 기업 투자도 활발한 분야입니
다. 기후테크 관련 미래 직업을 탐구할 때 빼놓을 수 없는 핵심 분야

로 생각하고 관심을 두면 좋을 것 같습니다.

탄소 직접 포집

CCUS 기술이 공장 등 탄소 배출원에 근접해 이산화탄소를 포집하는 방식인 반면, 직접 포집DAC, Direct Air Capture 기술은 공기 중에 방출된 이산화탄소를 표적으로 모으는 방식입니다. 대기 중의 탄소 농도를 감소시키는 데 직접적인 영향을 줄 수 있는 방법이라서 주목받고 있습니다.

직접 포집 방식은 크게 2가지 기술에 의존합니다. 첫째, 탄소를 흡착하는 필터를 사용하는 방식입니다. 이 필터는 탄소만 걸러내고 다른 입자는 대기 중으로 보냅니다. 둘째, 공기를 흡수하는 팬을 설치한 다음 모은 공기 중에서 화학적 결합을 통해 이산화탄소만 분리하는 방식입니다.

이처럼 이산화탄소만 포집할 수 있다면 가장 바람직한 기술이겠지만, 에너지와 물 소비 등 비용이 많이 든다는 점에서 빠르게 확대되는 일이 어려웠습니다. 하지만 효용성이 크므로 앞에서 설명한 비용적인 허들에도 불구하고 미국에서는 전역에 DAC 허브를 구축하고 탄소를 포집할 예정이라고 합니다.

DAC 기술에 관심이 집중되는 가운데, 혁신적인 연구 개발 소식이 전해졌습니다. 2024년 10월 〈네이처〉에 의하면, UC버클리의 저명한 화학자인 오마르 야기 교수팀은 이산화탄소를 직접 포집할 수 있는 소재 'COFCovalent Organic Frameworks -999'를 개발했다고 발표했습니다. COF-999 물질은 기존 방식인 MOFMetal-Organic Frameworks 방식을 반복적으로 사용할 때 성능이 저하되는 문제점을 극복하고, 보다 완전한 탄소 포집이 가능하게 합니다.

연구에 따르면, 18.8분 만에 400ppm이던 탄소 농도를 포함한 공기를 절반 용량까지 포집하고, 2시간 내 탄소 전체를 포집하는 놀라운 성과를 보여 주었습니다(지혁민, 2024. 10. 30). 에너지를 많이 사용하던 기존의 DAC 기술보다 에너지 효율이 높아서 비용 면에서도 획기적인 절감이 기대된다고 전문가들은 평가합니다. 이처럼 기술의 발전으로 카본테크 분야의 성장이 빠르게 진행되고 있음을 확인할 수 있습니다.

🌡️ 성장하는 카본테크 기업들

인공 지능과 각종 첨단 기술을 활용하는 카본테크 분야는 개발 역사도 상대적으로 오래되었지만, 앞으로 발전할 영역도 무한대라고 할 수 있을 만큼 전망이 밝은 분야입니다.

현재 이 분야의 리딩 기업들을 알아봄으로써 미래 직업을 선택하는 시각을 좀 더 넓혀 보도록 하겠습니다.

이산화탄소로 콜라를 만들다 : 클라임웍스

카본테크 분야에 떠오르는 스타트업은 바로 스위스 클라임웍스

Climeworks입니다. 탄소 포집을 한 후 활용하는 방식이 창의적인데요. 모은 이산화탄소를 콜라 같은 탄산음료를 만드는 데 제공하기도 하고 DAC 방식으로 모은 탄소를 비닐하우스 작물을 키우는 데 활용하기도 합니다.

클라임웍스의 대표적인 사업 모델로는 이산화탄소를 제거·포집하는 서비스를 구독 경제로 시작해 기업의 탄소 제거를 돕는 방식입니다. 글로벌 자동차 제조사인 아우디는 클라임웍스와 계약해 이산화탄소를 제거하기로 했습니다.

클라임웍스는 2021년 아이슬란드에 DAC 기술을 활용한 공장을 세웠습니다. 마이크로소프트의 지원을 받아 건설한 오르카는 아이슬란드 지형을 잘 활용했는데요. 지열 발전을 하는 화산 지대에 공장을 세워 에너지 효율을 높이고, 탄소를 포집한 다음 지하 현무암층에 저장하는 방식으로 저장 문제도 해결하고 있습니다.

2024년 초에는 두 번째 DAC 공장을 아이슬란드에 구축했습니다. '매머드 프로젝트'로 불리는 이 시설은 매머드라는 이름에 걸맞게 세계 최대 규모의 탄소 포집 공장입니다. '탄소를 연간 최대 3만 6,000톤 포집하는데, 이 효과는 내연 기관차 연간 8,600대를 없애는 것과 같은 효과'라고 합니다(김리안, 2024. 10. 06).

이처럼 지열 에너지가 풍부한 지역인 아이슬란드를 선택함으로써 신기술인 탄소 포집 과정의 에너지를 절감하며, 광물화하고 있습니다. 광물화된 탄소를 저장하는 과정에서도 현지 전문 기업인 카브픽스Carbfix와 협업해 지역적 이점도 백분 활용하는 등 그 효율성을 높이고 있습니다. 앞으로 이런 협업으로 전 세계의 DAC 시장을 리딩할 것으로 전망됩니다.

우리나라의 스타트업 그리너즈는 기존의 탄소 포집 기술의 문제점을 극복한 새로운 방식의 탄소 포집 시스템을 개발하고 있습니다. 기존은 900도 이상의 높은 온도에서 포집을 하므로 에너지 소모가 크고, 그로 인한 과다한 비용 문제로 보급하는 데 문제가 되었습니다(백봉삼, 2023. 09. 22).

이렇게 고비용의 구조를 해결하는 방안을 그리너즈가 찾아낸 것인데요. 기존처럼 높은 온도에서 가열하는 과정으로 탄소 포집을 하는 게 아니라 전기 화학 방식을 고안했습니다. 전기 화학 방식은 기존보다 에너지를 3분의 1 수준으로 사용하되 기존과 같은 양의 탄소를 포집할 수 있답니다. 기존 방식에 도전장을 내는 스타트업들이 카본테크 분야에서 많이 나오고 있어요. 여러분도 미래에 도전할 만한 분야라고 생각하는지요?

세계 최대 DAC 공장 : 카본엔지니어링

카본엔지니어링Carbon Engineering은 캐나다 기업으로 빌 게이츠도 투자하고 있는 카본테크 산업 분야의 리딩 기업입니다. 수산화 용액을 활용해 공기 중의 탄소만 분리하는 특화된 기술을 보유한 기업입니다. 카본엔지니어링은 포집한 탄소를 재활용해 저탄소 연료로 생산하고 있습니다. 가솔린이나 디젤이 그 예인데요.

이 분야의 DAC 기술을 보유한 세계적 기업의 하나로 현재는 미국 텍사스주에 탄소를 연간 100만 톤 포집하는 공장을 건설하고 있습니다. 이 공장이 가동되면 내연 기관차 21만 대에 달하는 탄소를 포집할 수 있다고 합니다.

카본엔지니어링은 지속적인 기술 개발을 통해 이산화탄소 포집과 저장 가공 비용을 낮추고 있다고 합니다. 1990년대 대비 6분의 1 수준으로 낮아진 상태이고 앞으로도 더 저렴한 비용으로 탄소를 포집하게 된다면 온실가스 저감에 큰 도움이 될 것으로 전망합니다.

탄소를 흡수하는 그린 시멘트 : 노바셈

영국 기업인 노바셈Novacem은 포틀랜드에서 시멘트 1톤에서 이산화탄소 0.75톤을 포집해 탄소 시멘트를 만들고 있습니다. 일반적으로 시멘트 공장은 탄소를 발생시키는 주요인으로 지목받아 왔는데요. 석회석 원료인 탄산칼슘으로 생석회를 만드는 과정에서 1,500도의 고온 환경이 필요하다고 합니다. 이렇게 높은 열을 유지하는 과정에서 이산화탄소가 많이 발생하고, 다량의 온실가스가 방출되는 거죠.

노바셈은 이 석회석을 쓰지 않고 가열 온도를 기존의 절반에 미치지 않는 650도로 낮추는 데 성공했습니다. 그 결과 이산화탄소 발생을 줄인 그린 시멘트를 제조하는 회사로 입지를 굳혔습니다. 게다가 시멘트가 굳어지는 과정에서 이산화탄소를 흡수하는 기술로 오히려 전 공정의 탄소 배출을 마이너스 상태로 만드는 혁신적인 기술도 보유하고 있습니다. 이런 기술이 건설 현장에 널리 보급된다면 탄소 저감에 매우 효과적인 대안이라고 할 수 있습니다.

캐나다 기업 카본큐어테크놀로지CarbonCure Technologies는 저탄소 콘크리트를 만드는 기술을 보유하고 있습니다. 콘크리트 재료인 시멘트 함량을 줄이고 이산화탄소를 액화해 주입하는 특별한 기술력을 보유한 거지요.

국제기후연구센터 발표를 인용하면, 시멘트를 생산하는 과정에서 2021년 기준 이산화탄소가 약 26억 톤 발생한다고 하는데요. 이 기술을 사용하면 탄소 배출을 매년 5억 톤 줄이게 돼 '매년 자동차 1억 대를 도로에서 퇴출하는 효과'라고 합니다(이선목, 2023. 07. 24). 이런 고도의 기술을 보유한 카본테크 기업들의 가치가 지속적으로 상승하는 것도 놀라운 일은 아닙니다.

미국 솔리다Solida 역시 포집한 이산화탄소를 활용해 저탄소 콘크리트를 제작합니다. 시멘트 클링커(시멘트를 만드는 원료로 작은 자갈 모양의 덩어리)에 모은 탄소를 주입하면 더 단단한 콘크리트를 만들 수 있다는 점도 이 기술의 활용이 확산되는 이유입니다. 또 고열로 시멘트 클링커를 만드는 대신 상대적으로 낮은 온도에서 제작이 가능해 탄소 배출을 20% 이상 감축하는 효과도 있다고 합니다.

휴식 공간 같은 DAC 설비 : 로우카본

우리가 DAC 장비를 생각하면 공장 같은 거대한 크기에 일상생활에서 자주 볼 수 없는 기계의 이미지를 떠올릴 수 있습니다. 그런데 우리나라의 기후테크 스타트업인 로우카본LowCarbon은 '제로씨

서울에너지드림센터 야외에 설치한 제로씨 모습

출처 : ㈜로우카본 블로그(2024. 09. 13)

Zero c'라는 DAC 설비를 생활 반경에 두는 새로운 접근을 선보이고 있습니다. DAC 설비인 제로씨는 도심 어디든 설치해 탄소를 포집하는 동시에 벤치 등을 제공해 시민들의 휴식 공간이 되는 발상의 전환을 선보였습니다.

제로씨를 1년간 운영하면 이산화탄소 600킬로그램을 포집하게 된다는데요. 로우카본의 소개에 따르면, 이 용량은 30년생 소나무 100그루가 한 해 동안 포집하는 이산화탄소량에 맞먹는 수준이라고 하니 그 성능 또한 우수하다고 할 수 있습니다. 이렇게 포집한 탄소는 일정한 공정을 거쳐 시멘트나 보도블록 등으로 재탄생돼 활용되곤 합니다.

앞으로 제로씨의 쓰임이 확대될 것으로 전망되는 유망한 사업 분야입니다. 이 과정에서 환경공학이나 화학공학, 컴퓨터공학 전공 자뿐 아니라 생활 속 탄소 포집기를 만들기 위해 그래픽 디자이너 등 다양한 참여자가 탄소 절감 활동에 융합돼 활동할 수 있음을 엿 볼 수 있습니다. 미래의 카본테크 산업의 발전 방향을 가늠할 수 있 는 좋은 사례라고 할 수 있어요.

비행기가 문제라고?

기후 위기 시대에 탄소가 온실가스 주범으로 지목되면서 탄소 를 대량으로 발생시키는 생활 속 물질이나 기기 등에 대한 관심이 높아지고 있습니다. 현대인의 삶에서 교통수단을 빼놓고 말할 수 없 을 정도로 자동차, 버스, 기차, 비행기 등은 밀접한 관련이 있답니다. 언급한 교통수단 중 자주 이용하진 않지만 '탄소 배출 최강 빌런'이 있습니다. 비행기랍니다.

한 조사에 따르면, 1킬로미터를 이동할 때 승객 1명당 탄소 배출 량을 교통수단으로 비교했는데요. 기차 승객 1명당 탄소 배출량은 14그램, 버스는 68그램, 비행기는 285그램에 달한다고 합니다(Tumi, 2024. 11). 비행기는 기차의 20배가 넘는 탄소를 배출하는 셈입니다. 이런 영향으로 항공 산업이 전체 온실가스 배출량에서 차지하는 비 중이 3% 된다고 하니 단일 분야로는 간과할 수 없는 큰 규모입니다.

항공 업계에서도 이런 문제점을 인식하고 카본테크를 통해 해결 방안을 찾고 있습니다. 그중 하나는 지속 가능 항공유SAF, Sustainable aviation fuel입니다. SAF는 기존 항공유와 성능은 동일한데, 탄소 배출량을 80% 이상 감축시킬 수 있다는 점에서 미래의 항공 에너지로 주목받고 있습니다.

이 SAF는 크게 2종류가 있는데요. 첫째, 바이오 항공유는 동식물성 기름이나 사탕수수, 쓰고 남아 처치가 곤란했던 폐식용유 등을 활용해 연료를 만듭니다.

둘째, 이퓨얼E-Fuel은 대기 중에서 포집한 탄소를 그린 수소와 합성시켜서 연료를 만듭니다. 여기서 그린 수소란 천연자원이나 재생가능 에너지를 활용해 만든 수소를 말합니다. 이 과정에서 카본테크의 기술력이 필요한 거죠. 이미 상당 부분 기술이 안정화돼서 SAF를 만드는 건 어려운 일이 아니라고 합니다.

다만, 항공사 입장에서 SAF가 아직은 상대적으로 고비용이라는 게 문제 되고 있습니다. 적게는 기존 항공유보다 3배에서 많게는 8배 높아 기존 항공유를 더 선호하고 있습니다.

그러나 온실가스의 주요 요인으로 지목되는 상황에서 SAF로의 전환을 늦출 수 없다는 게 환경 운동가들의 요청 사항이자 글로벌 기후 단체들의 주장입니다. 이를 위해 미국과 유럽연합 등은 SAF 사용을 촉진하는 규제를 강화하겠다는 입장입니다. 앞으로 더 저렴한 SAF를 개발하는데, 우수 인재들이 필요한 상황입니다.

탄소 절감 분야의 블루 오션, 블루 수소

미래는 수소 경제의 시대라고 하지요? 수소 에너지가 전체 에너지 수요의 7%에 이를 것이라는 전망이 있습니다. 수소가 완전한 친환경 연료라고 생각할 수 있는데요. 아직은 화석 연료로 또는 탄소 포집으로 수소를 만들기도 해서 완전한 친환경 수소까지는 다소 시간이 걸릴 것으로 전망됩니다.

수소는 일반적으로 기존의 화력 발전소 등에서 나오는 부산물로 만드는 '그레이 수소', 그레이 수소를 만드는 공정에서 CCU 기술로 탄소를 줄이고 수소만 추출하는 '블루 수소', 궁극적으로 가장 바람직한 천연자원에서 '수소'를 추출하는 '그린 수소'로 구분합니다. 아쉽게도 그린 수소는 재생 에너지를 풍족하게 마련해야 가능한데 아직은 비용과 기술적 분야에서 미흡한 영역이 남아 있습니다.

그래서 현실성 있게 접근할 수 있는 수소는 '블루 수소'입니다. 화석 연료의 부산물로 수소를 생산하는 과정에서 그레이 수소는 이산화탄소가 발생합니다. 친환경 에너지인 수소를 만들기 위해 이산화탄소를 만드는 문제가 발생하는 거죠. 그래서 이 그레이 수소를 생산하는 과정에서 발생하는 이산화탄소를 포집해 저장하는 수소가 블루 수소입니다. 그레이 수소가 이산화탄소를 배출하는 대신, 유사한 공정이지만 블루 수소는 이산화탄소를 배출하지 않고 모아서 저장한다는 점에서 차이가 있습니다.

여전히 수소는 화석 연료에 의존하는 그레이 수소 비중이 90%에 달하는데, 블루 수소의 공정 덕분에 이산화탄소를 대규모 방출하지 않게 되는 거죠. 다시 말해 블루 수소를 생산하는 과정에서 활용하는 탄소 포집 기능이 탄소를 저감하는 데 직접적인 역할을 한다는 겁니다.

　다만, 이런 블루 수소를 생산하는 과정에서 여전히 탄소 포집 비용은 고비용 구조입니다. 이산화탄소 포집 비용을 절감하는 카본테크 기술이 지속적으로 개발되고 있으므로 수소 에너지 시장의 미래를 밝게 해 주고 있습니다.

실험실에서 다이아몬드 키우기 : 랩그로운 다이아몬드

　반짝반짝 빛나는 다이아몬드 반지를 한번 떠올려 볼까요? 다이아몬드를 둘러싼 이야기는 많습니다. 다이아몬드는 고온 고압 환경에서 탄소만 원료로 해 만들어지는 천연 광물입니다. 결혼을 약속하는 사람들이 변하지 않는 다이아몬드의 특성을 떠올려서 영원한 사랑을 맹세하는 반지로 선택하곤 합니다.

　이런 수요가 많아지자, 좁은 탄광에 체구가 작은 어린아이들을 보내 다이아몬드를 채굴합니다. 이 과정에서 정당히 지불되어야 할 임금을 터무니없이 적게 책정해 노동력을 착취하는 일이 벌어지죠. 여전히 아프리카 등에서는 이런 일이 빈번하고, 이제는 사회적 문제가 돼 '블러드 다이아몬드'라는 오명이 있기도 합니다.

　천연 다이아몬드는 고온 고압이라면 탄소 결합이 이뤄지는데요. 보통 지하 100킬로미터 깊숙한 곳에서 생성됩니다. 천연 다이아몬드를 얻으려면 산의 나무도 무분별하게 벌목해야 하고, 산을 깎아 내거나 파내면서 자연 훼손을 하게 되죠. 더구나 채굴하는 기계들이 탄소를 많이 배출하고(이산화탄소를 1캐럿당 0.1톤 배출) 물도 많이 사용해서 천연 다이아몬드 채굴 과정 자체는 탄소 배출과 물 자원 낭비의 대표적인 사례가 되고 있습니다.

이런 이유로 환경 단체와 인권 단체는 오래전부터 다이아몬드 채굴을 반대해 왔는데요. 카본테크가 이 단체들에 해결책을 제시했습니다. 실험실에서 만들어지는 인조 다이아몬드인 '랩그로운Lab-Grown 다이아몬드'입니다. 전문가들도 구분하지 못할 정도로 천연 다이아몬드와 거의 같은 성분과 경도 등을 가지고 있어서 놀라운데요. 랩그로운 다이아몬드는 탄소와 수소를 결합해 플라스마(기체가 초고온 상태로 가열되면 전자와 양전하의 이온 상태로 분리)라는 광선으로 압축해 제작합니다.

이렇게 만들어진 랩그로운 다이아몬드는 천연 다이아몬드 대비 탄소와 물 사용량을 혁신적으로 줄이고, 가격은 20% 수준으로 낮추게 돼 일석이조라는 평가를 받고 있습니다. 또 누구든 저렴한 가격으로 다이아몬드를 착용하면 희소성이 하락해 눈으로 구별도 잘되지 않는 천연 다이아몬드를 구매할 욕구도 낮아지게 될 겁니다.

🌡️ 카본테크와 미래 직업

IEA에 따르면, CCUS 기술로 철강 산업 탄소 배출량의 25%, 시멘트 산업 탄소 배출량의 63%를 절감하는 데 기여할 것이라고 합니다(배수현, 2023. 09. 27). 앞에서 살펴본 것처럼, 고도의 기술력이 필요한 카본테크는 온전한 상용화까지 장애물도 많습니다. 가장 큰 부분은 투자 문제입니다.

IEA 지속가능개발 시나리오SDS, Sustainable Development Scenario 발표에 따르면, CCS 기술을 활용해서 탄소 저감 목표 달성을 위한 15%를 달성하려면 2,000조 이상을 투자해야 합니다. 우리나라의 한 해 예산이 약640조 원이니 우리나라의 3년 치 이상의 예산이 필요한 엄청난 비용을 요구하는 겁니다.

다음은 탄소를 운송하거나 저장하는 과정의 안정성을 얼마나 확보할 수 있는가의 문제입니다. 탄소를 포집해 저장한 시설에서 누출이 발생할 때 환경과 인간에 미치는 영향이 크기 때문입니다.

이런 어려움에도 불구하고 글로벌 기업과 각국은 빠르게 카본테크 시장으로 뛰어들고 있습니다. 여러 규제와 법률을 정비하고 투자자들을 설득해 카본테크 산업을 육성하는 데 힘을 기울이고 있는 거지요.

카본테크는 신기술의 집약체로 아직은 개화되는 시장이라는 점에서 미래 젊은이들에게는 도전의 기회가 활짝 열려 있다고 말할 수 있습니다. 그만큼 해결할 과제가 많다는 건 우수 인재가 필요한 영역이기도 하기 때문입니다.

또 피할 수 없는 탄소 감축의 길이므로 기업이 지속적으로 관심을 기울이는 분야이기도 하지요. 그렇다면 카본테크 분야에 관심이 많은 학생은 어떤 전공을 준비하면 좋을까요?

카본테크 분야는 탄소를 포집하는 데서 시작해 저장하고 활용하는 전 분야에 걸쳐 우수 인재를 필요로 합니다. 더구나 탄소 포집 기술이 발전할수록 그 산물로 탄소 소재·기술을 활용해 다양한 산업에 기여할 수 있는 기회도 확대되는 분야입니다. 따라서 융합적인 접근이 필요하므로 여러 전문적인 전공이 필요합니다. 대표적으로 필요한 전공을 소개하면 다음과 같습니다.

- ☀ **화학공학** : 탄소를 포집하고, 저장하는 모든 과정과 탄소 소재의 합성·가공 과정에서 화학 반응과 공정 설계를 이해하는 데 필수적입니다.

- ☀ **재료공학** : 탄소 기반 재료의 특성과 응용을 연구하고 개발하는 데 중요한 역할을 합니다.

- ☀ **기계공학** : 카본 소재를 활용한 기계·구조물의 설계와 제작에 필요한 기술적 지식을 제공합니다.

- ☀ **전기전자공학** : 탄소 나노 소재를 활용한 전자 기기, 센서 개발에 필수적인 전기적 특성을 이해하는 데 필요합니다.

- ☀ **환경공학** : 탄소 배출 감소, 지속 가능한 기술 개발을 위한 환경적 측면을 연구하는 데 중요합니다.

- ☀ **생명과학** : 탄소 기반 소재가 생물학적 시스템에 미치는 영향을 연구하고, 바이오 매스 활용 기술 개발에 기여합니다.

- ☀ **물리학** : 탄소의 물리적 성질과 나노 구조의 특성을 이해하는 데 필요한 기초 과학 지식을 제공합니다.

- ☀ **화학** : 탄소 화합물의 합성과 반응 메커니즘을 이해해 새로운 카본 소재를 개발하는 데 필수적입니다.

- ☀ **산업디자인** : 카본 소재를 활용한 제품 디자인, 혁신적인 응용을 위한 창의적 접근이 필요합니다.
- ☀ **정보통신공학** : 카본 나노 소재를 활용한 통신 기술, 데이터 전송 시스템 개발에 기여합니다.
- ☀ **에너지공학** : 탄소 기반 에너지 저장·변환 기술, 예를 들어 배터리·연료 전지 개발에 필수적입니다.
- ☀ **지구과학** : 탄소 순환, 기후 변화와 관련된 연구를 통해 지속 가능한 카본 기술 개발에 기여합니다.

이와 같이 언급한 전공 외에도 카본테크 분야가 발전할수록 더욱 다양한 전공 전문가가 함께 작업하게 될 겁니다. 예를 들어 '케나프Kenaf' 같은 탄소 저감 식물을 키우는 데는 원예 전문가가 필요합니다. 또 카본 테크 시대에 기존의 법 개정과 규제의 변화, 신규 법률을 제정하고 각 기업이나 단체, 개인에 적용하는 방안을 마련하는 법률 전문가들의 활동이 활발해질 것으로 전망합니다.

이뿐만 아니라 카본테크와 관련된 보험이나 탄소세 등과 같은 설계는 금융공학 전공자나 경제학자들의 적극적인 참여가 필요한 분야이기도 합니다.

또 기존 산업들이 탄소 저감에 대한 대책을 마련하려면 카본테크 전문가들을 활용할 전망이라서 앞으로도 유망한 직종인 동시에 지구를 보호하는 의미 있는 직업군으로 성장할 것으로 기대됩니다.

2020년 카본 엑스프라이즈Carbon XPRIZE 대회에서 본문에 소개한 카본큐어테크놀로지가 포집한 이산화탄소를 콘크리트 양생 과정에 활용하는 기술을 개발해 이 대회에서 우승했어요. 그리고 스반테Svante라는 캐나다의 탄소 포집 기술 회사가 미국의 석유 대기업 셰브런과 협력해 3억 달러(한화 약 4,300억 원) 이상의 투자금을 유치하기도 했죠.

투자자들은 왜 카본테크 기업에 대규모 투자를 결정하는 걸까요? 아무래도 기후 변화의 주된 원인 중 하나로 꼽히는 이산화탄소 같은 온실가스 배출을 줄이거나 포집해 활용하는 카본테크 기술이 미래를 선도할 것이라고 믿고 있기 때문이겠죠.

그러나 한편으로 카본테크 분야는 환경 규제와 관련된 법적 분쟁에서 중요한 이슈로 떠오르고 있어요. 기업들이 탄소 배출을 줄이기 위한 기술을 도입하거나 탄소 포집 프로젝트를 진행하는 과정에서 문제들이 생기고, 이로 인해 종종 소송이 발생하기도 하거든요.

미국 캘리포니아자원공사CRC는 베이커스필드 인근 엘크 힐스 유전의 지하 저장 장소에 최대 4,900만 미터톤의 CO_2를 주입하는 걸 목표로 하는 카본 테라볼트 ICarbon TerraVault I이라는 CCS 프로젝트를 시작했어요. 이 프로젝트는 이미 천연가스와 수소 플랜트를 포함한 다양한 산업 운영에서 이산화탄소를 포집하고 저장할 걸 약속하는 기후 솔루션으로 판매가 되었죠.

그런데 환경 단체 연합은 지역 카운티 공무원들이 캘리포니아 환경 품질법에 따라 환경 위험을 적절하게 평가하지 않았다고 주장하며, 프로젝트의 환경 검토를 승인한 지역 카운티를 상대로 소송을 제기했어요.

법원이 적절한 환경 평가와 지역 사회 협의를 수행하지 않았다고 판단할 경우, 지역 카운티와 CRC 모두 상당한 법적 비용에 직면하게 되었고, 이런 재정적 부담은 캘리포니아의 광범위한 탄소 포집 전략에 위험을 초래할 뿐만 아니라 지역 사회, 석유·가스 산업, 납세자에게 잠재적인 경제적 결과를 초래할 수 있게 되었어요.

한국에서는 SK에너지, 삼성엔지니어링, 롯데케미칼 같은 기업이 참여하는 주요 협력과 같이 탄소 포집과 관련된 프로젝트가 진행되는 등 CCS 관련 주목할 만한 사례들은 있지만, 아직 이와 관련된 구체적인 소송은 공개된 게 없어요.

하지만 현재 정책이 미래를 위한 대비책으로 불충분하다는 대중의 우려를 감안하면 카본테크 분야와 관련해 법적으로도 정치적으로도 지속적인 논쟁의 대상이 될 거예요.

카본테크와 관련된 새로운 법률 분야로는 ① 탄소 배출을 감소시키기 위한 법적 규제·정책을 다루는 분야로 탄소 가격 책정, 배출권 거래 제도ETS, 탄소 세금 등을 포함하는 탄소 배출 규제·정책법Carbon Emission Regulation 분야, ② CCS를 사용해 대기 중 이산화탄소를 포집하고 저장하는 과정을 법적으로 규제하는 분야로 CCS 법률Carbon Capture and Storage Law 분야, ③ 탄소 배출 감소를 목표로 한 기술과 정책이 포함된 기후 변화 대응 법률Climate Change Adaptation and Mitigation Law 분야 등이 있어요.

카본테크와 관련한 법률 분야 직업으로는 ① 탄소 전략 전문가Carbon Strategy Expert, ② 탄소 회계사Carbon Accountant, ③ 기후 변화 변호사Climate Change Lawyer, ④ 탄소 배출 권리 중개인Carbon Credit Broker, ⑤ 지속 가능성 컨설턴트Sustainability Consultant 등이 있어요.

카본테크 분야의 전문가가 되려면 환경학, 에너지학, 기후학, 화학공학 등 관련 전공 학위 내지는 교육 과정을 이수하고 자격증을 취득해 전문성을 높이는 한편, 지속적인 학습과 최신 트렌드를 파악하는 것이 무엇보다 중요해요. 카본테크와 기후 변화 관련 학술 대회, 세미나, 컨퍼런스 등에 참석해 최신 동향을 파악하고 업계 전문가들과 네트워킹을 구축하는 것도 좋은 방법이 되겠죠.

03

환경 보호와 지속 가능성을 목표로 하는 에코테크

에코테크는 저탄소 원료를 사용하거나 친환경 제품으로 환경을 개선하는 데 집중하는 산업 분야입니다. 과잉으로 채굴되고, 생산되고 버려지는 자원의 순환을 어떻게 효과적으로 할 것인가라는 고민에서 에코테크는 출발합니다. 가장 가까운 예로는 버려진 배터리를 재활용하는 방안을 들 수 있습니다.

미국의 스타트업 기업인 에너지엑스Energy X는 사용한 배터리에서 리튬을 추출하는데 고비용, 고에너지가 들었던 기존 방식을 혁신적으로 개선한 기술에 특허를 보유하고 있습니다. 이 기술 덕분에 배터리 원료인 리튬 채굴에 따른 환경 파괴와 오염을 상당 부분 줄일 것으로 기대되고 있습니다.

또 에코테크와 관련 있는 분야는 도시 전체의 환경입니다. 지금 제공하는 도시 인프라를 어떻게 개선해 에너지 효율성을 극대화할 것인가에 관심이 많습니다. 이 분야에 인공 지능 등을 결합한 기술 기반 연구로 보다 친환경적인 도시와 생활권을 만드는 데 노력하고 있습니다.

이번 절에서 에코테크 산업과 미래 직업을 살펴보면서 우리가 살고 있는 지역부터 도시, 국가, 전 세계적으로 필요한 에코 산업이 무엇인지 알아보고 미래에 있을 기회를 찾아보도록 하지요.

🌡️ 왜 에코테크가 필요한가요?

지구를 병들게 하는 '옷 무덤 산'

여러분은 버려진 옷이 가득 쌓여 산처럼 된 '옷 무덤' 산을 본 적이 있나요? 우주에서도 이 옷 무덤 쓰레기 산이 보인다고 하네요. 2020년 우리나라에서 버려진 옷은 8만 2,000톤으로 우리나라 면적의 7배에 달하는 양이라고 합니다(한화솔루션케미칼, 2024. 07. 29).

우리의 생활 패턴을 생각하면, 요즘에는 옷이 닳거나 낡아서 버리는 경우보다 대개 트렌드에 맞지 않아 멀쩡한 옷을 버립니다. 또 패스트 패션이라고 해서 기계로 대량 생산하거나 인건비가 상대적으로 낮은 국가의 저렴한 노동력으로 옷값을 낮춰 구매 진입장벽도 낮추는 경향이 만연합니다. 심지어 인터넷을 통해 전 세계의 시장이 단일화되면서 쉽게 구매하고, 쉽게 소비하고, 쉽게 버리는 3단계의 쓰레기 생산 무한 루프가 가동되고 있는 것 같습니다.

이렇게 버려지는 옷은 결국 사용처가 없어서 소각하게 되는데, 이 옷이 불에 타면서 내는 매연이 온실가스를 만들어 지구를 더 병들게 하지요. 바다로 흘러간 잔해들은 미세 플라스틱 형태로 물고기와 산호초의 생태계를 파괴하는 데 영향을 끼칩니다.

이런 공기 오염과 탄소 배출은 소각할 때만 방출되는 게 아니라 새 옷을 만들 때 전기와 물을 상당히 소비하고 그 과정에서 다시 탄소를 엄청나게 배출하게 됩니다.

여름에 자주 입는 면 티셔츠 1장을 만들려면 1명이 2~3년간 마실 물의 양만큼 물을 소비한다는 환경 운동가들의 지적을 뼈아프게 새겨야 할 것 같습니다. 더 큰 문제는 설명한 것처럼, 의류를 제작하는 과정에서 발생하는 탄소가 전 세계 탄소 배출량의 10%를 차지한다는 사실입니다.

다 쓴 배터리는 어디로?

탄소 배출로는 비난에서 자유롭지 못할 또 하나의 분야가 자동차 제조업입니다.

특히 최근에는 전기 자동차가 친환경 기술로 탈바꿈하는 것처럼 보였지만, 실상은 여전히 전기를 생산하는 과정에서 화석 연료에 의존하는 비율이 높고 앞으로도 당분간은 화석 연료 의존은 크게 줄이기 어렵다는 전문가들의 분석이 지배적입니다. 이 부분은 카본 테크와도 관련이 있는데요.

에코테크 관점에서 전기 자동차와 관련해 또 다른 문제를 안고 있습니다. 전기 자동차가 쓰는 배터리가 이슈입니다. 배터리는 내용 연수가 지나면 성능이 저하돼 새 배터리로 교체해야 합니다. 다행히 최근에 생산하는 배터리의 수명은 초기 전기 자동차의 배터리와 비교할 수 없이 길어진 상태로 장착하고 출시하는데요.

문제는 10여 년 전 출시한 전기 자동차의 배터리가 도미노처럼 내용 연수가 지나서 버려지고 있다는 겁니다. 이것은 '옷 무덤'처럼 또 다른 의미의 '배터리 무덤'을 만들고 있어서 사회적 문제가 되고 있습니다.

배터리를 만들려면 자원을 채취하면서 환경이 망가지는 것은 물론 제작 과정에서 발생하는 탄소가 온실가스를 발생시킵니다. 버려지는 배터리 자리에 새 배터리를 만들어 대체해야 하는데 결국 시간이 지나면 언젠가는 버려질 배터리라는 점에서 '폭탄 돌리기'를 하는 건 아닌가 하는 우려가 큽니다.

플라스틱 쓰레기 1위 배출국은 우리나라?!

OECD는 38개국이 가입해 참여하고 있습니다. 우리나라도 가입국 중 하나로 당당히 이름을 올리고 있지요. 최근 발표한 OECD의 환경 지표Environmental at a glance Indicators에 부끄러운 통계가 발표되었습니다. 우리나라의 1명당 플라스틱 쓰레기 배출 평균이 다른 37개 OECD 가입국의 평균 4배에 해당하는 높은 수치를 나타냈기 때문입니다.

불명예스럽게도 우리나라는 가입국 가운데 가장 많은 플라스틱 쓰레기를 배출하는 나라로 기록되었습니다. OECD에 따르면 2020년 기준 우리나라는 1인당 연간 평균 208.282킬로그램에 달하는 플라스틱 쓰레기를 배출한다고 합니다. 높은 순위도 문제이지만 2016년 대비 1인당 플라스틱 배출량이 88킬로그램이었던 데 비해 2배 이상 껑충 늘어난 수치(윤영무, 2024. 07. 08)라는 점이 각성할 부분입니다.

물론 플라스틱 쓰레기 배출 총량 1위는 중국으로 우리나라를 압도하지만, 우리나라 국민 1인당 플라스틱 쓰레기 배출량이 이렇게 높다는 건 기후 위기를 만드는 일은 우리와 거리가 멀다는 안일한 생각에 경종을 울립니다. 우리가 버리는 플라스틱 쓰레기로 지구촌 이웃들의 삶에 피해를 주고 있다는 점을 부인할 수 없게 합니다. 나아가 실질적으로 우리나라 국민의 플라스틱 소비 행태가 변화되지 않는다면, 조만간 지구를 망치는 '악당 국민'으로의 오명에서 벗어나지 못할지 모릅니다.

그렇다면 폐플라스틱이 왜 환경에서 큰 문제로 대두될까요? 얼마 전, EBS 캠페인에서 눈길을 사로잡는 표어를 보았습니다. '(플라스틱) 생산 5초, 사용 5분, 분해 500년'이라는 내용입니다. 읽기만 해도 플라스틱이 얼마나 자연환경을 훼손하는지 알 수 있을 만큼 우리에게 경고하는 문구입니다.

실제로 글로벌 환경 단체가 분석한 바에 따르면, 과일 껍질은 분해하는 데 2~5주가 걸리지만 스티로폼 컵은 50년, 플라스틱 병은

450년, 폴리염화 비닐로 만든 카드나 신분증은 1000년이 걸린다(Green Fins, 2020. 09)는 발표를 하기도 했습니다. 이처럼 한번 만든 플라스틱은 그 용도를 다하고 버려질 때 분해가 무척 어렵다는 사실을 알 수 있습니다.

오대양 어디서든 이제는 쉽게 만날 수 있는 플라스틱 쓰레기 섬은 녹지 않는 플라스틱이 얼마나 오래 지구를 괴롭히는지 한눈에 볼 수 있는 산 증거입니다.

플라스틱 쓰레기가 매년 800만 톤 정도 바다로 흘러 들어가서 해양 생물의 서식지를 파괴하고 생태계를 무너뜨리는 데 작용합니다. 또 이에 대한 대안으로 플라스틱 쓰레기 소각 방식 역시 탄소를 대량 배출하게 돼 플라스틱 개발은 인류에게 축복이 아닌 '재앙'이라는 환경 운동가들의 지적을 그저 지나칠 수만 없습니다.

이런 문제점들을 해결하고 지속 가능한 관점에서 자원의 재활이나 보호에 핵심 기술을 발전시키는 에코테크가 주목을 받고 있는 겁니다.

🌡️ 주목받는 에코테크 기업들

현재 전 세계적으로 다양한 각도에서 접근하는 에코테크 기업들이 많습니다. 이 중 가장 주목받는 기업들을 알아보면서 이와 연관된 미래 유망 직업들을 상상해 보도록 하겠습니다.

버려지는 플라스틱에 새 '쓰임'을 주다 : 이노버스

플라스틱 생산이 1950년대는 약 150만 톤에서 2021년 기준 3억 9,000만 톤으로 집계되었다고 하니 생산량이 놀랄 수준입니다(손현욱, 2024. 02. 03).

그 가운데 버려지는 플라스틱은 미세 플라스틱을 포함하고 있어서 바다에 흘러가면 어류들이 먹고 그 해양 생물을 다시 어획해 인간이 먹는 악순환의 고리를 만들어 사회적 이슈가 되고 있습니다. 해안가에 죽은 고래 사체를 살펴보면 검은색 비닐과 플라스틱이 뱃속에 가득 차 있었다는 뉴스가 이젠 놀랍지 않을 정도로, 플라스틱으로 인한 환경 파괴는 일상적인 문제가 되었습니다.

우리나라의 스타트업 '이노버스Inobus'의 도전에서 미래 에코테크 기업의 성장 방향을 엿볼 수 있습니다. 이노버스는 플라스틱이 넘쳐나고 사회 문제가 되는 것에서 오히려 새로운 기회를 포착했습니다. 이노버스는 폐플라스틱을 수거해 고품질 원료로 재탄생시키는 스타트업입니다.

이를테면 인공 지능 페트병 무인 회수기인 '쓰샘 리펫RePet'을 개발해 이미 일부 대학교에 설치하고, 이용하는 학생들에게 리워드를 제공하는 방식으로 운영하고 있는데요.

인공지능 기술이 적용된 쓰샘 리펫 기기가 라벨이 붙은 폐플라스틱 물병을 다시 '뱉어 내는' 기능이 흥미롭습니다. 이 기능 덕분에 폐플라스틱 재활용률을 높일 수 있었는데요. 기존에는 분리 수거를 해도 실제로 재활용할 수 없는 플라스틱이 많아서 대개 무용지물이었는데, 투입한 후 0.8초 만에 재활용 여부를 판단하는 기술을 보유해 실제 활용하고 있는 겁니다.

또 일회용 컵을 세척하고 수거하는 '쓰샘 리컵ReCup'을 개발해 재활용 시장을 넓혀 가고 있습니다. 앞으로 폐플라스틱을 대상으로 인공 지능 등 첨단 기술과 접목해 새로운 경제적 가치를 창출하고 새로운 도전을 지속할 이노버스는 에코테크의 대표적 기업으로 주목받고 있습니다.

폐플라스틱 회수와 재활용을 통한 선순환 경제에 기여하는 또다른 기업이 있습니다. 인공 지능, 빅 데이터, 사물 인터넷IoT 기반의 로봇을 활용해서 폐플라스틱 선별부터 이송, 리사이클링 플레이크(조각)까지 만드는 '수퍼빈SuperBin'이라는 기업입니다.

수퍼빈은 재생 플레이크를 만드는 '아이엠팩토리'라는 공장을 만들었는데요. 쓰레기와 폐플라스틱을 '돈'으로 만드는 데 인공 지능과 로보틱스를 적극 활용하고 있습니다.

흔히 재활용 공장이라고 하면 폐수와 악취로 혐오 시설이기 쉬운데요. 아이엠팩토리는 자연과 어우러진 U자 형태의 미술관 같은 건축물로 지역 사회와 조화를 이루면서 친환경 회사의 이미지로 자리 잡고 있습니다(김이홍, 2024. 06. 30).

향후 기후 위기를 대응하는 기업들에 필요한 인재들이 인공 지능 전문가, 환경공학 전문가, 화학/물리학 전문가뿐 아니라 함께 사는 공간을 디자인할 수 있는 건축학도들에게도 새로운 기회가 열리고 있음을 보여 주는 좋은 사례라고 할 수 있습니다.

플라스틱이 대표적인 재활용 대상이지만, 다른 모든 버려지는 자원들을 재활용하려면 자원을 회수하고 데이터 기반으로 재분류하고, 인공 지능 등 첨단 기술을 활용해서 재활용할 수 있는 제품으로 탄생시키는 매우 창의적인 분야가 에코 산업의 매력입니다.

그러려면 당연히 환경 관련 전문 지식이 필요하고, 어떤 자원들을 재활용할 수 있는지 파악하는 자원 관리 지식과 화학, 물리학 등의 지식도 갖춰야 합니다. 물론 한 사람이 그런 지식을 모두 갖추기를 요구하는 게 아니라 4차 산업 혁명 시대는 '융합'의 역량이 필요하므로 이런 전문 지식을 갖춘 인재들과의 협업과 아이디어 개발이 정말 중요한 과정이 될 겁니다.

또 각 영역에 대한 코디네이션 역량도 중요하며, 자원 재활용의 전 과정을 잘 이해하고 관리하며 이슈가 발생하면 즉각 대응할 수 있는 프로세스 관리 시스템을 구축하는 능력과 대응 역량을 갖춘 인재들이 활약할 수 있는 좋은 산업 분야가 될 겁니다.

스프레이 운동화를 신고 달리다 : 온

기후 위기와 패션 산업이 어떤 연관이 있을까요? 2022년 세상을 놀라게 한 패션쇼가 있었습니다.

유명 모델의 몸에 스프레이를 분사하자 하얀 액체가 순식간에 실처럼 몸에 달라붙기 시작했습니다. 얼마 지나지 않아 몸을 덮은 스프레이 분사 물질은 디자이너의 손길로 예쁜 드레스로 변하게 돼 관객들을 놀라게 했습니다. 세련된 드레스 모양으로 마무리 지을 때까지 10분도 걸리지 않았답니다. 2023년 프랑스 파리 코페르니 봄 여름 컬렉션에 소개된 '스프레이 드레스'입니다.

　패션 디자이너이자 환경공학자이기도 한 마넬 토레스의 실험적인 작품이었습니다. 이 스프레이 소재는 다시 물을 묻혀 새 옷을 또 만들 수 있는 '재생' 가능한 재료라는 데서 우리의 시선을 끌기에 충분했습니다.

　놀라운 실험 이후 상용화된 제품을 아직 만나지는 못했지만, 머지않은 미래에 우리 모두 스프레이 패션에 익숙해질지 모르겠습니다. 나만의 옷을 만드는 즐거움뿐 아니라 옷 한 벌을 만드는 데 드는 상당한 탄소 배출, 전기와 물의 남용 등을 줄일 수 있어 패션계의 새로운 주제가 될 것으로 기대합니다.

　이런 스프레이 방식의 패션 시도는 우리가 즐겨 신는 운동화에서 먼저 상용화되고 있답니다. 스위스 스포츠 웨어 회사인 '온ON'은 라이트 스프레이 기술로 운동화를 만들어 판매하기 시작했습니다. 스프레이 운동화는 기존 운동화를 만드는 방식에 비해 탄소를 75% 줄일 수 있다는 점에서 친환경적이고, 탈탄소적인 획기적인 제품이라고 할 수 있습니다.

　스프레이 운동화라고 하면 좀 장난감 같지 않을까 하는 우려가 있을 텐데요. 놀랍게도 2024년 보스턴 마라톤 대회에서 케냐 스포츠 스타인 헬렌 오비리가 이 스프레이 운동화를 신고 우승까지 해 성능 논란에 종지부를 찍었습니다.

　여러분 가운데 패션 디자이너의 꿈이 있는 분들은 이제 캔버스에 디자인을 그리는 대신 공학적인 지식을 기반으로 탈탄소에 적합한 소재를 찾고 실험하는 실험실 디자이너로서의 업무 시간이 더 길어질지 모르겠습니다.

업사이클링으로 새 지평을 열다 : 프라이탁

환경에 관심은 있지만, 초기 기술이 부족하던 시기에는 '아나바다' 운동과 같이 '아껴 쓰고 나눠 쓰고 바꿔 쓰고 다시 쓰자' 방식의 자원 재활용이 주류였습니다. 그러나 최근 정보 통신 기술과 환경공학 지식을 결합하면서 단순히 기존 자원의 물리적 형태 그대로 재사용하는 방식에 큰 변화가 불고 있습니다.

기존 방식을 자원의 재활용 또는 리사이클링Recycling이라고 한다면 정보 통신 기술 등 신기술을 활용해 새로운 가치를 담아 새롭게 선보이는 걸 '새활용' 또는 업사이클링Upcycling이라고 합니다. 미래에는 리사이클링보다 업사이클링 관련 시장이 훨씬 규모 있게 열릴 것이라는 기대가 큽니다.

초기의 업사이클링은 버려지는 의류를 가방이나 지갑으로 만들어 판매하는 방식이 주류였습니다. 최근에는 기술이 발전해 원제품을 탈피해 완전히 새 제품으로 개발되고 있습니다. 예를 들어 음식물 쓰레기를 가공해 사료로 전환하는 방식 등 단순 재가공의 수준을 넘어 첨단 기술을 활용해 창의적인 제품으로 재탄생되고 있습니다.

대표적인 업사이클링 업체는 스위스 프라이탁Freitag입니다. 프라이탁은 1993년에 설립한 이후 지속적으로 친환경 제품을 소개하고 있습니다. 일상용품에서 비즈니스 용품까지 폭넓은 라인업을 보여 줌으로써 재활용 소재를 활용한 사업의 지속 가능성을 열었습니다. 프라이탁은 기존에 사용하고 버려지는 방수포나 자동차 안전벨트, 에어백을 재가공해 새로운 디자인으로 재탄생시켰습니다.

프라이탁만의 디자인 가치를 더해 지갑이나 가방, 백팩 등으로 판매해 주목을 끌고 있죠. 취리히 본사 매장의 경우, 버려진 컨테이너 박스를 높이 쌓아 에코 기업으로서의 정체성을 명확히 드러내고 있답니다. 이제는 취리히를 여행하는 환경에 관심이 있는 젊은이들의 필수 쇼핑 코스로 자리 잡게 되었는데요.

프라이탁의 사례는 에코테크를 활용한 산업이 단순한 판매를 넘어서 미래를 생각하는 가치 있는 활동이라는 의식을 공유하고 참여하게 하는 문화를 만드는 데 일조했다고 평가받고 있습니다.

우리나라의 대표적인 사례로는 아름다운가게에서 출발한 '에코파티메아리'라는 스타트업이 있습니다. 아름다운가게는 오랫동안 기부자의 옷이나 신발, 가방을 저렴한 가격으로 필요한 구매자에게 판매해 자원을 재활용하는 데 앞장선 비영리 단체입니다.

여기서 나아가 최근에는 업사이클링 디자인 회사를 통해 아름다운가게에 기부한 의류 중 판매하기 어렵거나 조각 가죽 등으로 제품을 만들어 새로운 가치를 부여하고 있습니다. 가방, 지갑, 태블릿 파우치 등으로 멋지게 변신한 제품들을 만날 수 있습니다.

에코파티메아리의 활동이 의미 있는 이유는 기술 발전에 따라 초기의 재활용품 수거 판매에서 나아가 새 제품으로의 재탄생까지 에코 산업의 바람직한 방향성을 제시한다는 데 있습니다.

실험실에서 자라는 친환경 면화를 입다 : 갤리

앞에서 버려진 옷들이 만든 옷 무덤 산 이야기를 다룬 적이 있습니다. 섬유 기술과 봉제 기술이 발달하면서 예전보다 빠르게 옷을 만들어 온라인을 통해 전 세계로 판매하는 의류 산업은 탄소 발자국을 많이 발생시키는 대표적인 산업입니다.

그린피스에 따르면, 티셔츠 1장 분량의 면화를 재배하는 데 1명의 3년 치 식수에 해당하는 약 2,700리터의 물을 사용한다고 합니다(김영대, 2024. 11). 옷에 필요한 원재료를 만드는데도, 이처럼 많은 물을 쓰고 있다는 점에서 기후 위기를 부추기고 있음을 알 수 있습니다. 이런 문제의 심각성을 공유하고 해결하는 데 에코테크를 활용하기 시작했습니다.

미국 스타트업 '갤리Galy'는 랩그로운 다이아몬드와 같이 랩그로운 면화를 상품화하고 있습니다. 밭에서 경작하던 면화가 이제 실험실 안으로 들어오게 된 겁니다. 면화 세포에 특화된 유전자 기술로 섬유를 만드는데, 이 기술이 혁신적인 이유는 기존에 사용하던 물의 양을 99% 절감할 수 있어서입니다(김민기, 2024. 09. 12).

또 면화를 생산하는 과정에서 제기되는 불공정 무역이나 노동력 착취 이슈도 해소하는 데 기여할 것으로 전망됩니다. 이 기술이 성공적으로 안착하면 향후에는 유사 기술을 활용해 커피나 카카오 같은 다른 작물을 재배하는 데도 확장이 가능하다는 점에서 에코 테크의 좋은 사례라고 할 수 있습니다.

이번에는 기존의 패스트 패션 선두 주자인 H&M의 새로운 시도를 알아보겠습니다. 언급한 것처럼 패스트 패션 트렌드는 옷을 쉽게 구매하고, 짧은 기간 내에 버리는 걸 유행처럼 선도하기도 했습니다. 이로 인해 전 세계는 매년 약 1억만 톤에 달하는 의류 폐기물이 쌓이면서 지구를 오염시키고 있습니다.

이런 현실은 패스트 패션 기업에 사회적 책임을 요구하게 되었는데요. 대표적인 기업인 H&M 창립자는 섬유를 재활용하는 스타트업 사이레Syre를 공동으로 설립했습니다. 사이레는 기존 폐의류에서 폴리에스터를 추출하는 기술을 개발했습니다. 이 방식은 기존의 화석 연료에서 추출하던 폴리에스터 대비 5분의 1 수준의 탄소만 배출해 온실가스 배출을 저감하는 데 기여할 것으로 전망됩니다.

이처럼 스타트업이든 기존 산업의 강자 기업이든 극심한 기후 변화와 위기 앞에서는 새로운 활로를 찾는 데 적극적인 상황입니다. 이 과정에서 에코테크 산업에 투자를 활발히 하고 있으며, 그만큼 많은 기회가 열리고 있다는 점에 주목해야 합니다.

새롭게 탄생한 나일론 : 삼사라에코

패션 역사에서 가장 오래된 합성 섬유는 나일론입니다. 익숙하지요? 1930년대 미국에서 개발해 저렴하고 내구성이 좋아 짧은 기간 내 전 세계로 확산한 섬유입니다.

기존의 천연 섬유보다 가늘고 가벼운 데다가 신축성이나 보온성도 우수해 이제는 나일론이 쓰이지 않는 패션 아이템을 찾기 어려울 정도입니다. 스타킹을 비롯한 의류는 물론 낙하산이나 현악기 줄로 쓰이면서 산업 규모가 성장했습니다. 하지만 환경에 관심이 높아지면서 내구성은 반대로 소멸하지 않는 쓰레기 더미를 만드는 빌런이 되기도 했습니다.

오스트레일리아 스타트업인 삼사라에코Samsara Eco에서 폐플라스틱에서도 나일론 원료를 추출하는 기술 개발에 성공했습니다. 삼사라에코는 폐플라스틱을 분해해 원료로 재가공하는 과정에 특허를 보유하고 있는데요.

특허 이름이 이오스에코EosEco™입니다. 이오스에코는 생물물리학, 화학, 생물학, 컴퓨터 과학자들의 지식과 기술을 융합해 플라스틱을 먹는 효소 계열을 만드는 기술입니다(홍영표, 2024. 07. 01). 이렇게 만든 나일론을 글로벌 브랜드인 룰루레몬에 제공했는데, 버려져서 쓰레기 더미가 될 뻔한 폐플라스틱을 재활용하는 좋은 사례로 꼽히고 있습니다.

우리나라 스타트업인 넷스파Netspa도 바다에 버려진 폐어망으로 나일론을 만드는 기술을 개발했습니다. 지금까지 폐어망은 리사이클링이 어려웠는데요. 어망은 나일론, 폴리프로필렌, 폴리에틸렌을 혼합해 만드는데, 여기서 나일론만 추출하는 게 난제였습니다.

그러나 넷스파는 폐어망에서 나일론만 추출하는 기술을 개발하는 데 성공했습니다. 이는 폐어망의 재활용이라는 점에서 의미가 있으며, 자동화로 수작업의 수백 배에 달하는 효율성을 갖추게 돼 해양 쓰레기의 조속한 제거와 재생 나일론 시장 개척에 기대감을 걸게 합니다.

쏟아지는 노후 태양광 패널은 어디로? : 위 리사이클 솔라

화석 연료가 온난화에 영향을 끼친다는 점에서 대체 에너지 연구는 수십 년 동안 이어지고 있습니다. 그중에서 태양광 패널을 이용한 태양광 발전이 대표적인 재생 에너지로 손꼽힙니다. 1980년대부터 소개되었지만, 우리나라는 2000년대 이후에 본격적으로 설치해 이제는 태양광 패널 건물이나 주택을 어렵지 않게 찾아볼 수 있습니다.

그러나 태양광 패널은 환경을 보호하는 친환경적인 에너지 도구로 각광받는 시기를 지나 이제는 수명을 다한 폐패널은 전 세계적인 골칫거리로 부상하고 있습니다.

글로벌 에너지 시장 조사 기업인 리스타드에너지Rystad Energy 발표에 따르면, 전 세계적으로 2040년까지 연간 2,700만 톤의 태양광 폐기물이 쏟아져 나올 것으로 전망했습니다(권선형, 2022. 08. 13). 보통 25~30년 안팎의 수명 연한이 있는 태양광 패널 중 1세대 패널들을 이제 교체해야 할 시기입니다.

이런 문제에 관심을 쏟은 미국의 위 리사이클 솔라We Recycle Solar는 태양광 패널의 재활용을 시도했습니다. 수집한 폐패널을 재활용 가능 패널 부품과 불가능한 패널 부품으로 구분합니다. 폐패널이 재활용이 가능하면 분리해서 새로운 패널을 제조하는 부품으로 씁니다. 이렇게 생산한 새 패널을 기존 패널보다 저렴한 가격으로 판매해 가격 경쟁력을 확보합니다.

새 패널을 만드는 데 쓸 수 없을 정도로 파손된 패널에서 구리, 은, 알루미늄, 유리 등 원자재를 추출합니다. 여기서 추출한 구리는 재생 에너지 핵심 소재로 재활용됩니다(장예지, 2023. 08. 09). 재활용을 위한 분리 과정이 없었다면 노후 태양광 패널은 쓰레기 더미에 버려져 방치되었을 겁니다. 위 리사이클 솔라는 소중한 자원을 다시 활용함으로써 환경 오염과 파괴를 그만큼 줄일 수 있다는 점에서 의의가 있습니다.

버려진 전기차 배터리의 재활용

20세기 말 내연 기관차의 탄소 배출이 심각한 사회적 이슈로 대두되자, 자동차 제조사들은 서로 눈치를 보면서 전기 자동차를 출시하기 시작했습니다. 기존 내연 기관차의 공장을 멈추거나 줄이고 전기 자동차를 위한 새로운 투자와 공장 설립이 큰 부담이어서입니다.

그러나 오로지 전기차만 생산하는 테슬라의 등장은 기존 자동차 제조사들에 커다란 도전이었습니다. 2008년 테슬라가 첫 전기차 로드스터를 출시한 이후 지속적으로 모델을 업그레이드하며 전기차 시장의 이슈를 선점하고 있습니다.

전기차의 역사를 거슬러 올라가면 19세기에 전기차 원형이 등장합니다. 그러나 지금까지도 인기 있는 내연 기관차에 밀려 대중성을 확보하지 못했습니다. 그러다가 현대적인 전기 자동차가 출현하게 된 시기는 이전보다는 내용 연수가 길어진 리튬 이온 배터리를 도입 하면서부터입니다.

자동차 시장에 현대적인 전기차가 출시되고 시간이 흐르자, 태양광 패널과 마찬가지로 폐배터리 이슈가 제기되기 시작했습니다. 이 해결책으로 우리나라의 스타트업인 에이비알ABR은 폐배터리를 재활용하는 아이디어를 기술화하는 데 성공했습니다. 핵심 기술은 물, 초음파, 진동 등으로 폐배터리 중에서 다시 사용할 물질과 완전히 폐기할 물질을 분리하는 방식에 있습니다.

기존에는 황산을 이용하는 화학적 방식으로 탄소를 많이 배출했는데, 에이비알의 기술을 적용하면 기존보다 60% 정도 탄소 배출을 줄일 수 있어 에코테크를 적용한 바람직한 사례로 꼽히고 있습니다.

또 다른 스타트업인 에코알앤에스ECO Rns는 전기차에서 버려지는 폐배터리에서 리튬, 코발트, 니켈 등의 금속을 추출해 재활용하는 기술을 보유하고 있습니다. 기존에는 폐배터리에서 황산 등을 활용해 습식으로 리튬을 추출했는데, 탄소 발생은 물론 폐수 등이 환경 오염 물질로 지목되곤 했습니다.

하지만 에코알앤에스는 이산화탄소를 사용하는 건식으로 리튬을 추출해 탄소 배출을 줄이고, 친환경적인 공정으로 에코테크를 실천하고 있습니다.

🌡️ 에코테크와 미래 직업

기후 위기와 관련해 기후테크 분야의 발전이 예상되는 가운데 에코테크의 미래 전망은 밝습니다. 산업화 이후 이미 '지구를 덮을' 만큼이라는 과장된 표현이 어색하지 않을 정도의 재활용 대상 제품들이 넘쳐나고 있기 때문이죠. 더구나 인공 지능을 비롯한 첨단 과학 기술과의 융합으로 우리에게 낯설지 않은 새로운 가치의 세계를 열어 줄 거라는 기대가 가시화되고 있습니다.

앞으로 기업이나 정부 기관에서는 생산 제품을 어떤 자원으로 만드는지가 기업 가치에 영향을 미칠 것이라는 점에서 촉각을 곤두세우게 될 겁니다. 지속 가능한 기업의 발전을 위해서도 에너지 효율이 높고, 폐자원을 재활용한 제품을 생산하는 것이 기업 이미지에 효과적이며, 수출을 고려할 때 글로벌 환경 규제에서도 살아남을 방안이기 때문이죠.

여기서 등장하는 새로운 직업군이 '환경 컨설턴트'입니다. 마치 지금 대기업이나 학교에서 '영양사 선생님'이 건강한 식단 관리를 해 주는 것처럼, 기업이나 정부 기관 등에서도 새 제품을 만들거나 정책을 수립할 때 환경을 고려해야 하므로 전문가인 '환경 컨설턴트'의 채용이 늘어날 가능성이 높습니다.

환경 컨설턴트는 환경공학적인 지식뿐 아니라 국내외 환경 규제에 대한 지식이 풍부해야 합니다. 이런 지식과 경험적 배경을 갖춘 인재들이 기업의 이윤 추구 활동이 환경, 사회, 지배 구조ESG에 어긋

나지 않게 가이드하고, 경제적 손실이 발생하지 않도록 예방해 줄 것이기 때문입니다.

다음으로 매우 광범위하지만 '자원 회수와 재활용 전문가군'의 확대입니다. 자원을 재활용하려면 제품 생산 기획 단계부터 투입돼 재활용 전략과 프로세스를 관리하는 시스템을 구축하며 재활용 제품의 기획, 디자인, 판매 촉진에 관여하게 됩니다.

명칭의 '재활용'을 별도로 놓고 본다면, 현재 기업들이 하는 시작부터 마무리에 이르는 모든 활동을 하는 것과 동일하게 스펙트럼이 넓은 분야라고 할 수 있습니다.

따라서 미래에는 자신의 적성에 맞게 자원을 분류하는 전문가, 자원의 재활용을 기획하는 전문가, 자원의 재활용을 디자인하는 전문가, 재활용한 자원을 마케팅하는 전문가, 자원을 회수하는 프로세스를 기획 감독하는 전문가로 역할이 세분화할 분야입니다. 물론 전 과정에 인공 지능, 빅 데이터, IoT 같은 ICT 융합이 필수적이므로 관련 전문가들의 참여 기회도 확대될 것으로 전망됩니다.

앞에서 에코테크는 친환경적인 도시 구현과 관련이 있다고 말했습니다. 현재의 건축공학, 설계, 교통공학 등을 전공하는 사람들은 앞으로는 에코 건축공학, 설계, 교통공학자라고 불리게 될 겁니다. 환경을 고려하지 않고 자연을 훼손하거나 에너지를 낭비하는 건물이나 도시 시스템은 퇴출할 가능성이 매우 높습니다.

실제로 탄소를 줄이고 에너지 효율을 높이는 설계와 교통 시스템을 도입하고 있으며 환경에 미치는 부정적 영향을 최소화하려는 노력을 활발히 하고 있습니다.

이 분야를 전공하려는 사람들은 건축학, 도시학, 교통공학 등의 전문 지식뿐 아니라 생태학적 지식과 환경공학, 기후공학 등의 지식을 겸비한 협업 파트너와 일하게 됩니다. 또 생태학적 영향도를 기획 단계에서 사전에 알아보기 위해 '디지털 트윈(가상 공간에서 똑같이 현실 세계를 구현해 시뮬레이션하는 기술)'을 적극 확대할 겁니다. 이를 위해 컴퓨터공학, 소프트웨어공학 등의 전문가들이 힘을 합쳐서 친환경적이며 쾌적한 미래 생활 공간을 만드는 데 기여하는 보람된 일을 하게 될 겁니다.

구체적으로 에코테크 분야에 관심이 있는 학생들이 전공할 수 있는 분야는 다음과 같습니다.

- ☀ **환경과학** : 기후 변화, 생태계, 오염 문제 등을 연구하며, 지속 가능한 해결책을 모색하는 데 필요한 기초 지식을 제공합니다.
- ☀ **에너지공학** : 재생 가능 에너지 기술(태양광, 풍력 등)과 에너지 효율성을 연구해 기후 변화에 대응하는 에너지 시스템을 개발하는 데 기여할 수 있습니다.
- ☀ **기계공학** : 에너지 효율적인 기계·시스템 설계를 배우고, 에코테크 분야에서의 혁신적인 기계 개발에 기여할 수 있습니다.
- ☀ **정보통신기술** : IoT, 빅 데이터, 클라우드 컴퓨팅 등을 활용해 환경 모니터링, 데이터 분석 시스템을 개발하는 데 필요한 기술을 배울 수 있습니다.

☀ **생명과학** : 생태계와 생물 다양성을 이해하고, 생물 기반의 지속 가능한 기술 개발에 기여할 수 있습니다.

☀ **화학공학** : 친환경 화학 공정, 재료 개발을 통해 오염을 줄이고 지속 가능한 제품을 만드는 데 기여할 수 있습니다.

☀ **도시계획** : 지속 가능한 도시 개발과 인프라 설계를 배우고, 에코테크 솔루션을 적용해 기후 변화에 대응하는 도시를 설계할 수 있습니다.

☀ **정책학** : 환경 정책과 기후 정책을 연구해 효과적인 정책 개발과 실행에 필요한 지식을 제공합니다.

☀ **경제학** : 환경 경제학을 통해 자원 관리와 지속 가능한 경제 모델을 연구하고, 에코테크 솔루션의 경제적 타당성을 분석할 수 있습니다.

☀ **인공지능** : AI 기술을 활용해 환경 문제를 해결하는 혁신적인 솔루션을 개발할 수 있습니다. 예를 들어 기후 모델링, 에너지 소비 예측, 환경 데이터 분석 등 다양한 분야에 활용할 수 있습니다.

☀ **사회학** : 환경 문제와 사회적 요인 간의 관계를 연구하고, 지속 가능한 행동 변화를 촉진하는 방안을 제시할 수 있습니다.

☀ **패션디자인** : 지속 가능한 패션, 친환경 소재 개발 등 패션 산업에서의 지속 가능성을 높이고, 친환경적인 생산·소비 방식을 연구해 기후 변화에 대응할 수 있습니다.

여러분 옷장에 하나씩 있는 플리스 재킷은 미국의 아웃도어 브랜드 파타고니아Patagonia에서 처음으로 상업화했죠. 파타고니아는 미국의 아웃도어 기업으로 1973년에 설립했으며, 지속 가능성과 환경 보호에 대한 강한 가치관으로도 유명한 회사에요.

파타고니아 설립자인 이본 쉬나드Yvon Chouinard는 파타고니아가 인기를 얻을수록 단순히 소비를 촉진하는 회사가 된 것에 고민이 많았어요. 그래서 회사가 지속 가능한 성장을 이어가면서 환경을 보호할 방법을 끊임없이 고민하게 돼요.

파타고니아는 면 제품의 원료를 100% 유기농 방식으로 재배해 물과 탄소의 배출량을 줄이고, 의류 제작 원단의 68%를 리사이클 소재로 사용했어요. 이런 행동이 지구를 되살리기 위한 환경 운동의 한 부분이 될 거라고 굳게 믿고 있죠.

이에 반해 코카콜라Coca-Cola는 자사 페트병이 100% 재활용이 가능하고, 친환경적인 생산 방식으로 만들어졌다고 주장, 홍보했으나 실제로는 재활용된 플라스틱의 재사용 비율이 낮고, 자사의 플라스틱 폐기물이 해양 오염을 초래하는 등 환경적 책임을 다하지 못했다는 이유로 환경 단체와 소비자들에게 소송을 당했어요.

결국 코카콜라는 이후 자사 제품에 대해 친환경적 책임을 다하기 위해 노력할 것이라고 발표하며, 플라스틱 재활용률을 높이기 위한 기술적 해결책을 도입하기로 했죠.

이 사건은 친환경 광고와 지속 가능한 제품에 대한 법적 기준을 강화하는 계기가 되었고, 기업들이 환경적 주장을 할 때 실질적인 성과와 정확한 정보 제공을 위한 노력을 해야 한다는 교훈을 남겼습니다.

우리나라에서도 LG화학의 배터리 재활용 관련 소송, SK이노베이션의 전기차 배터리 생산 관련 환경 소송, 롯데케미칼의 플라스틱 재활용 관련 소송,

삼성전자와 친환경 제품 관련 과대 광고 소송 등 친환경 광고와 지속 가능한 기술에 대한 실제 성과가 일치하지 않을 때 발생하기도 해요.

환경 단체와 소비자들은 기업들이 친환경 제품에 대한 실제 성과를 투명하게 공개하고, 환경적 주장이 과장되지 않도록 항상 경계하고 있죠. 앞으로 환경 규제와 지속 가능한 발전을 위한 법적 요구는 점점 강해질 거예요. 따라서 기업들은 친환경 제품 개발에 있어서 진정성과 효율성을 입증해야 할 필요성이 더욱 커지겠죠.

에코테크와 관련된 새로운 법률 분야로는 ① 환경에 긍정적인 영향을 미치는 다양한 혁신적인 기술을 보호하기 위한 기술의 특허화, 기술의 표준화 분야, ② 기업들이 환경적 주장을 과장하거나 허위로 홍보하는 걸 방지하기 위한 그린 워싱 규제 분야, ③ 자원 순환과 폐기물 처리, 재활용 문제와 관련 있는 재활용 법률·폐기물 관리 법률 분야 등이 있어요.

에코테크와 관련한 법률 분야 직업으로는 ① 환경 법률 전문가Environmental Lawyer, ② 지속 가능성·환경 규제 법률 전문가Sustainability & Environmental Compliance Lawyer, ③ 지적 재산권 변호사Intellectual Property Lawyer, ④ 소비자 보호 법률 전문가Consumer Protection Lawyer in Ecotech, ⑤ 환경 기술 법률 자문가 Environmental Technology Legal Advisor 등이 있어요.

에코테크와 관련된 법률가가 되려면 환경법, 기후 변화법, 에너지법 등의 기초 지식을 쌓고, 에코테크 기술에 대한 깊은 이해를 바탕으로 실무 경험을 축적하는 것이 중요해요.

지속 가능한 정책과 규제를 따라가는 것이 필수적이며, 전문 인증을 통해 업계 내 입지를 강화하고, 법률 네트워킹을 통해 다양한 인사이트를 얻는 게 핵심이죠. 에코테크 법률가는 지속 가능한 미래를 위한 중요한 직업임을 명심해야 합니다.

04

식품의 혁신적인 생산과 유통, 소비까지 푸드테크

🌡️ 왜 푸드테크일까요?

기후와 우리 먹거리는 어떤 관계가 있을까요? 극심한 기후 변화로 인한 위기 속에서 일반인이 맨 먼저 불편함을 느끼게 될 분야가 식량 공급과 관련된 문제일 겁니다. 앞에서 설명한 대로 기후 위기로 발생하는 식량 부족, 농·축·수산물 생태의 변화에 발 빠르게 대응하는 분야가 푸드테크 분야입니다.

우리가 소비하는 식량, 음식과 관련해서는 익숙한 만큼 고도 기술이 필요한 분야는 아니라는 생각을 하기도 합니다. 종종 "미래 직업으로 농사를 생각하는 건 어리석을까요?"라는 질문을 받곤 합니다. 산업 혁명을 겪으면서 먹거리에 대한 대량 생산, 저렴한 공급 외에는 큰 관심이 없던 시기를 보낸 것도 사실입니다. 오랫동안 익숙해진 생산 방식이라서 자연스럽게 먹거리 분야는 첨단 분야가 아니라는 생각을 하게 된 것 같습니다.

대량 생산으로 저렴해진 식자재는 유익 그 자체라고 보일 수 있습니다. '더 많이, 더 풍족하게'가 인류에게 나쁠 것 같지도 않습니다. 그러나 비싼 새우가 대량 생산돼 우리 식탁에 오르는 이면에 맹그로브 숲이 처참하게 난개발되고 파괴되는 아픔이 있다는 걸 이제는 알게 되었습니다.

이 소식을 들으면 의외라고 생각할 텐데요. 여러분, 미국에서 가장 큰 농지를 소유하고 있는 사람이 누굴까요? 마이크로소프트 창립자이자 세계 부호 순위에서 수십 년간 높은 순위를 차지하고 있는 IT 거물 빌 게이츠랍니다. 빌 게이츠는 놀랍게도 미래를 준비하면서 미국에 농사지을 땅을 무서운 속도로 사들였답니다. 여기에 농업의 미래를 볼 수 있는 힌트가 있답니다. 자, 계속 살펴보겠습니다.

지금부터는 인구 수명이 늘어나고, 인공 지능 등 첨단 기술을 곳곳에 적용하는 미래를 살게 될 여러분에게 고정 관념을 깨는 푸드테크 분야를 조금 깊게 소개하고자 합니다. 이 푸드테크 산업에 관심을 갖게 되는 이유는 크게 3가지로 볼 수 있습니다.

첫째, 노동 인구가 감소하면서 예전의 경작 방식으로는 많은 수확을 하기가 어려워졌습니다. 그래서 필연적으로 기계의 도움을 받을 수밖에 없으며, 인공 지능 등 최첨단 기술의 발전과 함께 새로운 변곡점을 맞이하게 됩니다.

둘째, 기후의 급격한 변화가 농·축·수산물을 수확하는 데 영향을 미치자 인공 지능을 활용해 작물 재배지를 적절하게 선정하고, 재배 환경을 시뮬레이션하면서 변하는 기후에 최적화된 수확 시스템을 갖추는 데 푸드테크가 필요합니다.

셋째, 기후 위기는 매년 인류에게 공포를 주고, 식량 수급에 문제를 일으키는데 인구는 증가하고 있습니다. 이런 식량난을 해결하는 방안으로 식량 수급을 효과적으로 하기 위해 푸드테크 기술을 활용합니다.

앞으로 소개할 여러 사례를 통해 변하는 식량 시장을 알아보고, 앞으로 여러분의 미래 직업 분야로 적합한지 한번 생각하는 시간을 갖도록 하겠습니다.

🌡️ 농업의 변화

사라지는 지역 특산물

식량 분야의 달라지는 지형을 설명하기 위해 농·축·수산물로 나눠 변화 상황을 살펴보고자 합니다. 농업 위기를 보면 폭우와 가뭄으로 육지에서 생산하는 농산물의 수확량에 큰 변화가 일고 있습니다.

이를테면 아몬드의 주 생산지인 미국 캘리포니아주 넓은 토지는 지속적인 사막화로 더는 아몬드 농사나 밀 농사를 할 수 없을 지경이 되었습니다. 푸른 초원 지대였던 농토가 사막화하면서 경작에 필요한 많은 물을 마련하기가 어려워져서입니다. 이는 기후 변화로 우기인 겨울철에 오랜 가뭄이 이어진 탓입니다. 세계 곳곳에 기후 위기로 인한 농업의 피해는 현재 진행형이라고 할 수 있습니다.

시간을 거슬러 올라가 보면, 인류가 본격적으로 농사를 짓기 시작한 약 8000년 전부터 지구는 몸살을 앓았습니다. 넓은 농경지를 확보하고 싶은 인류는 숲의 나무를 없애고, 불태우는 방식으로 밀이나 벼 등의 경작지를 마련했습니다. 식량 저장이 가능해지면서 더 많이 저장하는 것이 부의 가치와 동격이 되었습니다. 이를 위해 밤낮없이 경작지를 돌보고, 병충해를 막고, 더 넓은 땅을 농지로 바꾸는 일에 몰두해야 했습니다.

이런 과정이 무분별하게 진행되었고, 숲을 태운 대가는 다시 지구가 감당해야 했습니다. 불에 타는 나무에서 이산화탄소가 엄청나게 배출되기도 했고, 아이러니하게도 이산화탄소를 흡수하는 역할을 하는 우거진 숲은 제 기능을 못 하게 됩니다. 이런 경작지 개간으로 지구의 이산화탄소 농도는 지속적으로 상승하게 됩니다.

우리나라도 이산화탄소 농도 증가와 관련해 예외가 아니랍니다. 우리나라의 기후 변화와 관련해 '먹거리'를 떠올리면 사과 재배지의 변화를 대표적인 사례로 꼽을 수 있습니다.

20~30년 전만 해도 대구 하면 사과라는 공식이 성립할 만큼 대구 지역의 자랑거리 농산물이었습니다. 다른 예로 김장철에 인기 있던 강원도 고랭지 배추도 높아지는 기온으로 더는 같은 지역에서 재

배하기 어렵다고 합니다.

기후 이상으로 사과 재배지가 북상하면서 이제는 강원도의 사과 재배 면적이 30년 전 대비 4배 넓어졌다고 합니다. 반면 대구광역시와 경상북도 지역의 사과 재배 면적은 같은 기간 40% 이상 감소했다고 합니다. 연구 결과에 따르면, 2070년쯤에는 우리나라에서 사과 재배지를 찾아볼 수 없다는 다소 아쉬운 전망도 있답니다.

이렇게 우리나라 각 지역을 대표하던 농특산물의 재배지가 북상하면서 아열대 과일, 식물들이 제주특별자치도 또는 전라남도 지역을 중심으로 활발히 재배되고 있습니다. 어쩌면 100년쯤 후엔 우리나라가 아열대 과일 특산 국가가 될지 모르겠습니다.

전 세계적으로 보면 커피도 기후 위기의 희생양이 될 가능성이 높다고 합니다. 미국 국립과학원 발표에 따르면, 2도 이상 지표면의 온도가 상승하면 커피 주 생산지인 중남미 지역의 생산량이 큰 타격을 입을 것이라는 전망이 있습니다. 30여 년 후에는 전 세계 커피 생산량의 절반쯤이 감소할 거라는 암울한 전망을 전문가들은 제기하고 있습니다.

🌡 축산업의 변화

소를 키우는 건 지구를 괴롭히는 일이다?!

3장에서 설명한 것처럼, 온실가스를 만드는 2대 기체를 꼽으라면 이산화탄소와 메탄이 등장합니다. 비율로는 이산화탄소가 메탄을 압도하지만, 같은 양의 메탄은 같은 양의 이산화탄소보다 20배 많은 온실가스를 만들어서 심각성이 더 크다고 할 수 있습니다. 이런 메탄가스의 주범이 소 축산업이니 기후 위기 시대에 새로운 변화가 필요한 분야라고 할 수 있습니다.

생산부터 식탁에 오르기까지 탄소를 적게 배출하는 먹거리를 바람직하게 보는 요즈음, 메탄을 배출하는 소의 방귀부터 대량 목축이 불러일으키는 비윤리적인 환경까지 소 축산업은 환경 단체로부터 공공의 적이 되기도 했습니다.

소와 돼지 등 가축을 사육하는 과정에서 이산화탄소뿐 아니라 다량의 물이 필요하다는 점에서 푸드테크를 적극 활용해야 할 분야로 떠오르고 있습니다. 푸드테크 선도 기업들이 이런 문제를 어떻게 기회로 변화시키고 있는지 다음에서 살펴보도록 하겠습니다.

🌡️ 어업의 변화

미래에 사라질 직업으로 지목되는 어업

앞에서 온난화로 바닷물 온도가 높아진 결과 다양한 어류가 멸종하고 있다는 얘기를 한 적이 있습니다. 어류의 멸종은 해안가 사람들의 생존과 직결돼 있습니다. 낚시로 생계를 이어가던 사람들은 바다에서 얻곤 하던 수산물을 더는 필요한 양만큼 수확할 수 없게 된 겁니다. 그래서 '방글라데시의 호랑이 과부' 같은 비극적인 일들이 발생하는 거죠. 나비 효과처럼 인간이 무너뜨린 자연의 질서로 인해 다시 인간이 그 피해를 고스란히 돌려받는 결과를 맞이하게 되었습니다.

이미 바닷물 온도 상승은 기존 어류 서식지를 파괴할 뿐 아니라 영양분이 소실된 어류를 수확하는 이중고를 낳고 있습니다. 최적의 생장 조건이 아니므로 기존 어류는 달라진 바다 온도에서 영양을 충분히 공급받지 못하고, 여파로 식량으로서의 영양분 역시 소실되고 있는 겁니다.

그 변화는 체감할 수 있을 정도인데, 최근 수산물 수확이 눈에 띄게 줄고 있습니다. 동해의 대표 어종인 오징어는 10년 전의 3분의 1 수준으로 수확량이 감소하고 있습니다. 높은 해수면 온도로 양식 어종들이 종종 집단 폐사하기도 해서 어업을 이제는 '재해'로 봐야 한다는 시각이 제기되곤 합니다.

2024년 11월 수협중앙회 산하 수산경제연구원이 발표한 보고서에 따르면, 30여 년간 고수온으로 어종이 바뀌고 있다고 합니다. 원양 어선을 타고 나가야만 포획할 수 있었던 참치가 우리나라 해협에서 발견되는 일이 점차 많아진다고 합니다. 한편으론 그만큼 우리에게 익숙한 어종이 감소하고 있단 말이기도 합니다. 어종의 변화와 유가 상승 등으로 이제 어업이 위기라는 점을 강조하고 있습니다.

더구나 식탁에서 흔히 보던 김 역시 2100년이면 사라질 거라는 전망도 있습니다. 양식부터 원양 어업까지 어업의 생산성이 떨어지면서 푸드테크 기술을 통한 새로운 활로가 필요한 분야라고 할 수 있습니다.

🌡️ 인구 증가와 식량난

《세계인구보고서 2050》에 따르면, 2050년 세계는 인구 100억 명을 돌파할 것이라고 합니다. 이미 80억 명을 넘어선 지금도 지구촌 식량이 부족한 상황에서 기근으로 기아와 난민들이 발생하고 있습니다. 물론 일부 학자들에 따르면, 지금의 식량 부족은 인간의 욕심이 불러온 결과라고 지적합니다. 실제론 식량을 과잉 생산하는데 제대로 식량을 분배하지 않아 유럽과 북미 지역에는 버리는 식량이 증가하고, 아프리카 등에서는 식량이 부족해 사람의 생명이 종종 위협을 받는다는 점을 강조하고 있습니다.

지금보다 20억 명이 더 늘어난 인구 100억 명 시대에는 절대적인 식량 생산도 부족할 거라는 의견이 전문가 대다수의 공통된 우려입니다. 게다가 우리나라는 고령화가 빠르게 진행되는 반면, 경제활동 인구는 감소 추세에 접어들어서 식량 수급과 관련해 안전지대에 있다고 보기 어렵습니다.

우리나라는 식량 수입국입니다. 옥수수는 98.3%, 밀은 99.2%, 콩은 96.4%를 수입에 의존하는 실정입니다. 우리나라의 경제 순위가 2023년 GDP 기준 14위라는 높은 경제력을 자랑하지만, 세계 식량안보지수GFSI는 113개국 중 39위에 머무는 수준입니다(이동욱, 2024. 08. 27).

다행히 현재는 구매력이 있는 국가들은 필요한 식량을 재배국으로부터 수입할 수 있습니다. 그러나 식량 자원이 제한된다면, 생산이 전 세계적으로 줄어든다면, 원재료 보유국이나 식량 재배국 자체도 내수 소비에 부족량이 발생한다면, 우리는 안정적으로 식량을 더는 수급하기 어려워질 겁니다.

2022년 전면전으로 번진 러시아-우크라이나 전쟁으로 유럽 최대 밀 생산지였던 우크라이나 지역이 러시아 폭격으로 초토화되면서 밀 재배가 이전처럼 풍족하지 않게 되었습니다.

그 여파는 어땠을까요? 우크라이나로부터 밀을 수입하던 유럽의 많은 국가가 안정적인 다른 밀 생산국과 계약을 맺게 되었습니다. 그러자 도미노처럼 기존 밀 생산국은 가격을 높이고, 이를 감당할 수 있는 국가나 기업들과만 거래하게 됩니다. 결국 기존에 저렴한 가격으로 밀을 수입하던 상대적으로 경제력이 풍부하지 못한 국가나 기업은 밀 수입에 더 많은 투자를 할 수 없게 돼 대체품으로 전환해야 하는 상황이 벌어졌습니다.

일시적인 전쟁만으로도 세계 식량 시장이 휘청이는 대표 사례라고 볼 수 있습니다. 만약 일시적이지 않고 지속적으로 식량 생산 환경이 기후 위기로 열악해진다면 우리나라는 얼마나 오래 이 위기를 감당할 수 있을까요? 그나마 우리나라를 비롯한 OECD 가입국은 어느 정도 대안이 있을 수 있지만, 저개발국 국민은 우리보다 극심한 식량난을 먼저 경험하게 될 겁니다.

최근 '기후플레이션Climateflation'이란 용어가 종종 눈에 띄고 있습니다. 기후 변화로 농작물 등 식량 생산이 급감해 식료품 가격이 급상승하는 현상입니다. 기후 위기가 일상생활에 직접 영향을 미치는 사례라고 할 수 있죠. 이런 관점에서 미래에 관심을 가져야 하는 우선적인 문제가 식량 부족 해결이라는 데 공감하게 될 겁니다.

🌡️ 기후 위기에 따른 해결사의 등장

앞 절에서 살펴본 것처럼, 기후 위기의 여파를 우리가 매일 먹는 한 끼 식사에서도 느낄 수 있다는 걸 알게 되었습니다. 그래도 인공지능과 결합한 푸드테크는 더욱 강력해져 우리가 겪고 있는, 앞으로 겪게 될 것이라 우려되는 식량 위기를 해결하는 데 기여할 것으로 기대됩니다.

농업 분야 세계 최초 유니콘 기업 : 인디고

유니콘 기업이란 창립한 지 10년 미만의 스타트업으로 짧은 기간에도 불구하고 10억 달러(약 1.3조 원)의 기업 가치를 거둔 기업들을 의미합니다. 주로 IT 기업에서 유니콘 기업이 등장하곤 했는데요.

놀랍게도 사양길이라고 생각했던 농업 분야에 야심 차게 도전한 미국의 스타트업인 '인디고Indigo'가 종자에 코팅하는 창발적 사고를 기술화해 세계의 이목을 끌었습니다. 한마디로 기후 위기나 전쟁 등으로 외부 환경이 척박해도 코팅된 종자를 심으면 작물을 재배할 수 있습니다.

앞으로 이 기술은 생육 환경이 열악한 땅뿐 아니라 기후 변화로 성장이 어려워진, 앞으로 더욱 어려워질 환경에서도 농업을 이어갈 수 있는 희망적인 푸드테크 기술입니다.

특히 종자를 코팅한 덕분에 영양소가 파괴되지 않은 채 생육할 수 있습니다. 나아가 인디고는 농민과의 상생 협력을 통해 탄소를 절감하는 다양한 환경 운동도 전개하고 있답니다.

이처럼 인디고의 기술력과 다양한 상생 프로그램이 주목받는 이유는 잦은 폭우와 사막화를 앞당기는 가뭄 등의 피해로 안정적인 작물 재배가 어려워질 미래의 농업 환경에 새로운 비전을 제시해서입니다. 농업 분야 1호 유니콘 기업인 인디고를 푸드테크의 대표 사례로 꼽는 이유이기도 합니다.

사막에서 농사를? 미드바르의 에어로포닉 시스템

농작물 생육에 물은 필수 요소라고 할 수 있습니다. 물 부족에 대해 앞에서 설명한 것처럼, 기후 위기로 마실 물과 안전한 물이 줄어들고 있습니다.

물이 많이 부족해져도 농사를 지을 수 있을까요? 우리나라의 스타트업 사례에서 흥미로운 성과를 찾을 수 있답니다. 기후 위기의 공격이 몰려오기 전에 물이 귀한 사막 지역에서도 물을 최소한 공급해 농사를 지을 수 있는 시스템을 개발한 미드바르입니다. '미드바르'는 히브리어로 척박한 땅이라는 의미라고 합니다. 척박한 땅에서도 풍성한 작물을 재배할 수 있는 기술을 보유한 스타트업입니다.

미드바르의 핵심 기술은 에어로포닉Aeroponics으로 공기 중에 뿌리는 물 분자 속에, 농작물에 필요한 영양분을 포함해 분사하는 방식입니다. 기존의 수경 재배에 비해 물을 90% 이상 줄일 수 있다는 점에서 획기적이라는 평가를 받고 있습니다.

사우디아라비아 등 중동의 물 부족 국가에서 먼저 선보인 이 기술은 향후 기후 위기로 물 부족 국가가 많아질 거라는 전망 속에서 주목받는데 해외 시장을 개척하는 모범 사례라고 할 수 있습니다.

미국 스타트업인 아바바이트AVA Byte의 도전 또한 흥미롭습니다. 수경 재배에 적합한 식물을 재배할 수 있는 '스마트 화분'을 개발했는데요. 흙이 없어도 물과 커피 캡슐 크기의 캡슐에 씨앗을 담아 자체 개발한 스마트 화분에 넣으면 끝입니다.

아바바이트는 LED로 식물을 키우는데, 전용 앱을 구축해 식물을 원격 관리할 수 있는 제품을 상용화했습니다. 이때 스마트 화분 안의 센서로 다양한 수경 재배에 적합한 식물들의 성장 상태와 영양 상태를 파악할 수 있고, 그 결과에 따라 맞춤형으로 물의 양이나 조명 강도를 조절할 수 있습니다. 이 방식은 미드바르처럼 땅에 의존하지 않고, 공장식 재배가 가능한 시스템의 한 사례입니다.

흥미로운 점은 기존 재배 방식보다 2배 이상 빠르게 작물을 재배한다는 점입니다. 이런 효율성 덕분에 도심에서도 캡슐 씨앗을 활용해 수직 농장을 만들고 토마토나 버섯 등을 재배할 수 있습니다. 더구나 물 사용량을 기존보다 90% 줄일 수 있어 탄소 배출을 줄이고, 담수도 아끼는 일석이조 사업 모델이라고 할 수 있습니다.

더는 소 탓을 하지 마세요 (1) : 사료 기술의 혁신

여러 차례 소개한 것처럼, 소가 온실가스를 발생시키는 메탄의 방출원이라는 점은 소 농가 입장에서 반갑지 않은 불명예입니다. 그건 소 농가만의 문제가 아니라 축산 기업과 국가적 차원에서 탄소 감축을 위한 노력을 해 반드시 해결해야 할 과제입니다.

다행히 과학자들은 소에게 먹이는 사료가 메탄가스를 많이 방출한다는 사실을 알고 메탄가스를 덜 방출하는 사료 연구에 힘을 쏟고 있습니다.

소 같은 반추 동물은 생체 구조 특성상 메탄을 발생할 수밖에 없는데, 서울대학교 연구팀은 병을 일으키지 않는 유익한 대장균인 프로바이오틱스 대장균에 '바이오차Biochar'라는 미생물 활성 물질을 투입해 저메탄 사료를 개발했다고 합니다. 이런 기술이 상용화되면 소뿐 아니라 돼지, 닭 등의 농가에도 적용해 온실가스를 만드는 방출량을 혁신적으로 줄일 수 있을 것으로 기대합니다.

이런 연구에 식품영양학을 전공한 전문가뿐 아니라 수의학자, 수의사, 인공 지능 전문가, 환경공학자 등이 협력해 기후 위기를 대응할 수 있는 겁니다.

더는 소 탓을 하지 마세요 (2) : 대체육과 배양육 시장 성장

설명한 대로 메탄 공장인 '소의 방귀'를 신기술에 기반한 사료 개선으로 줄인다고 해도 완전히 문제를 대체할 수 없답니다. 이미 지구촌 사람들은 맛있는 소고기, 돼지고기, 닭고기 등에 대한 소비를 극단적으로 줄이기 어려운 상황이니까요.

여기서 등장한 첨단 푸드테크가 있는데, 대체육과 배양육 개발 기술입니다. 대체육과 배양육은 무엇이 다를까요. 광의의 의미로 보면 대체육이라는 개념 안에 배양육 등 다른 신개념 대체 육고기 기술을 포함하고 있긴 한데요. 여기서는 기존의 구분을 준용해 소개하고자 합니다.

대체육은 우리에게 친숙합니다. 실제 고기를 전혀 사용하지 않고 콩이나 버섯 등 '대체' 재료로 맛이나 영양 성분을 유사하게 만들어 제공하는 걸 좁은 의미로 대체육이라 합니다.

이런 대체육과 달리 원래 동물에서 대체할 만한 고기를 생산하는 걸 '배양육'이라고 구분해서 부르기 시작했습니다. 요즘은 '세포 농업'이라고 불리기도 합니다.

배양육은 소나 돼지, 닭 등 일상적으로 '고기'로 즐겨 먹는 동물들의 세포를 추출한 다음 '배양'해 만든 고기입니다. 물론 줄기세포 등에서 추출하는 경우, 그 방식의 비윤리성 면에서 찬반 논란이 여전히 뜨겁습니다. 최근에는 윤리적으로 허용한 범위 안에서 합법적으로 세포를 추출해 식용 고기를 만드는 기술이 나날이 발전하고 있습니다.

좁은 의미의 대체육 시장을 볼까요? 한국무역협회의 연구에 따르면, 대체육 시장은 2030년에 육가공 시장의 30%를 차지할 것이라는 꽤 긍정적인 발표가 있었습니다.

대체육 시장은 이미 시작되었다고 할 수 있습니다. 햄버거, 베이컨 등 기름진 음식을 먹는 식습관이 불러온 비만과 각종 성인병이 선진국 국민 사이에서 문제가 되자 고기 맛을 내면서 비육류로부터 원재료를 취하는 방안에 관한 연구를 활발히 해 왔기 때문입니다. 이미 고기를 먹지 않는 '비건' 인구가 지속적으로 증가해 2억여 명에 달하며 앞으로도 관련 인구는 증가할 것으로 전망됩니다.

유엔식량농업기구FAO는 2050년 인구는 약 100억 명까지 증가하고, 세계 육류 소비량은 2021년 3억 3,000만 톤에서 4억 5,000만 톤까지 36% 이상 증가할 것이라고 전망한 바 있습니다(최지원, 2024. 05. 04). 이대로 진행된다면 육류가 부족해지는 사태가 벌어질 뿐 아니라 수요를 맞추기 위해 탄소와 메탄을 발생시키는 축산업을 더욱 공장처럼 가동할 수도 있습니다.

이런 추세에서 최근 기후 위기에 대한 인식이 높아지면서 대체육 시장은 가파르게 성장할 것이라고 보는 분석이 다수입니다. 그리고 대체육 시장과 관련된 미래 직업의 시장도 넓게 열릴 것이라는 전망입니다.

예전에는 맛있는 소시지를 만드는 데 식품영양학 등을 전공한 전문가들이 노력을 기울였다면 이제는 버섯과 콩 등 자연 재료로 소시지 맛이 나는 대체육을 만드는 데 다양한 학문적 배경의 전문가들이 참여하게 되며, 그만큼 직업적 가능성이 확대되는 시장이라고 볼 수 있습니다.

우리에게도 대체육은 매우 친숙합니다. 아마도 한 번쯤은 콩고기 즉, 콩으로 만든 고기를 맛본 적이 있을 텐데요. 한때 육류는 먹지 않고 생선, 동물의 알, 유제품은 먹는 페스코 베지테리언Pesco Vegetarian이었던 저는 초기 콩고기를 맛보고는 비건을 포기하고 싶을 정도로 맛에 실망한 기억이 있습니다. 그러나 최근에 접한 콩고기는 식감과 영양에서 육고기와 유사한 수준으로 개발돼 앞으로 더욱 기대되는 식료품이 될 것이라 여겨집니다.

푸드테크에 관심이 있는 여러분이 앞으로 참여할 기업의 사례를 들어 보겠습니다. 가장 먼저 푸드테크를 활용해 대체육 시장을 개척한 미국의 '비욘드미트Beyond Meat'가 있습니다. 비욘드미트는 콩과 버섯 등 식물성 재료로 대체육을 만드는 회사입니다. 일종의 '식물성 고기' 개발을 하는 선두 회사라고 하는데, 햄버거용 패티를 식물성으로 대체하는 것이라고 할 수 있습니다.

아직은 육고기를 대신한다는 인식이 부정적인 경우가 많고, 식감 등 품질 면에서 회의적인 시각도 있어서 주식 가치 역시 변화가 심하기는 합니다. 하지만 여전히 대체육 시장이 다양한 시도를 하는 과정이므로 미래 인재들이 더 많이 참여하면 기후 위기에 대응할 전망이 가장 밝은 분야로 손꼽히고 있답니다.

우리나라의 '위미트WEMEET'라는 스타트업은 콩이 아닌 버섯으로 고기를 만들어 상용화에 성공했습니다. 닭강정 같은 맛을 내는 버섯으로 대체육을 만들기도 하고, 일반 식품처럼 낯설지 않게 포장과 맛을 구현하는 데 꽤 성공했다는 평을 받고 있습니다. 이런 호평 속에서 위미트는 향후 더 다양한 대체육 제품을 개발하고, 상용화하는 데 범위를 넓힐 것으로 보입니다.

이제 배양육을 살펴보겠습니다. 배양육에 대해 누군가는 가장 놀라운 식탁의 혁명이라고 추켜세우기도 했습니다. 배양육이 일반화돼서 우리 식탁의 기존 육고기를 대체하게 된다면 과연 어떤 변화가 찾아올까요?

국제 학술지 〈환경 과학과 기술 회보Environmental Science and Technology Letters〉에 따르면, 배양육이 일반화되면 기존 축산업 대비 온실가스 배출을 96% 줄일 수 있다고 합니다. 또 관련된 에너지와 물 사용량 역시 각각 45%, 96%를 감소할 거라고 전망하기도 했습니다(김영대, 2024. 10. 28). 소고기와 유제품 등이 온실가스 배출의 약 15%를 차지한다는 지적이 있는 가운데, 이런 배양육의 발전은 탄소 저감에 큰 기여를 할 것으로 기대됩니다.

미국의 스타트업 '잇저스트Eat Just'와 '업사이드푸드Upside Foods'는 모두 배양육 분야에서 최첨단 기술력을 보유하고 있는 선두 기업입니다. 잇저스트는 대규모 농지를 구매한 빌 게이츠가 미래 먹거리로 투자한 적이 있는 회사라서 더욱 주목을 받고 있는데요.

배양육 연구는 살아 있는 동물의 줄기세포를 채취한다는 점에서 동물 보호 단체로부터 거센 항의와 비난을 받고 있습니다. 윤리적인 이슈를 어떻게 해결할 것인지도 숙제로 남아 있답니다.

배양육은 동물의 줄기세포에서 세포를 채취한 다음 실험실에서 대량 배양하는 방식으로 덩어리를 만듭니다. 이때 스테이크 같은 형태를 만드는 지지체가 필요하며, 스타트업의 다양한 기술을 이 부분에 실험적으로 적용하고 있습니다. 이런 과정이 인공 근육을 만드는 과정과 유사해 의학적인 지식이 있는 전문가의 참여도 활발하다는 점이 흥미롭습니다. 미래의 식품 회사에서는 의학 전공자들을 더 많이 만날 수 있을 것 같습니다.

이런 배양육 기술은 점차 발전하고 있지만, 앞서 언급한 윤리적 이슈를 대하는 방식이나 기존 축산 강국 여부에 따라 여전히 국가별로 입장은 다양합니다. 축산업이 발달한 프랑스, 이탈리아, 오스트리아 등에서는 축산 농가들의 생존에 위협이 된다는 측면에서 배양육 산업을 반대하고 있습니다.

반면 영국, 이스라엘, 오스트레일리아, 뉴질랜드, 싱가포르 등은 배양육 규제 완화에 적극 앞장서고 있습니다. 배양육을 지지하는 국가들은 미래 무기가 식량이 될 것이라는 점에 의미를 더 두는 것 같습니다. 기후 위기로 식량 부족이 가시화되고, 식량난이 본격화되기 전에 생존을 위한 식량 확보 계획을 배양육으로 하고자 하는 거죠.

여전히 갈등이 남아서 배양육의 상용화는 다소 시일이 걸릴 것으로 여겨지기도 합니다. 한 가지 최근 소식을 전하면, 배양육을 찬성하는 국가인 영국의 스타트업 '미틀리Meatly'는 최근 반려견 사료용 고기를 배양육으로 상용화하기 시작해 주목받고 있습니다.

대체육과 배양육 외에도 제3의 대체육을 만들고 있는 푸드 스타트업이 있습니다. 미국의 스타트업인 키버디Kiverdi는 '에어 프로테인'이라는 단백질을 개발했습니다. 앞에서 설명한 식물성 재료에서 대체육을 만들거나 육류 세포를 이용해 배양육을 만드는 방법과는 또 다른 방식인 미생물로 단백질을 만드는 기술을 적용한 겁니다.

대체육이나 배양육이 기후 위기 시대에 탄소를 줄이고 물 소비를 상당한 수준으로 감소시킬 수 있다는 점은 앞으로도 거부할 수 없는 매력으로 다가올 게 분명합니다. 또 지속적인 푸드테크의 발전으로 제3, 제4의 단백질 공급원을 개발할 수도 있을 겁니다. 이렇게 태동하는 시장에 미래 직업의 기회도 함께 열리게 된다는 점에 주목해야 합니다.

육지에서 생산하는 김

K푸드로 전 세계에 알려진 식재료 중 '김'을 빼놓을 수 없습니다. 해외에서 인기 있는 수출품이 되다 보니 '검은 반도체'라는 별명이 붙을 정도랍니다. 실제로 수출액은 꾸준히 증가해서 1조 원 매출을 거두는 우리나라 수출 효자 상품으로 자리 잡고 있습니다.

하지만 온난화가 불러온 바다 온도의 상승으로 김 양식을 위한 천혜 환경에 위기가 닥치고 있습니다. 김의 황백화 때문인데요. 국립수산과학원의 〈2024 수산분야 기후변화 영향 및 연구보고서〉에 따르면, 1968년부터 2023년까지 우리나라 해역의 수온이 약 1.44도 상승했다고 합니다(국립수산과학원, 2024.09). 그 영향으로 온도에 민감한 해조류인 김이 하얗게 되거나 노랗게 되는 현상을 황백화라고 합니다.

앞으로 2100년까지 바닷물 온도가 1~4도 추가로 더 높아질 것으로 판단한 김 판매 식품 회사들은 다른 대안을 고민하게 되었습니다. 이처럼 우리나라 연근해 수온이 급상승하면서 김 양식의 안정성을 보장하기 어렵고, 영양분도 소실돼 기존 품질을 유지하는 데 문제가 있다는 점에서 새로운 방안을 시도하고 있습니다.

육상 수조식 김 양식 기술이 한 예입니다. 바다가 아닌 육상 수조에 양식장 같은 환경을 조성해 김을 양식하는 겁니다. '바이오 리액터'라는 수조에 바다와 동일한 염도, 온도 등을 조성해 김 양식을 합니다. 김 양식에 적합한 온도가 3~10도인데, 육지 수조에서 양식하면 연중 가능하므로 겨울철에만 양식하던 김 양식 기간을 대폭 확대할 수 있다는 장점이 있습니다. 위기였던 기후 변화를 새로운 기회로 변화시키는 사례라고 할 수 있습니다.

현재 육지에서의 김 양식은 첨단 푸드테크 기술을 활용해 생육 환경을 지속적으로 조정하고 영양분을 유지하는 방안을 연구하고 있습니다. 조만간 식탁에도 육지에서 키운 김이 반찬으로 올라올 수 있으리라 기대합니다.

음식물 쓰레기 제로화에 도전하다 : 누비랩

식자재가 대량 생산되고, 구매와 소비가 편리해진 요즘은 과다한 음식물 쓰레기가 사회적 문제로 떠오르고 있습니다. 버려진 음식물 쓰레기는 식탁에 오르기까지 전 과정에서 불필요하게 자연을 훼손하고, 낭비뿐 아니라 음식물 쓰레기로 남겨지면 탄소를 유발하면서 처리하는 과정을 거치게 됩니다.

종종 음식물을 남기면 일정 비용을 내게 하겠다는 식당 주인의 경고 문구도 어느 정도 이해되는 상황입니다. 전 세계적으로 음식물은 연간 약 13억 톤이 버려지고 있다고 합니다. 이 수치는 인간이 식량으로 한 해에 산출하는 전체 규모의 30%가 넘는 수준이라고 합니다. 농사를 짓고 가축을 기르는 등 열심히 일해 수확하거나 도축한 식재료들이 식탁에 오르지도 못하고 폐기되거나, 식탁에 장식으로만 놓이다가 폐기물이 됩니다.

맛있게 먹는 소고기가 식탁에 오르기까지 메탄가스 주범으로 꼽히는 소를 사육해야 하는데요. 문제는 메탄가스만이 아닙니다. 소를 사육하는 데 고기 1킬로그램당 물 1만 5,500리터가 필요합니다. 감자 1킬로그램에 900리터를 쓰는 것과 비교하면 엄청난 양입니다 (김현대, 2019. 10. 20).

문제는 이렇게 많은 물을 쓰고도 음식물 쓰레기로 버려질 수 있다는 거지요. 더구나 우리나라도 1인당 130킬로그램에 달하는 음식물 쓰레기를 버리고 있다고 하니 경각심이 필요합니다.

이런 음식물 쓰레기를 처리하는 과정에서도 매년 30억 톤이 넘는 탄소를 발생시킨다고 합니다. 지구 한편에서는 넘쳐 나는 음식으로 식량을 버리고, 다른 한편에서는 기아와 기근으로 희생자들이 많이 발생하는 참 안타까운 현실입니다. 특히 음식물 쓰레기는 개개인의 노력으로 상당 부분 줄일 수 있다는 점에서 현명한 음식물 소비와 절감 노력이 필요한 때입니다.

이런 고질적인 문제에 인공 지능을 결합해 참신한 해결책을 제시하는 우리나라 푸드테크 스타트업이 있습니다. '누비랩Nuvilab'인데요. 누비랩은 인공 지능 푸드 스캐너를 개발해 식사를 제공한 전후의 음식량을 측정해 버려지는 음식량을 기반으로 수요를 예측하는 서비스를 제공합니다.

누비랩은 음식의 영양소를 분석한 리포트로 건강한 식단 관리에 도움도 주고 있습니다. 단체 급식, 대규모 조리를 하는 과정에서 과다한 음식을 만들지 않도록 사전에 관리함으로써 탄소 발생을 줄이는 데 기여하고 있습니다.

또 하나는 덴마크 스타트업인 투굿투고Too Good To Go에서 찾을 수 있습니다. 이 회사는 대부분의 음식물 쓰레기가 소비자에게 선택받기 전에 폐기된다는 점에 착안해 지역 식당이나 빵집, 마트 등에서 판매하지 못하고 버려지는 상품을 정가보다 저렴하게 소비자에게 판매하는 솔루션을 개발했습니다.

이 과정에서 인공 지능을 활용한 점이 눈에 띕니다. 투굿투고는 인공 지능과 빅 데이터 분석을 통해 고객별, 시즌별로 인기 있거나 선호 제품을 선별해 예측할 수 있습니다. 또 우리가 동네 빵집에서 종종 보던 유통 기한이 다가오면 빵값을 내린 스티커를 일일이 종업원들이 붙이곤 했는데, 투굿투고는 유통 기한이 다가오면 인공 지능이 할인 시기를 알려 주고 종종 기부할 수 있도록 해 낭비되는 식재료가 발생하는 걸 최소화하고 있습니다.

🌡️ 푸드테크와 미래 직업

지금까지 새롭게 등장하는 푸드테크 시장과 주요 기술·기업들을 살펴보았습니다. 기존에는 '먹거리' 산업은 과학이라기보다 오랫동안 전해진 '전통'의 이미지가 강했습니다.

그러나 이제 인공 지능을 비롯한 최첨단 과학을 배제하고는 인구 증가와 노동 인력 감소, 무엇보다 기후 위기 시대의 식량난에 대응할 수 없다는 걸 알게 되었습니다.

우리가 개척할 수 있는 푸드테크 시장도 지금 거론하는 초기 모습과는 비교할 수 없을 정도로 다양할 것이라는 기대감도 생겼을 것 같습니다.

푸드테크 관련 직업에 종사하려면 맛있는 음식, 신선한 재료, 건강 식단이라는 기본적인 의미 외에도 기후 위기 시대에 부족한 물과 농산물, 축산물 생육 환경에서 발생하는 탄소, 메탄 등 환경 파괴 물질들을 최소화하고 지구를 보호하는 사명감을 가지고 이 직업을 바라봐야 한다는 것도 잊지 말아야겠습니다.

그렇다면 미래 푸드테크 산업에 관심이 있는 학생들이 준비하면 유익한 전공은 어떤 것이 있을지 알아보겠습니다.

☀️ **농업학** : 농업 기초와 지속 가능한 농업 기술을 배우며, 기후 변화에 적응할 수 있는 농업 방법을 개발하는 데 기여할 수 있습니다.

☀️ **식품공학** : 식품 가공·저장·유통 기술을 배우고, 식품의 안전성과 품질

을 높이는 방법을 연구해 식량 낭비를 줄일 수 있습니다.

☀ **환경과학** : 기후 변화와 환경 문제를 이해하고, 지속 가능한 식량 생산 시스템을 설계하는 데 필요한 지식을 제공합니다.

☀ **생명과학** : 생명체의 생리와 유전학을 연구해 식량 생산에 필요한 새로운 품종 개발과 생물 다양성 보존에 기여할 수 있습니다.

☀ **데이터과학** : 농업·식품 시스템에서 발생하는 데이터를 분석해 효율성을 높이고, 예측 모델을 개발해 기후 변화에 대응할 수 있습니다.

☀ **인공지능** : AI 기초·응용 기술을 배우고, 푸드테크 분야에서의 AI 솔루션 개발에 직접 기여할 수 있습니다. 예를 들어 농작물 생육 예측, 식품 안전성 검사, 소비자 행동 분석 등 다양한 분야에서 활용할 수 있습니다.

☀ **기계공학** : 자동화·로봇 기술을 활용해 농업 생산성을 높이고, 식품 가공과 유통 과정의 효율성을 개선할 수 있습니다.

☀ **정보통신기술** : 스마트 농업 기술과 IoT를 활용해 농업 생산성과 효율성을 높이는 데 기여할 수 있습니다.

☀ **경제학** : 식량 시스템의 경제적 측면을 분석하고, 지속 가능한 식량 정책을 개발하는 데 필요한 지식을 제공합니다.

☀ **영양학** : 건강한 식단과 영양소의 중요성을 이해하고, 식량 부족 문제를 해결하기 위한 영양 개선 방안을 연구할 수 있습니다.

☀ **사회학** : 식량 시스템과 사회적 요인 간의 관계를 연구하고, AI를 활용한 사회적 불평등 분석과 해결 방안을 제시할 수 있습니다.

식품영양학, 축산학, 농업학, 수산학 등 기존 학문도 빠르게 인공 지능 등과 결합해 발전하고 있으며 대체육과 배양육 등 새 시장이 개척되면서 의학, 컴퓨터공학, 전자공학, 화학공학 등 과학적 지식을 겸비한 전문가들의 대거 유입이 예상되는 분야입니다. 지금의 선택이 인류를 위한 첫걸음이 될 수 있다는 자부심을 느낄 수 있는 분야, 푸드테크였습니다.

김혜론 변호사의 푸드테크와 법 이야기

여러분은 본문에서 소개한 대체육으로 콩고기 같은 식물성 고기를 먹어본 적이 있나요? 식물성 단백질을 이용한 고기 대체 제품은 육류 생산에서 발생하는 온실가스를 줄이는 데 기여할 수 있다는 걸 배웠습니다. 동물을 사육하는 데 온실가스가 많이 발생하기 때문이죠.

2024년 2월, 뉴욕주는 세계 최대 육가공 업체인 JBS를 '거짓으로 온실가스 배출량을 줄이겠다'라고 홍보해 소비자들을 오해하게 했다는 혐의로 고소했어요.

JBS USA는 자사에서 배출하는 온실가스 배출량을 계산하지도 않은 채 2040년까지 탄소 배출량을 0으로 줄이겠다고 약속했는데, 오히려 실제로는 육류 생산량을 계속 늘려 탄소 배출량이 증가했다고 해요. 또 '농업이 기후 변화의 해답이 될 수 있다'라는 슬로건을 내세워 미래 세대를 위한 건강한 지구를 약속한다고 광고하기도 했고요.

뉴욕주는 JBS USA의 거짓 광고가 대중에게 긍정적인 평가를 받았고, 이로써 이익을 취득한 것이 그린워싱Greenwashing이며, 부당하게 취득한 금전적 이익을 회수하고 위반 건당 최소 5,000달러의 벌금을 부과해야 한다고 주장하고 있어요.

푸드테크는 대체 단백질 개발 외에도 자원 낭비를 줄여 탄소 배출을 줄이는 스마트 농업, 음식물 쓰레기 등을 줄여 온실가스 배출을 줄이는 식품 폐기물 감소 분야에서도 널리 사용돼요.

오아시스Oasis는 신선 식품 배달 시장에 중점을 둔 한국의 유명한 푸드테크 기업인데요. 오아시스는 모바일 자동화를 사용해 제품 유통과 판매 관리를 강화하는 '오아시스 루트Oasis Route'라는 스마트 물류 솔루션을 개발했는데, 재고 폐기율을 거의 0에 가깝게 최소화해 환경과 매출이라는 2마리 토끼를 다 잡게 되었죠.

푸드테크와 관련된 새로운 법률 분야로는 ① 세포 배양육Cultured Meat 또는 식물 기반 대체육 같은 새로운 식품에 대한 식품 안전과 품질 규제 분야, ② 소비자의 건강 데이터 등을 수집해 맞춤형 식단 추천이나 서비스를 제공하는 경우 필요한 데이터 보호와 개인 정보 보호법 분야, ③ 푸드테크의 혁신적인 기술(새로운 가공법이나 식물성 재료 등에 대한)을 보호하기 위한 특허, 상표, 저작권 등 지식 재산권 분야 등이 있어요.

푸드테크와 관련한 법률 분야 직업으로는 ① 푸드테크 법률 자문FoodTech Legal Advisor, ② 식품 안전 규제 전문가Food Safety Regulatory Expert, ③ 지식 재산권 변호사Intellectual Property Lawyer, ④ 데이터 보호 법률 전문가Data Privacy and Protection Lawyer, ⑤ 식품 마케팅과 광고 법률 전문가Food Marketing and Advertising Legal Specialist 등이 있어요.

푸드테크 분야의 법적 전문가가 되려면 식품 안전법, 환경법, 농업 관련법, 광고법, 소비자 보호법 등 관련 기술 분야 공부가 필수이고, 법률가가 된 이후에도 푸드테크 관련 기술 전문가 등과 협업하는 경험을 쌓는 것이 중요해요. 관련 회사에서 인턴십과 실습을 하거나 관련 포럼 또는 커뮤니티에 참여해 최신 정보와 동향을 파악하면 도움이 될 겁니다.

05

기상 변화를 감지하고 탄소를 추적하는
지오테크

기후 위기에 대응하는 기후테크 분야에서 빠질 수 없는 분야가 기후 변화를 예측하고 대응하는 지오테크입니다. 장기간 기상 변화를 데이터화해 활용해야 하는 분야가 점차 넓어지고 있습니다. 앞으로 기후 데이터가 필요하지 않은 분야를 찾기 더 어려워질 정도로 우리의 경제 활동부터 여가 활동까지 관련 분야가 확대될 전망입니다. 지금까지는 날씨에 직접적인 영향을 받은 농수산업에서 기후 이상 징후들을 중요하게 다뤄 왔습니다.

그러나 이 책에서 살펴본 것처럼 이제 지구촌 사람들의 삶과 기후는 거의 모든 상황에서 밀접하게 영향을 미치게 되고, 점차 그 영향력도 증가하게 될 것임을 알게 되었습니다. 이미 시작된 변화이지만 제조·교통·의료·교육까지 모든 분야에서 기후 변화가 가져올 위험 관리가 필수인 시대를 살아가게 되었습니다.

이런 변화의 길목에서 지오테크는 인공 지능 등 정보 통신 기술을 기반으로 기상 빅 데이터를 분석하고, 탄소 배출을 모니터링해 각 산업 분야에 제공하는 비즈니스 모델로 성장하고 있습니다.

🌡️ 왜 지오테크가 필요한가요?

지오테크는 기상 변화를 감지하고 탄소를 추적해 정보를 제공하고 솔루션을 전달하는 기술로 기업이 기후 변화에 '적응'할 수 있게 돕는 기술입니다(대기환경톡톡, 2023. 10. 09). 이런 지오테크가 앞으로 왜 필요한지 관련 전문가들의 인터뷰를 했습니다. 스타트업 CEO부터 지질·기상학 교수, 생성형 인공 지능까지 대상으로 말입니다.

그 결과 생성형 인공 지능은 5개 관점에서 지오테크가 필요하다고 알려 주었는데요. 한번 살펴볼까요? 지오테크가 필요한 이유는 기후 변화의 영향 분석, 재난 관리와 대응, 지속 가능한 자원 관리, 탄소 배출 감소, 기후 변화 적응 전략 수립을 가능하게 해 주기 때문이라고 합니다. 조금 더 알아볼까요?

첫째, 기후 변화의 영향 분석은 지오테크의 출발이라고 볼 수 있어요. 기후 변화의 패턴을 분석하고 극단적인 기상을 예측하는 일이 필요하죠. 2020년 들어서 20년 전보다 허리케인 발생률이 50% 증가했고, 폭염·태풍·폭우 등 예측하기 어려운 날씨 이변들이 자주 발생하기 때문이죠.

이런 영향으로 인공 지능, 인공위성 등 첨단 기술로 광범위한 기후 데이터를 수집·분석해 예측하는 데 활용하는 일이 중요한 과제가 된 겁니다. 또 기후 데이터를 기반으로 기업이나 각국 정부들이 적절한 대응책을 마련할 수 있도록 도울 수 있다는 점에서 지오테크 전문가에 대한 수요가 증가할 전망입니다.

둘째, 재난 관리와 대응 분야를 보면 최근 들어 변덕스러운 기상 악화로 자연재해가 속출하고 있으며 피해 규모가 상상을 초월합니다. 더구나 국내 기후 단체인 기후솔루션의 발표에 따르면, 최근 11년간 기후 재난으로 인한 피해가 약 16조 원에 달한다는 놀라운 수치를 제시한 바 있습니다(신원교, 2024. 11. 11).

또 〈기후변화 리스크가 실물경제에 미치는 영향〉이라는 보고서에 따르면, 우리가 아무런 조치를 하지 않을 경우, 21세기 말에는 지구 평균 기온이 6.3도 이상 오르고, 그 결과 GDP가 2024년부터 줄곧 감소해 2100년에는 기준 시나리오(국내 인구 성장 추세 바탕 추정 성장 경로) 대비 21% 감소할 것이라는 암울한 전망을 제시하고 있습니다(신호경, 2024. 11. 04).

이런 위기를 막기 위해서라도 지구 평균 기온을 최소한으로 상승시키도록 제한하는 기후테크 기술이 필요합니다. 그중에서도 지오테크 기술은 정확한 기후 데이터 확보와 탄소 발생 추적, 기후 관련 다양한 예측 시나리오를 생성할 수 있다는 특징이 있습니다.

기후테크 중 지오테크를 활용한 데이터 분석과 인공 지능에 기반한 예측 모델링 기법은 재난 지역을 사전에 파악하고, 피해를 최소화하는 데 유용한 기술로 각광받고 있습니다. 미래에는 지리 정보 시스템GIS과 원격 탐사 기술을 결합한 지오테크 재난 관리 시스템으로 인명 피해를 줄이고, 재산 피해를 최소화하며 더불어 복구비와 기간을 단축하는 데 기여할 것으로 전망됩니다.

셋째, 지속 가능한 자원 관리를 위해서도 지오테크가 필요합니다. 우리가 무심코 소비하는 자원의 대부분은 유한합니다. 특히 물과 전기 등은 필수 생활 자원임에도 그 부족함에 대한 경각심이 적은 편입니다. 현재도 물 부족으로 고통받는 인구가 전체 80억 지구촌 인류의 40%나 된다고 합니다.

물 관리를 하려면 지오테크의 도움을 받아야 합니다. 지오테크로 세계 곳곳의 담수율을 측정하고, 물 부족이 예상되는 지역을 추정할 수 있습니다. 이런 지오테크 기반 데이터를 활용해 각국 정부나 기업에서는 물 부족에 대비한 저수지 개발 또는 저장소 등을 사전에 준비할 수 있습니다.

넷째, 탄소 배출 감축을 모니터링하는 데도 지오테크가 필요합니다. 지오테크를 활용한 데이터 분석과 모델링은 탄소 배출을 효과적으로 관리 감독하는 데 도움을 주죠. 지오테크 산업에서 주로 쓰는 인공위성과 센서 등을 활용하면 특정 지역의 탄소 배출원을 파악할 수 있습니다.

이렇게 탄소 배출원을 지리적으로 확인하면 배출원을 분석해 지속적이고 체계적으로 탄소를 감소할 방안을 마련할 수 있죠. 즉, 지오테크는 카본테크, 클린테크 등 기후테크 연관 분야에 탄소 배출량 등 기후 데이터를 제공함으로써 기후 위기를 해결하는 첫 단추를 제공하는 역할을 합니다.

다섯째, 기후 변화 적응 전략 수립은 궁극적으로 지오테크 활용의 목표라고도 할 수 있습니다. 지금의 기후 위기는 어느 한 나라에서 해결할 수 없는 글로벌 과제이며, 인류 공통의 문제입니다. 이런 지오테크 기반의 데이터들은 각국의 기후 위기 대응에 대한 합의와 공동 대응을 끌어내는 데 기초 자료로 활용된답니다.

대표적인 예가 IPCC의 다양한 평가 보고서에 지오테크 기반 자료들을 활용한 거죠. 실제로 세계적 인도주의 기구인 국제구조위원회IRC, International Rescue Committee에 따르면, 기후 위기로 2050년까지 전 세계적으로 10억 명 이상이 현재 삶의 터전을 떠나 낯선 곳으로 이주를 경험할 것이라고 합니다(강석오, 2022. 12. 28).

지오테크는 기후 변화로 인한 인구 이동의 패턴과 그로 인한 자연환경의 영향 등을 분석하고 대응할 수 있도록 정책 지원 데이터를 제공하는 데 기여할 것으로 기대됩니다.

🌡️ 기대되는 지오테크 기업들

이제부터 지오테크를 실질적으로 활용하는 스타트업 몇 곳을 소개하고자 합니다. 막연히 기후 데이터를 어떻게 활용할 수 있을지 궁금하다면 앞으로 소개할 기업들의 창의적인 시도를 간접 체험하면서 미래 직업으로서의 지오테크 분야를 상상해 보기 바랍니다.

인공 지능으로 기후 재난을 예측하다 : 원컨선

미국의 스타트업 원컨선One Concern은 지오테크의 대표적인 모델이라고 할 수 있습니다. 인공 지능과 기후공학을 융합해 기후로 인한 자연재해를 예측하고, 그 피해를 사전에 추정해 대비할 수 있게 하는 서비스를 제공하기 때문이죠. 원컨선의 기업 미션은 기후로 인해 지구는 물론 인간 삶의 피해를 최소화하는 겁니다. 이 회사의 창립 이유가 매우 인류애적이고 흥미롭습니다.

원컨선의 CEO인 앤드류 응은 인공 지능 전문가입니다. 그는 인도 카슈미르 홍수에서 일주일 갇혔다가 기적적으로 생존한 경험이 있습니다. 이때 겪었던 기후 위기의 심각성을 잊지 않고 기후 재난을 사전 예측하는 데 전문 분야를 활용하기로 결심했습니다.

허리케인이나 쓰나미 등 자연재해로 피해가 급증하는 가운데 원컨선 같은 인공 지능 기반의 기후 데이터 분석 기술은 각 기업의 관심을 받을 수밖에 없습니다.

그뿐 아니라 원컨선을 지오테크 분야의 선두 기업으로 꼽은 이유는 재난 복구 시스템에 있습니다. 이 시스템은 인공 지능을 활용해 허리케인과 홍수 등 자연재해가 발생했을 때 시설의 가동 중지, 복구 기간을 예측하는 기능을 제공합니다(조정형, 2024. 07. 03). 원컨선의 인공 지능 데이터 분석을 통한 철저한 계산 덕분에 재난 시 구체적으로 시나리오를 수립하고, 이에 맞게 기업이나 정부는 대응할 수 있어 큰 피해를 막을 수 있습니다.

원컨선의 방대한 기후 관련 데이터는 건축할 때 의사 결정에도 영향을 미친답니다. 재난이 예상되는 지역, 특히 지진이 자주 발생하는 지역으로 분석되면 해당 기업에서는 이런 문제에 대응할 수 있도록 설계를 변경하거나 다른 안전한 지역에 건축하게 됩니다. 이와 같이 생각보다 많은 분야에서 지오테크를 적용하고 있으며, 앞으로 더 많은 분야에서 적용하게 될 겁니다.

또 다른 지오테크 기업으로는 클리마비전Climavision이 있습니다. 이 스타트업은 미국 정부의 기상 레이더 성능이 정확도 면에서 문제가 있다고 판단했습니다. 이를 개선하기 위해 데이터 셋을 15억 개 이상 매일 처리해 보다 정확한 기상 예측을 제공하고 있고, 일반 기업들은 클리마비전이 제공하는 데이터를 받아서 사업을 추진하고 있습니다.

이를 통해 국가가 관리하는 데이터보다 더 정확하게 기후 데이터를 관리할 수 있을 만큼 지오테크의 기술 발전 속도가 빠르다는 것도 알 수 있습니다. 그만큼 실력 있는 전문가들이 참여하는 지오테크 산업에 미래의 직업 전망도 밝다고 할 수 있습니다.

보험 회사가 띄우는 드론 : 스위스재보험사

보험 회사 건물에 드론 수십 대가 있습니다. 어떤 용도로 사용할까요? 홍수·우박·태풍 등 자연재해로 농작물 피해가 발생했다고 생각해 봅시다. 일일이 피해 규모를 보험 회사 직원들이 파악하고 질문하는 방식은 더는 효율적이지 않습니다. 인공 지능을 탑재한 드론을 띄우면 피해 규모를 단숨에 파악할 수 있다고 합니다.

이렇게 피해 규모를 파악하면 농작물 피해를 입은 농부들에게 보상금을 신속하게 전달할 수 있어 시름에 빠진 농가를 돕는 데 유익한 기술이라고 할 수 있습니다. 이 과정에서 활용되는 기술이 인공 지능은 물론이고 빅 데이터 분석과 핀테크 기술 등입니다.

유사한 사례는 스위스재보험사Swiss Re에서도 찾을 수 있답니다. 드론으로 공중 감시 시스템을 구축해 홍수와 폭우 등의 재난 발생 확률과 재발 주기를 측정할 수 있죠. 이를 통해 특정 지역의 재난 위험을 사전에 예측하고 대비할 수 있게 돕습니다(조정형, 2024. 07. 03).

프랑스 보험사 악사AXA는 보험 인수자, 기후 과학자, 데이터 전문가로 구성한 기후 전문 조직을 운영하고 있습니다. 악사 클라이메이트AXA Climate라는 이름의 기후 대응 조직에서는 위성과 항공기, 드론으로 기후 변화에 대응하고 이에 맞는 보험 상품을 개발하고 있다고 합니다.

대표적인 사례가 프랑스 보르도 지역의 '와인 농장 파라메트릭 보험'이라는 것인데요(홍정민, 2023. 08. 02). 서리로 보험 가입이 어려웠던 와인 농가에 빅 데이터를 기반으로 한 기상 관측 자료를 활용해 고객과 협의한 기간 동안 서리로 인한 피해가 발생하면 보험을 집행하는 겁니다. 한마디로 기후 위기 시대에 걸맞는 신개념 보험 상품을 개발한 거죠.

이처럼 기후 데이터는 더는 기상 분야나 정부의 특정 사업용이 아니라 보험 회사 등 다양한 사업 분야에서 활용되고, 앞으로 그 범위도 확대할 것으로 전망됩니다.

여행에 날씨 정보? 탄소 정보라면 'Yes'

지오테크 산업은 다른 말로 빅 데이터 산업이라고 부를 수 있습니다. 다양한 기후 관련 데이터를 모아서 가공하고 필요한 서비스를 제공해서입니다.

여행을 떠나기 전, 여행지 날씨 정보를 미리 받아서 준비하고, 혹시 모를 악천후를 대비하는 데 인공 지능 기반 지오테크가 활용되고 있습니다. 여행 업계에서 기후는 일종의 '게임 체인저'입니다. 코로나19라는 팬데믹을 통해 여행업이 주춤했던 것처럼 여행지의 기상이나 홍수, 폭우, 지진, 질병으로 인한 변수를 예측하는 일은 사업 수익성과 직결되기 때문입니다.

요즘같이 탄소 발자국을 줄이고 친환경 여행을 하고자 하는 여행자들이 늘고 있는 추세를 겨냥한 지오테크가 있어서 소개하고자 합니다. 스타트업 패치Patch는 탄소 배출 데이터를 제공하는 API를 개발해 여행 등 각종 분야에 제공하고 있습니다(LG CNS 융합기술연구소, 2023. 03. 28). 대표적으로 여행 예약 서비스인 사파라Safara에 제공하는데요. 사용자가 여행 지역까지 비행기를 타고 이동할 때 배출되는 탄소 발자국을 어플상에 표현합니다. 친환경 여행자들에게는 정말 중요한 정보가 되겠지요?

앞으로 여행 분야에서 지오테크 기술 기반의 기후 데이터는 더 많이 다양하게 활용될 전망입니다. 탐험가나 여행가가 되고 싶다면, 이제 지오테크 기술을 이해하는 데서 출발해야 할지 모르겠습니다.

하늘에서 바라보는 지오테크 : 나라스페이스

인공위성 하면 지구를 중심으로 회전하는 거대한 기계가 떠오릅니다. 뉴스나 영화에서 어마어마하게 큰 인공위성이 지구를 유영하는 모습을 보아서일 텐데요. 그런 인공위성의 무게는 평균 1톤 이상 나간답니다. 그러나 최근 수십 킬로그램에서 작게는 1킬로그램 정도의 소형 인공위성을 개발해 우주 시대의 새로운 가능성을 보여 주고 있기도 합니다.

작아진 크기와 달리 소형 인공위성으로 얻는 정보는 재난 상황을 신속하게 파악하고 대응할 수 있도록 도움을 주는 데 필수적인 데이터로 자리 잡고 있습니다. 이런 기능이 지오테크의 핵심 기술 덕분이라고 할 수 있는데요.

우리나라의 대표적인 지오테크 스타트업인 나라스페이스는 초소형 인공위성 솔루션을 제공하는 회사로, 지구 환경을 모니터링하는데 큰 역할을 하고 있어요. 이 회사는 어스페이퍼Earthpaper라는 플랫폼으로 위성 데이터를 활용하고 있습니다. 이 플랫폼은 지구의 다양한 환경 문제를 관찰하고 분석하는 데 도움을 줍니다.

나라스페이스의 기술력은 매우 뛰어나 NASA로부터 최고 등급인 9단계TRL-9 평가를 받았습니다. 이처럼 우수한 기술력을 바탕으로 나라스페이스는 탄소 발자국을 추적하고, 재난 재해로 급변하거나 달라지는 지형과 피해 규모를 실시간으로 확인하고 리포트합니다. 또 농작물 수확량을 예측하거나 산림 자원의 변화를 관찰하는 등 다양한 서비스를 제공할 수 있다고 합니다.

최근에는 자체 개발한 상용 큐브 위성 '옵저버 1A'를 성공적으로 발사했어요. 이 위성의 무게는 25킬로그램, 크기는 가로세로 각각 20센티미터, 높이 40센티미터로 기존 위성보다 아담합니다. 크기는 작지만 90분마다 지구를 관찰해 변화를 모니터링하고 위기에 대응할 수 있는 고도의 기술을 제공합니다(조나리, 2024. 03. 06).

나라스페이스는 소형 인공위성 시스템과 부품을 자체 제작할 뿐 아니라 위성 데이터를 활용하는 플랫폼까지 서비스하는 기술력을 갖추고 있습니다. 덕분에 기후 변화와 재난 복구 같은 문제를 빠르게 찾아 해결하는 데 강점이 있습니다.

해외의 지오테크 스타트업 중 플래닛랩Planet Labs 역시 위성을 이용해 매일 지구 전체를 관측하고 있습니다. 특히 스카이샛Skysat이라는 인공위성으로, 집중적으로 모니터링하고 싶은 지역에 산불이 발생하면 고해상도 영상을 제공할 수 있습니다. 이 기술력 덕분에 사각지대 없이 지구의 생태계를 파악할 수 있습니다.

실시간 위성 영상을 제공해 스마트폰에서 위성 사진을 수집할 수 있게 해 주는 미국의 스타트업도 있습니다. 스카이파이SkyFi라는 위성 영상 플랫폼 기업인데요. 스카이파이는 위성과 고공 탐측 풍선, 드론 등 첨단 기기를 활용해 농업부터 보험까지 다양한 기업 고객은 물론 개인 고객에게 정보를 제공하고 있습니다. 이런 정보는 농사 시기나 산불 예방, 관련 보험 설계에 유용하게 활용되고 있습니다.

와인 생산에 적용하는 지오테크 : 세레스이미징

해외의 포도 재배는 우리나라의 벼농사만큼 중요합니다. 수확한 포도를 와인으로 만들어 물처럼 마시는 경우가 많아서입니다. 유럽의 담수에 석회질이 많이 포함되어 있어서 식수용으로 부적합한 경우가 종종 있어 대안으로 와인 문화가 발달했다는 분석도 있습니다. 유럽에서는 식수처럼 자주 마시는 와인 재료인 포도가 최근 기후 위기로 수확량이 줄고 있다고 합니다. 햇볕과 물을 충분히 공급받아야 하는데, 기후 위기로 가뭄과 궂은 날씨가 반복되어 포도 농작이 어려워진 거죠.

이런 문제점을 간파한 미국의 스타트업 세레스이미징Ceres Imaging 은 인공 지능과 빅 데이터로 새로운 해결책을 제시하고 있습니다. 포도 경작지 상공으로 드론이나 비행기를 띄워 고해상 이미지를 확보하는 겁니다. 이를 통해 물이나 농약 등이 제대로 흡수되는지 파악하고, 곤충 피해나 작물의 영양 결핍 등까지 재배 전반의 리스크를 점검합니다.

특히 포도는 토양의 영향을 많이 받는 작물로 일일이 사람이 토양 상태를 알아보고 구획을 정해야 하는 노동 집약적인 농사입니다. 세레스이미징의 기술을 활용해 사람 대신 인공 지능 '눈'이 토양과 수분, 빛의 양 등을 분석해 포도밭을 분류하고, 각 조건에 맞는 경작을 할 수 있도록 지원해 포도 농가의 노동 효율성을 개선하고 수확량이 증대할 것으로 기대되고 있습니다.

이런 세레스이미징의 기술력은 단지 포도밭뿐 아니라 밀, 감자, 과일 등 다른 작물에도 적용이 가능합니다. 각 농지를 영상으로 파악해 빠르게는 농부의 눈으로 파악하기 2~3주 전에 물 부족이나 과잉 문제를 먼저 인지하고 대응하게 해 줌으로써 수확량을 늘리는 데 기여할 수 있습니다.

미국의 데이터 분석 기업 데카르트랩Descartes Labs은 인공 지능에 기반한 고해상도의 인공위성 사진과 영상을 통해 농산물의 생육 상태, 개체 수 등을 분석하는 기술이 뛰어납니다.

논이나 밭작물의 생산량을 정확히 예측하는 데 정평이 나 있는 데카르트랩은 약 10년간의 실적 분석 결과, 99%의 높은 농산물 생산 예측력을 보이고 있다고 합니다.

이런 정확성은 농부들에게는 매년 예측이 어려웠던 산출량에 대한 예측을 가능하게 한다는 점에서 의미가 있습니다. 산출량을 제대로 알면 보다 과학적이고 효율적인 작물 관리 시스템을 구현하는 데 도움을 줄 뿐 아니라 작물을 최상 상태에서 판매할 수 있는 장점이 있기 때문입니다.

지오테크의 발전 방향, 물 관리와 탄소 발자국

앞에서 소개한 세레스이미징은 인공 지능 영상 수집을 통해 농사에 필요한 물 공급 상태를 알려 주는 기술이 있습니다. 인간의 생명 유지에 물이 얼마나 중요한지 말하는 건 의미가 없을 정도이지요. 한편으로는 폭우와 홍수, 가뭄 등은 자연 섭리에 해당하는 분야라고 생각돼 오랜 기간 인간의 노력은 부질없는 것으로 보일 때가 종종 있었습니다.

그러나 인공 지능, 빅 데이터 등 첨단 기술이 발전하면서 이제는 지오테크로 해결하는 물 부족 주제를 적극적으로 다룰 때입니다. 우리나라만 봐도 여름에는 폭우로 집이나 건물 지하, 도로 등이 침수되는 일을 종종 겪는데, 겨울을 비롯한 다른 계절엔 강수량이 굉장히 적은 편입니다.

문제는 우리나라의 물 사용량은 꾸준히 증가해 2020년 기준 가정용 물은 1인당 하루에 192리터를 사용한다고 합니다. 이는 슬로바키아의 77리터 대비 2배 이상이고, 독일보다는 1.6배 많은 수치라고 합니다(환경부·양가희, 2022. 03. 22). 이런 물 사용량은 주요국 중 2위를 차지할 만큼 주의가 필요한 상황이라고 합니다.

물 부족 상황에서 물을 과잉으로 사용하고 있는 우리나라에 필요한 기술이 물을 관리하는 지오테크랍니다. 물을 가장 많이 쓰는 농업 분야뿐 아니라 다양한 제조 과정에서 물의 사용은 필수입니다. 지하수 위치를 파악하고, 수질 오염 정도를 측정하고, 작물이 생육할 수 있는 토양 상태를 분석하는 것도 역시 지오테크의 한 분야라고 할 수 있습니다.

또 눈비 등 시간대별 날씨 예측을 기반으로 농작물 관리를 가능하게 해 주며, 제조업과 데이터센터의 운용까지 물이 효율적으로 활용되고, 이로 인한 물 부족이 일어나지 않도록 관리하는 기술이 지오테크로부터 출발한다고 볼 수 있습니다.

온실가스 배출량을 측정하고 추적하는 분야에 인공 지능에 기반한 지오테크 기술이 광범위하게 활용되고 있습니다. 국제 비영리 단체 '클라이밋 트레이스Climate TRACE'는 인공위성 데이터를 실시간으로 확인해 탄소 배출량을 측정하고, 온실가스를 증가시키는 이산화탄소와 메탄 등의 수치를 감시하고 있습니다. 일종의 탄소 발자국을 측정하고 있는 거지요.

또한 온실가스로 인한 오염이 발생하는 지역을 즉각 찾아내 범위와 양을 측정하기도 합니다. 서울특별시의 경우, 온실가스 모니터링 시스템을 갖추고 온실가스 배출량을 예의 주시하고 배출량 관리에 집중하고 있답니다.

앞으로 다양한 지오테크 기술의 발전으로 물 관리부터 온실가스 추적, 기후 관련 다양한 활동이 새로운 직업을 창출할 것으로 기대됩니다.

🌡 지오테크와 미래 직업

앞으로 기술 발전과 더불어 성장성이 높은 분야로 꼽히는 지오테크는 어떤 직업이 미래에 등장할까요? 몇 가지 주목받는 미래 직업을 소개하고자 합니다.

첫 번째로 자원 탐사 전문가를 소개하겠습니다. 아직은 낯선 직업인데, 육지와 바닷속 깊숙이 묻혀 있는 천연자원을 찾고, 매립량을 측정해 미래 자원으로 활용하는 첨병 역할을 합니다.

특히 기후 위기를 겪고 있는 현재의 지구 생태계를 잘 이해하고, 자원 개발을 위한 탐사 계획을 수립하고 수행하는 업무를 하게 되는데요. 이 과정에서 인공 지능을 기반으로 한 기상 정보를 활용해 다양한 환경의 자원을 탐사하게 됩니다. 주로 기상학, 지질학, 원자재공학, 데이터 분석, 드론 기술, GIS, 지반공학 등 지식과 경험을 보유한 전문가들의 참여가 필요한 분야입니다.

두 번째로 부상하는 직업은 지구 시스템 전문가입니다. 기후 변화, 대기, 해양, 육상의 상호 작용을 연구해 지구 시스템의 변화를 이해하고 예측하는 전문가들을 말하는데요. 기상·기후와 관련된 데이터는 물론 지구 생성과 진화에 대한 탐구, 환경 보존을 위한 다양한 역할이 기대되는 직업입니다.

특히 기후 변화와 자연재해를 연구해 예측하고 대응 방안을 제시하는 역할을 할 것으로 전망되며, 인공위성을 이용한 지구 탐사와 기술 개발이 이런 전문가들의 손에서 탄생합니다.

필요한 전공으로는 기후과학, 데이터 분석, 우주공학, 모델링 소프트웨어, 통계학을 비롯한 지구시스템과학 등의 전문 지식과 경험이 필요한 분야입니다.

세 번째로 주목할 만한 분야는 기후테크 컨설턴트입니다. 뉴스에서 그날의 날씨를 알려 줘 일상에 도움을 주는 기상 캐스터라는 직업이 있지요?

기후 위기 시대에는 기상 캐스터가 점차 기후테크 컨설턴트로 그 역할을 넓혀 갈 것으로 전망되기도 합니다. 기후테크 컨설턴트는 복잡한 기후 데이터를 이해하고, 일반인이 쉽게 이해·활용할 수 있도록 돕거나 기업이 해당 데이터를 사업에 잘 적용할 수 있도록 도와주는 전문가로 발전할 겁니다.

앞에서 설명한 것처럼 지오테크 분야는 기상, 기후, 위성 데이터 등을 기반으로 농업부터 여행업까지 산업 전반에 영향을 미치고 있으며, 앞으로 그 영향력이 더욱 증대할 겁니다. 이처럼 기후 위기 시대에 기상 정보와 재난 재해 예측 정보는 단순히 정보를 넘어서 '돈'의 가치를 가지게 됩니다.

따라서 기후 관련 전문성을 가진 컨설턴트의 활약이 증가할 것으로 기대되는 거죠. 주로 기후·환경공학 전반에 대한 지식, 비즈니스 관리, 비즈니스 모델 개발, 마케팅 관련 지식과 경험을 보유한 전문가들이 참여하게 될 겁니다.

이렇게 다양한 미래 직업을 창출할 지오테크에 관심이 있다면, 다음과 같은 전공을 공부하고 지속적으로 환경 문제에 관심을 두고 접근하는 걸 제안하고 싶습니다.

☀ **지구과학** : 지구의 구조·기후·지질 등을 연구하는 학과로 탄소 관측, 기상 정보와 관련된 기초 지식을 제공합니다.

☀️ **환경과학** : 환경 문제를 다루고, 지속 가능한 개발을 위한 연구를 진행하는 학과입니다.

☀️ **기상학** : 기상·기후 변화에 대한 전문 지식을 제공하며, 기상 정보를 분석하는 데 필수적입니다.

☀️ **지리정보시스템** : 공간 데이터를 수집·분석하고 시각화하는 기술을 배우며, 지리적 정보와 관련된 다양한 응용 분야에 활용됩니다.

☀️ **데이터사이언스** : 대량의 데이터를 분석하고 해석하는 기술을 배우며, 인공 지능과 머신 러닝을 활용한 데이터 분석에 중점을 둡니다.

☀️ **환경공학** : 환경 문제 해결을 위한 공학적 접근을 배우며 탄소 배출 감소, 지속 가능한 기술 개발에 기여할 수 있습니다.

☀️ **농업생명과학** : 농업과 관련된 생명 과학을 연구하며, 기후 변화가 농업에 미치는 영향을 분석하는 데 유용합니다.

☀️ **지질학** : 지구의 물질과 구조를 연구하며 탄소 저장, 지질학적 데이터 분석에 기여할 수 있습니다.

☀️ **에너지공학** : 에너지 생산과 효율성을 연구하며, 탄소 배출 감소와 관련된 기술 개발에 중점을 둡니다.

☀️ **인공지능학** : 인공 지능 기술을 활용해 데이터 분석과 예측 모델링을 배우며, 지오테크 분야에 적용할 수 있습니다.

☀️ **해양학** : 해양 환경과 기후 변화를 연구하며, 해양에서의 탄소 순환과 기후 변화에 대한 이해를 높일 수 있습니다.

2019년 가을, 오스트레일리아에서 사상 최악의 산불이 발생했었어요. 다음 해 봄까지 이어진 산불은 우리나라 국토 면적에 해당하는 약 1,000만 헥타르ha가 넘는 대지를 태웠으며 수억 마리의 동물들이 화재로 죽거나 서식지를 옮기는 등 영향을 받았죠.

당시 오스트레일리아 산불이 기후 변화 때문이라는 분석이 잇따랐는데요. 기후 변화로 인한 기록적인 고온 현상과 유례없는 가뭄이 건조한 땅을 만들었고, 곧 유례없는 산불로 이어졌다는 것이었죠.

그런데 이때 지오테크 분야가 오스트레일리아 산불 같은 대형 자연재해가 발생했을 때, 빛을 발하기도 하는데요. 드론을 이용해 빠르게 피해 지역의 지도를 작성하고 이를 GIS와 결합해 피해 범위, 대피 경로, 복구 작업 등을 체계적으로 분석한 거죠.

이런 지오테크 기술은 법률 분야에서도 점점 더 주목받고 있는데요. 지오테크를 활용한 기후 데이터 등이 기후 변화 관련 소송 등에서 중요한 증거로 사용되기 때문이죠.

2013년, 네덜란드 환경 보호 비영리 단체인 우르헨다재단Urgenda Foundation은 기후 변화 문제 해결을 위한 법적 책임을 국가에 묻기 위해 네덜란드 정부를 상대로 소송을 제기했어요. 우르헨다재단은 네덜란드가 파리협정과 UNFCCC에 서명한 국가로서 온실가스 배출 감소 목표를 충실히 이행해야 함에도, 기후 변화 대응 목표를 설정하지 않았다고 주장했는데요.

이 사건에서 우르헨다재단은 지오테크 기술을 이용한 기후 모델링과 온실가스 배출 추적 데이터를 증거로 제출했으며, 이를 통해 기후 변화가 인간의 기본적인 권리에 미치는 영향을 법적으로 입증했어요. 결국 2015년에 네덜란드 법원은 우르헨다재단의 주장을 받아들여 네덜란드 정부에 2020년까지 온실가스를 25% 줄이라고 명령했고요. 이 일은 네덜란드 정부의 기후 변화 대응이 국제적 기후 협정의 목표를 이행하는 데 충분하지 않다고 판결한 중요한 사건이 되었어요.

우리나라에서도 기후 변화 대응을 위한 법적 소송 사례들이 늘어나고 있는데요. 특히 환경 단체나 시민이 정부와 기업을 상대로 기후 변화 완화와 탄소 배출 감축을 위한 구체적인 조치를 요구하는 소송이 점차 증가하고 있어요. 지오테크 기술을 활용한 탄소 배출량 추적을 위한 위성 데이터와 GIS 분석 등은 이런 소송에서 과학적 증거로 활용될 수 있으며, 온실가스 배출이나 환경 영향을 입증하는 데 중요한 역할을 하고 있고요.

지오테크와 관련된 새로운 법률 분야로는 ① 지오테크를 활용한 탄소 배출원 추적, 탄소 배출 감축 계획 등을 수립하는 기후 변화 대응과 관련된 법률 분야, ② 위성 이미지, 지리 정보, 3D 모델링 데이터 등 중요한 디지털 자산을 보호하기 위한 디지털 재산권 분야, ③ 도시의 환경적 영향을 추적하고, 기후 리스크를 평가하며, 자원 효율성을 높여 스마트 시티 구축, 지속 가능한 도시 개발 등 도시 계획과 관련된 법률 분야, ④ 위치 기반 서비스LBS 활용과 제재에 관련된 개인 정보 보호 분야 등이 있어요.

지오테크와 관련한 법률 분야 직업으로는 ① 기후 변화 법률 전문가 Climate Change Lawyer, ② 환경 법률 전문가Environmental Lawyer, ③ 지적 재산권 변호사 Intellectual Property Lawyer, ④ 개인 정보 보호 변호사Privacy and Data Protection Lawyer, ⑤ 도시 계획 법률 전문가Urban Planning Lawyer, ⑥ 기술·데이터 규제 전문가Technology and Data Regulation Specialist 등이 있어요.

지오테크와 관련된 법률가가 되려면 법적 전문성과 함께 기술적 이해가 필수적이에요. 법학 교육을 기반으로 한 기후 변화, 환경법, 지적 재산권 등의 전문 지식을 쌓고, GIS나 위성 데이터 같은 지오테크 기술을 이해하는 데 노력을 기울여야겠죠. 나아가 실무 경험, 계속적인 학습, 국제 경험 등을 꾸준히 실천한다면 지오테크와 관련된 법률 분야에서 경쟁력을 갖춘 전문가로 성장할 수 있을 거예요.

5장

기후 위기 시대, 나의 백년 직업 준비

01

기후 위기 시대, 미래의 문이 닫히고 있다

지금까지 기후라는 주제로 우리 미래에 이어진 길을 미리 걸어 보았습니다. 처음에 이 길을 들어설 때와 달리 생각보다 심각한 기후 위기에 놀라기도 했습니다. 그리고 급격한 기후 위기가 삶 전반에 깊은 영향을 미치고 있다는 걸 알게 되었습니다. 나아가 기후 급변과 양극화 문제는 여러분이 살아갈 미래에 지속적으로 영향을 끼치게 될 거라는 점도 이제는 분명히 알게 되었습니다.

여러분 앞에 놓인 미래를 잠시 요약하면, 산업 혁명 이후로 온실가스가 급증해 지구 온난화가 빠른 속도로 진행되고 있습니다. 그결과 더는 방치할 수 없을 만큼 급변하는 기후 영향으로 폭우, 폭염, 혹한, 해빙 등이 일상생활까지 위협할 때가 더 많아졌습니다. 이처럼 기후가 급변하고 대응이 필요한 시점에 한 축에서는 인공 지능과 첨단 기술의 발전으로 기존 삶의 방식과는 다른 환경이 펼쳐지고 있습니다. 첨단 기술의 등장은 일자리를 창출하기도 하고 줄어들게 하기도 합니다.

최근에는 기후 위기에 적극 대응하고 새로운 산업의 기회를 만드는 기후테크 분야가 인공 지능 등 첨단 기술의 발전으로 부상하고 있습니다. 게다가 수명 증가로 100여 년 넘는 시간을 지구라는 별에서 살아야 하죠.

그렇다면 어떤 일을 하면서 생계를 유지해야 할까요? 과거에는 이런 질문의 시작이 미래를 준비하는 첫출발이었습니다. 그러나 기후 위기 시대에는 적절한 지구 평균 기온을 유지하지 못하고 온난화의 폭주를 막지 못한다면, 선물 같은 수명 연장이 재앙으로 다가올 수 있음을 이해해야 합니다. 이런 기후 위기에 관한 인식을 바탕으로 미래 직업을 설계해 나아가야 합니다.

02

달라지는 직업, 새롭게 등장하는 직업

《한국직업사전》에 따르면, 1969년 당시 3,260개에 불과했던 직업은 2020년 1만 6,891개로 증가했습니다(손찬영 외, 2023). 그만큼 많은 직업이 새롭게 생겨나기도 하고, 한 분야가 세분화돼 다양한 전문 영역이 생겼다는 걸 의미하기도 합니다.

이 과정에서 직업이 새롭게 탄생만 한 것이 아니라 기계와 자동화 등의 도입으로 특정 직업들은 사라지는 운명에 처하기도 했습니다. 최근에는 인공 지능의 등장으로 이미 사라지는 직업을 경험하고 있습니다. 이를테면 은행 창구 업무 담당자, 자동차 같은 제조업에서 일하는 엔지니어, 고객을 응대하는 콜센터 직원 등이 업무 축소로 일자리를 잃었다는 뉴스를 종종 보게 됩니다.

기후 위기 시대에는 다수의 직업이 기후 영향권에 들어가게 됩니다. 의료진들은 기후로 인한 질병들을 진료할 확률이 높아지고, 농업 종사자들은 농작물을 선정해 재배하는 과정 내내 기후 변화에 적절하게 대응해야 합니다. 정부 정책 역시 기후 빈부 차를 고려한 사회 복지부터 장기적인 기후 대응 계획을 수립하는 전문 인력 영입을 추진할 겁니다. 기업도 탄소 중립 등 각종 규제 대응을 위한 법률 규제 전문가를 비롯해 탄소 절감을 위한 다양한 신기술을 적용할 기술 인재들에 대한 수요를 늘릴 겁니다.

이런 변화에 대응해 우리가 어떤 준비를 해야 하는지 생각해 보는 시간이 필요합니다. 기후 위기로 달라지는 직업 세계를 크게 세 분야로 볼 수 있습니다.

첫째, 기후 위기에 적극 대응하고, 탄소 중립을 위해 기술적인 접근을 하는 직업군입니다. 182쪽에서 설명한 기후테크 산업의 5대 분야가 대표적인 예라고 할 수 있습니다. 기후 위기 문제를 인공 지능 등 첨단 기술을 활용해 해결하고 나아가 탄소나 폐플라스틱을 재활용할 수 있는 구체적이고 실용적인 솔루션을 제공하는 산업 분야를 개척해 나갈 수 있습니다.

기후테크 분야는 지속적으로 성장하는 영역일 뿐 아니라 향후 기후테크의 도움을 받지 않는 산업 분야가 없을 정도로 영향력이 확대될 것으로 전망됩니다. 기후테크 분야에서 일한다는 건 환경공학적인 지식을 기반으로 인공지능, 컴퓨터공학, 제어계측, 전기전자공학, 화학, 생물학, 건축학 등 과학적 접근과 더불어 법학, 사회학, 정치학, 미학 등 인문학적 지식·경험이 어우러지는 융합 인재들과 만나게 된다는 걸 의미합니다.

실제로 국내 기후테크 스타트업 CEO들을 대상으로 한 인터뷰에서 필요한 인재상으로 공학적 인재뿐 아니라 마케팅·규제 대응을 할 수 있는 인재도 필요하다는 응답이 가장 많았습니다.

앞으로도 이런 수요는 지속적으로 늘어날 것으로 예상됩니다. 기후테크 관련 직업을 선택한다면 지구 환경을 개선하고, 보다 살기 좋은 지구를 만드는 분야라는 점에서 보람과 의미가 큰 미래 직업이라고 할 수 있습니다.

둘째, 현재 기후테크 산업에서 직접 다루지 않는 분야에 관한 관심과 대응도 필요합니다. 기후테크 분야 외에도 기후 위기가 불러올 다양한 변화에 대응하는 방안이 새로운 직업군을 탄생시킬 것으로 전망되기 때문입니다. 예를 들어 기후 위기로 사라지는 직업들을 대체하는 직업 전환 교육 전문가가 필요해지기도 합니다. 대표적으로 어업으로 생계를 유지해 온 해안가 주민들에게는 생존 문제이므로 조속한 대응 방안이 필요하죠.

또 기후 위기로 주목받는 '기후 정의Climate Justice' 관련 직업들도 다양해질 겁니다. 기후 정의란 기후 급변으로 삶이 취약해진 소외된 계층의 불평등에 주목하고 해소하고자 하는 개념입니다. 때로는 한 나라 국민 사이의 기후 불평등 이슈를 해결할 수 있고, 때로는 국가 간 기후 불평등 문제를 해소하기 위한 국제기구 참여 전문가들이 의료·교통·법률·건축·제조·교육 등의 지식을 기반으로 참여할 수도 있습니다.

더불어 3장에서 언급한 것처럼 전통적인 산업군에서 안정적인 경계를 가지고 있던 직업군들의 변화도 예측할 수 있습니다. 기후 위기는 사회 각 분야와 전반에 생각하고, 행동하고, 대응하는 방식의 변화를 요구할 것이기 때문입니다.

셋째, 기후 위기를 불러일으키는, 이른바 '탄소 악당'으로 불리는 산업 분야의 직업은 점차 축소될 겁니다. 실제로 전 세계에서 탄광을 가장 많이 보유한 중국은 탄소 중립 정책을 강화하고 RE100이 가속화되면 탄광 산업은 쇠퇴하게 될 거라는 전망이 우세합니다.

백년 직업을 꿈꾸며

　우리는 미래를 막연히 꿈꿉니다. 어렵지 않게 직업을 얻고, 즐겁게 다니며, 생계를 유지할 수 있는 재화를 만들 거라고 생각하면서 말입니다. 그러나 직업을 선택하는 과정은 크게 2가지 요소가 작용합니다.

　첫 번째는 내면의 상황입니다. 자신이 어떤 분야에 흥미가 있고, 자기 계발하는 데 지속적으로 시간과 비용을 투자할 수 있는지 확인하는 겁니다. 무엇보다 적성과 역량을 파악하는, '자신을 알아 가는 길'을 걸어 봐야 합니다.

　자신이 꿈꾸는 미래 직업에 다가가려면 필요한 지적·기술적 역량을 스스로 갖춰야 합니다. 자신의 흥미와 적성, 그 직업을 오래 유지할 수 있는 지적·기술적 능력을 유지할 수 있도록 자기 자신을 잘 알고 계발할 수 있는 역량이 필요합니다.

　두 번째는 외적 상황입니다. 희망하는 직업이 점차 사라질 직업이라면 어떻게 해야 할까요? 오랜 기간 시간을 들여 공부하고 경험한 분야가 앞으로 사라질 직업이라면 바람직한 미래 직업을 선택했다고 볼 수 없습니다. 이런 오류를 사전에 방지하고, 한 번뿐인 인생에서 올바른 직업 선택을 하려면 세상의 흐름을 잘 이해하는 것이 필요합니다.

그러려면 인공 지능 등 첨단 기술이 발전하는 방향에 계속 관심을 쏟고 접근하려는 시도를 해 봐야 합니다. 이제 인공 지능을 이해하거나 활용하는 일은 선택이 아니라 필수입니다. 또 하나의 중요한 트렌드인 기후에도 관심을 가져야 합니다. 피하고 싶어도 이제는 피할 수 없는 기후 위기로 인한 다양한 이슈 역시 미래 직업을 선택할 때 고려해야 하는 필수 요소가 되었습니다.

이처럼 거대한 시대적 변화의 흐름에 관심을 갖고, 자신이 앞으로 보람되고 가치 있게 일할 수 있는 분야를 신중하게 선택해야 할 때입니다. 지금 백년 직업의 문이 열리는 순간이기 때문입니다.

참고문헌

2장 기후 위기, 미래가 사라진다

"기상 기후 자료의 이해", 기상청 공식 블로그, 2023. 08. 24, https://m.blog.naver.com/kma_131/223192361829

"기후 위기 대응을 위한 탄소 중립-녹색성장 기본법_법률 제18469호 제정", 환경부, 2021. 09. 02

"에너지사전, 기후 변화? 기후는 원래 매일 변하는거 아니야? 기후 변화 뜻, 온실가스 뜻, 에어로졸 뜻", 한국에너지공단, 2021. 03. 18, https://m.blog.naver.com/energium/222279513200

"탄소 시한폭탄 영구동토층 이미 터졌다?!", 극지연구소 공식 포스트, 2021. 12. 07, https://m.post.naver.com/viewer/postView.naver?volumeNo=32897089&memberNo=42232270&vType=VERTICAL

"한국 기후 변화 평가보고서 2020-기후 변화 영양, 적응 및 취약성", 환경부, 발간등록번호 11-1480000-001690-01, 2020. 07

고승욱, "골디락스 콤플렉스", 〈국민일보〉, 2024. 08. 24

김규남, "한국 '기후 악당' 될 셈일까…탄소 배출량 10위, 책임 의식은 실종", 〈한겨레〉, 2022. 09. 22, https://www.hani.co.kr/arti/society/environment/1071005.html

김규남·기민도·남종영, "기후 위기 책임 가장 큰 나라는? 미국-중국 '네 탓', 한국 18위", 〈한겨레〉, 2022. 11. 06, https://www.hani.co.kr/arti/society/environment/1065998.html

김정수, "Q. 지난해 지구 평균 기온은 왜 어디에도 나오지 않는 거죠?", 〈한겨레〉, 2022. 09. 28, https://n.news.naver.com/article/028/0002608086?sid=102

김정수, "북극곰 1년에 137일 굶는다…새끼 죽이는 온실가스' 첫 확인", 〈한겨레〉, 2023. 09. 01, https://n.news.naver.com/article/028/0002654729?sid=102

김형자, 《지구의 마지막 1분》, 지식공감, 2023

남성현, 《청소년을 위한 기후 변화 에세이》, 해냄, 2024

데이비드 J. 스미스 지음, 황세림 옮김, 《지구의 역사가 1년이라면》, 푸른숲주니어, 2023

데이비드 월러스 웰즈 지음, 김재경 옮김, 《2050 거주불능 지구》, 청림출판, 2024

마크 라이너스 지음, 김아림 옮김, 《최종 경고 : 6도의 멸종》, 세종서적, 2022

마크 라이너스 지음, 이하중 옮김, 《6도의 멸종》, 세종서적, 2014

박정한, "미 정부, 암호화폐 채굴 과다 전력 사용 조사 착수", 〈글로벌이코노믹〉, 2024. 02. 06, http://m.g-enews.com/view.php?ud=202402061511223678379262aa152_1

반기성, 《10대가 가장 알고 싶은 기후변화 최다질문 TOP 50》, 메이트북스, 2024

빌 맥과이어 지음, 이민희 옮김, 《기후변화, 그게 좀 심각합니다》, 양철북, 2023

송찬영·김정환, 《일하는 사람들의 기후변화》, 크레파스북, 2023

신연수, "[1.5도 HOW] 산호백화 현상 역대 최대 규모 기록… '만성적 상태 진입 가능'", 〈한스경제〉, 2024. 10. 18, http://www.hansbiz.co.kr/news/articleView.html?idxno=716343

안경찬 외, "심층 리포트, 이건 '논'이 아닙니다[지구, 뭐래?]", 〈헤럴드경제〉, 2022. 11. 26, https://n.news.naver.com/article/016/0002070478?sid=102

요한 룩스트룀, 오언 가프니 지음, 전병욱 옮김, 《브레이킹 바운더리스》, 사이언스북스, 2022

이동민, 《기후로 다시 읽는 세계사》, 갈매나무, 2024

이병구, "기후변화로 '단식 기간' 늘어난 북극곰, 2030년대 멸종 위기", 〈동아사이언스〉, 2024. 06. 14

이영애, "엣지 사이언스, 6년 만에 돌아온 기후나선", 〈과학동아〉, 2022. 05, pp.68~69.

이충환, 《십 대가 꼭 알아야 할 기후변화 교과서》, 더숲, 2024

임병선, "미국과 중국이 내뿜은 이산화탄소, 누적 배출량 중 31.7%", 〈뉴스펭귄〉, 2021. 10. 06, http://www.newspenguin.com/news/articleView.html?idxno=5530

최덕근, 《지구의 일생》, 휴머니스트, 2018

최원형, "새우를 먹는다는 것의 의미, 해양오염, 기후 위기, 생물 다양성 감소 등의 문제와 깊이 연관돼 있어", 〈오마이뉴스〉, 2022. 06. 07, https://n.news.naver.com/article/047/0002355838?sid=102

최재천, 《생태적 전환, 슬기로운 지구 생활을 위하여》, 김영사, 2021

최준호, "호킹 죽음 전 예언 "AI로 인류 종말 온다, 200년 내 지구 떠나라"", 〈중앙일보〉, 2018. 03. 09, https://www.joongang.co.kr/article/22455351

카이사 코소넨, "IPCC 보고서 연대기—불타는 지구, 불타오르는 그래프", 그린피스, 2023. 04. 07, https://www.greenpeace.org/korea/update/25961/blog-ce-ipcc-6th-red-graph/

카일 하퍼 지음, 부희령 옮김, 《로마의 운명 : 기후, 질병, 그리고 제국의 종말》, 더봄, 2021

캐럴린 머천트 지음, 우석영 옮김, 《인류세의 인문학》, 동아시아, 2022

폴 길딩 지음, 양재희 옮김, 《기후변화는 어떻게 세계 경제를 위협하는가》, 더블북, 2022

하인환, 《그린테크 트랜지션》, 원앤원북스, 2023

한재각, 《기후정의》, 한티재, 2021

홍종호, 《기후 위기 부의 대전환》, 다산북스, 2023

IPCC, Climate Change 2013: The Physical Science Basis—Summary for Policymakers (Geneva, October 2013), p.23, www.ipcc.ch/pdf/assessment-report/ar5/wg1/WGIAR5_SPM_brochure_en.pdf.

WMO, WMO Greenhouse Gas Bulletin No. 19, November 2023, https://wmo.int/publication-series/wmo-greenhouse-gas-bulletin-no-19

3장 기후 위기 시대, 미래 직업 선택의 키워드 : AAC

"사용 주체, 허가, 관리가 불명확한 유전자 가위의 함정", YTN 사이언스, 2023. 02. 10, https://m.terms.naver.com/entry.naver?docId=6681846&cid=51648&categoryId=63595

"생명표", 통계청, 2023

"슈뢰딩거의 고양이", 두산백과, https://m.terms.naver.com/entry.naver?docId=1222549&cid=40942&categoryId=32229

"인간의 수명이 1000년으로 늘어나면 벌어지는 일", 뉴스야놀자, 2024. 08. 07, https://bakong.tistory.com/1408

"체스의 경우의 수는?", 〈한국일보〉, 2015. 03. 04, http://www.koreatimes.com/article/905106

"CBAM 도입 및 ETS 개편법안최종승인", 메르츠증권, 2023. 05. 04, http://home.imeritz.com/include/resource/research/WorkFlow/20230503224008215K_02.pdf

국방부 블로그, "[M프렌즈] 국방부가 개발한 데이터/인공 지능, 눈앞에 펼쳐진 미래 국방!", 2024. 08. 02, https://m.blog.naver.com/mnd9090/223534389675

김성우, "기후 위기-2024년(甲辰年)에 기업이 주목할 사안", IFS post, 2024. 02. 17, https://ifs.or.kr/bbs/board.php?bo_table=News&wr_id=53937

김은지, "핀란드 AI 및 디지털 교육정책의 명암—새로운 비상과 심화된 디지털 불평등", 교육을바꾸는사람들,

2024. 09. 13, https://21erick.org/column/13531/

김정원, "[대일논단] 수돗물은 그냥 마시면 안 될까?", 대전보, 2016. 05. 26, https://www.daejonilbo.com/news/articleView.html?idxno=1215358

김진수, "[과학자가 본 노벨상_vol.3 노벨화학상] 'CRISPR-Cas9 작동원리 규명으로 유전체 교정의 혁명을 이끌다'", IBS기초과학연구원, 2020. 10. 15, https://www.ibs.re.kr/cop/bbs/BBSMSTR_000000000991/selectBoardArticle.do?nttId=19163

김태준, "30년 후 인간 수명이 1000년까지 늘어난다", ONFUN Discuss, 2016. 06. 17, https://m.ohfun.net/?ac=article_view&entry_id=10689#_enliple

김현철, "머스크, '인공 지능, 10년 내 체스도 정복할 것'", 글로벌이코노믹, 2024. 05. 16, https://www.g-enews.com/article/Global-Biz/2024/05/2024051609235984099a1f309431_1

문형남, "[시론] 이 시대의 게임 체인저 '기후테크'를 아시나요?", 〈한국대학신문〉, 2023. 10. 14, https://news.unn.net/news/articleView.html?idxno=553626

박영숙, 제롬 글렌, 《세계미래보고서 2050》, 교보문고, 2016

박임수, "한국의 상하수도 개발 역사와 경제 발전", 서울하수도과학관, https://sssmuseum.org/main/?mc_code=131311

배영임, "경기도 기후테크 산업육성 전략 연구", 2024. 06. 12, https://m.blog.naver.com/gri_blog/223475545261

베른트 클라이네궁크, 슈테판 로렌츠 조르그너 지음, 박재현 옮김, 《호모 엑스 마키나》, 와이즈베리, 2024

송민규, "'배출권거래제의 한계와 보완 방향에 대한 논의", IFS post, 2024. 01. 06, https://www.ifs.or.kr/bbs/board.php?bo_table=research&wr_id=10812

이미선, "정확도 96% …AI 암 진단 시대 열렸다", 〈디지털타임스〉, 2024. 09. 18, https://n.news.naver.com/article/029/0002901027?sid=105

이송희일, 《기후위기 시대에 춤을 추어라》, 삼인, 2024

이우상, "역노화 혁명…20대 신체로 평생 산다", 〈한국경제〉, 2024. 03. 17, https://www.hankyung.com/article/2024031759621

이주영, "기대 수명은 얼마까지 늘어날까…"1990년대부터 증가세 둔화"", 〈연합뉴스〉, 2024. 10. 08, https://n.news.naver.com/article/001/0014969497?sid=102

임대준, "챗GPT가 '튜링 테스트'를 통과하지 못한 이유, "사람보다 탁월한 게 문제"", AI TIMES, 2024. 05. 08, https://www.aitimes.com/news/articleView.html?idxno=15944975

전병득, "[매경데스크] 코로나19, 세 가지 전쟁", 〈매일경제〉, 2020. 03. 27, https://m.mk.co.kr/news/columnists/9267242

정두용, "양자 컴퓨터 위협 '현실화'…우리는 대비하고 있을까[한세희 테크 & 라이프]", 〈이코노미스트〉, 2024. 08. 24, https://economist.co.kr/article/view/ecn202408200054

정수성, "[글로벌 트렌드] "2024년 가장 성장할 일자리는?" 일자리 감소 현상 지속에도 재생에너지 관련 직업은 증가", 데일리e뉴스, 2024. 01. 02, https://naver.me/xTbJBbAP

정영호, "日, 2030년 '꿈의 양자컴' 완성…G2 맹추격", 〈한국경제〉, 2023. 12. 23, https://n.news.naver.com/article/015/0004644185?sid=104

주현우, "'아재 취미' 바둑은 인기 하락… '젊은 게임' 변신한 체스는 성황", 〈동아일보〉, 2024. 04. 20, https://n.news.naver.com/article/020/0003560203?sid=102

중소벤처기업부, "탄소 중립 시대의 새로운 성장동력, 기후기술[테크] 본격 육성", 중소벤처기업부 보도자료, 2023. 03. 13, https://www.mss.go.kr/site/smba/ex/bbs/View.do?cbIdx=86&bcIdx=1040133

최원진, "바둑, 체스보다 방대한 경우의 수 '첫수만 361가지'…알파고 능력은?", 뉴스핌, 2016. 03. 06, http://m.newspim.com/news/view/20160309000333

토마스 브루더만 지음, 추미란 옮김, 《나는 선량한 기후파괴자입니다》, 동녘, 2024

한경경제용어사전, "양자 컴퓨터", https://m.terms.naver.com/entry.naver?docId=2067718&cid=42107&categoryId=42107

AWS, "양자역학: 양자 컴퓨팅이란 무엇입니까?", https://aws.amazon.com/ko/what-is/quantum-computing/

LG CNS 융합기술연구소, "[IT Trend] AI와 데이터로 지구를 지키는 방법! '기후테크(CTech)'", LG CNS, 2023. 02. 28. https://www.lgcns.com/blog/it-trend/40326/

SAP, "머신러닝, 인텔리전스의 미래", https://www.sap.com/korea/products/artificial-intelligence/what-is-machine-learning.html

Future Market Insight, "Climate Tech Market", June 2023

4장 기후테크 시대, 미래 직업의 세계

01 환경 오염을 줄이고 자원을 효율적으로 활용하는 클린테크

"지구 온난화 지수", 위키백과, 2024. 05. 17, https://ko.m.wikipedia.org/wiki/%EC%A7%80%EA%B5%AC_%EC%98%A8%EB%82%9C%ED%99%94_%EC%A7%80%EC%88%98

곽주현, "넓은 땅 필요한 데이터센터, 바닷속에 넣으면 어떨까? MS의 '나틱 프로젝트'", 〈한국일보〉, 2020. 09. 17, https://m.hankookilbo.com/News/Read/A2020091711130002191

김솔빈, "[기고] 왜 한국 및 일본 기업들이 유럽 신재생에너지/클렌테크 산업에 투자해야 하는가?", 〈에너지데일리〉, 2024. 08. 03, http://www.energydaily.co.kr/news/articleView.html?idxno=147785

김철민, "전 세계 클린테크를 선도하는 영국", 〈K글로벌타임스〉, 2020. 04. 24, http://www.kglobaltimes.com/news/articleView.html?idxno=22049

백봉삼, "디캠프, 9월 디데이, 클린테크 스타트업 '심플 플래닛' 우승 차지", 지디넷코리아, 2023. 09. 33, https://zdnet.co.kr/view/?no=20230922152626#_enliple

윤원섭, "IRA 1주년, (1) 173조 규모 270개 청정에너지 프로젝트_17만여 개 일자리 창출…과제도 산더미", greenium, 2023. 08. 14, https://greenium.kr/news/27312/

이상엽, "이상엽의 과학 기술 NOW : 데이터센터의 전력 소비", 〈매일경제〉, 2024. 10. 02, https://n.news.naver.com/article/009/0005372776?sid=110

이서희, "AI는 전기 먹는 하마…2027년엔 아르헨티나 전체 사용량 육박할 것", 〈한국일보〉, 2024. 10. 12, https://n.news.naver.com/article/469/0000764751?sid=105

이성희, "식품, 농업, 핀테크까지…폭넓은 클린테크 적용", IMPACT ON, 2022. 03. 17, http://www.impacton.net/news/articleView.html?idxno=3647

한경경제용어사전, "클린테크", 한경닷컴, 2024. 03. 28, https://m.terms.naver.com/entry.naver?docId=6684501&cid=42107&categoryId=42107

한화솔루션케미칼 부문, "[그리너스] 디지털 탄소 발자국은 무슨 발자국이래?", 한화솔루션, 2024. 07. 29, https://www.chemidream.com/3022

한화솔루션케미칼 부문, "환경에 투자하는 재테크, 클린테크가 뜬다!", 한화솔루션, 2022. 10. 13, https://m.post.naver.com/viewer/postView.naver?volumeNo=34618300&memberNo=5673438&vType=VERTICAL

KITA, "美, 세계 클린테크 초강대국으로 도약", KITA 통상뉴스, 2023. 02. 17, https://kita.net/board/tradeNews/tradeNewsDetail.do;JSESSIONID_KITA=390063454331EFBE16A934407CE6DA0D.Hyper?no=1831080

Wright, L.; Kemp, S.; Williams, I., "'Carbon footprinting' : towards a universally accepted definition", Carbon Management 2 (1), 2011, pp.61~72

02 탄소를 줄이고 유용하게 사용하는 카본테크

김리안, "공기 중 탄소만 뽑아낸다…빅 테크 꽂힌 '넷제로' 기술", 〈한국경제〉, 2024. 10. 06. https://www.hankyung.com/article/2024100673781

김봉수, "[과학을 읽다] 해외는 벌써 상업화, 한 탄소 기술 추격 나선다", 〈아시아경제〉, 2023. 09. 11. https://cm.asiae.co.kr/article/2023090813350533162

배수현, ""탄소가 자원이다"…격화되는 카본테크 기술 경쟁[긱스]", 〈한국경제〉, 2023. 09. 27. https://www.hankyung.com/event/2024-review-event/

백봉삼, "디캠프, 9월 디데이, 클린테크 스타트업 '심플 플래닛' 우승 차지", 지디넷코리아, 2023. 09. 33. https://zdnet.co.kr/view/?no=20230922152626#_enliple

이선목, "이산화탄소 삼키는 콘크리트…일론 머스크, 빌 게이츠도 주목", 〈이코노미조선〉, 2024. 07. 24. https://economychosun.com/site/data/html_dir/2023/07/22/2023072200016.html

지혁민, "대기 중의 CO_2 획기적 제거 신물질 'COF-999' 개발 "눈길"", 넷제로뉴스, 2024. 10. 30. http://www.netzeronews.kr/news/articleView.html?idxno=1623

하인환, 《그린테크 트랜지션》, 원앤원북스, 2023

Monitor Deloitte, "Carbon Capture Use and Storage", Deloitte, November 2023

TUMI, "Carbon Emissions Per Passenger", @transformative-mobility.org, November 2024, https://transformative-mobility.org/multimedia/carbon-emission-per-passenger/

03 환경 보호와 지속 가능성을 목표로 하는 에코테크

권선영, "글로벌 태양광 폐패널 시장, 2050년 105조 원 규모로 성장…2030년까지 3조 5,453억 원 전망", 〈인더스트리뉴스〉, 2022. 08. 03. http://www.industrynews.co.kr/news/articleView.html?idxno=46641

김민기, "다이아몬드, 고기 이어 면화까지…실험실서 만든다", 〈조선일보〉, 2024. 09. 12. https://www.chosun.com/economy/tech_it/2024/09/12/XMGKOLG73FBT7DMIZ7BBTASOQQ/

김영대, "공장서 키우는 면화, 실험실서 만드는 고기", 〈연합마이더스〉, 2024. 10. 28. http://m.yonhapmidas.com/article/read/241106152357_767543

김이홍, "수퍼빈 아이엠팩토리", 〈월간 건축사지〉, 2024. 06. 30. https://kiramonthly.com/1988

손현욱, "장진혁 이노버스 대표, AI와 IoT 결합 로봇으로 플라스틱 재활용 시장을 개척하다", 〈월간 씨이오앤〉, 2024. 02. 03. https://m.blog.naver.com/shl3631/223342088130

윤영무, "'플라스틱 중독'에 빠지는 한국, OECD 플라스틱 쓰레기 배출 1위", M이코노미뉴스, 2024. 07. 08. http://www.m-economynews.com/mobile/article.html?no=44533

장예지, "1세대 태양광 폐패널 수명 종료 임박…위 리사이클 솔라, 미 최초 폐패널 재활용 공장 가동", greenium, 2023. 09. 09. https://greenium.kr/news/27197/

한화솔루션케미칼 부문, "[그리너스] 우주에서 보이는 쓰레기 산을 아시나요?", 한화솔루션, 2024. 07. 29. https://www.chemidream.com/3023

홍영표, "나일론 무한 재활용하는 호주 스타트업 삼사라 에코, 921억 원 조달", Impact on, 2024. 07. 01. http://www.impacton.net/news/articleView.html?idxno=11903

GreenFins, "Trash Breakdown", 2020. 09. https://greenfins.net/material/gf_all_eng_trashbreakdowntimeline_a4/

04 식품의 혁신적인 생산과 유통, 소비까지 푸드테크

"2024 수산분야 기후 변화 영향 및 연구 보고서", 해양수산부 국립수산과학원, 2024

김도연, "규제 완화 VS 규제 강화, 배양육 두고 국가별 온도 차 '뚜렷'", 데일리원헬스, 2024. 01. 25. http://www.dailyonehealth.com/news/articleView.html?idxno=3119

김영대, "공장서 키우는 면화, 실험실서 만드는 고기", 〈연합마이더스〉, 2024. 10. 28. http://m.yonhapmidas.com/article/read/241106152357_767543

김현대, "쇠고기 1kg의 '물발자국'은 얼마일까?", 〈한겨레〉, 2019. 10. 20. https://www.hani.co.kr/arti/science/science_general/488640.html#cb

산업혁신팀, "신산업 제안 시리즈 (3) 식량안보(곡물)", 한국경제인협회, 2024. 08. 28

이동욱, "한, 주요 곡물 90% 수입 의존… '식량 국가안보 과제로 다뤄야'", 〈이투데이〉, 2024. 08. 27, https://m.etoday.co.kr/view.php?idxno=2394570

최지원, "'피 흘리는 음식은 끝'…실험실에서 키우는 '배양육'으로 대체", 〈동아일보〉, 2024. 05. 04, https://www.donga.com/news/article/all/20240503/124782872/1

05 기상 변화를 감지하고 탄소를 추적하는 지오테크

"지오테크가 필요한 이유에 대해서 알려줘", 프롬프트, ChatGPT, GPT-3.5, OpenAI, 2024. 10. 23, chat.openai.com

강석오, "국제구조위원회, 인도적 위기 악화 예측 '2023 긴급위기국가목록' 발표", 데이터넷, 2022. 12. 28, http://www.datanet.co.kr/news/articleView.html?idxno=179668

강초희, "[기후테크, 금맥 되다 ③] 인류 재앙 '기후변화'에 맞서는 푸드테크와 지오테크 스타트업", 〈K글로벌타임스〉, 2023. 03. 22, http://www.kglobaltimes.com/news/articleView.html?idxno=25589

대기환경톡톡, "[원대이] 대기오염을 줄이는 과학 기술, 기후테크가 뜬다", 수도권대기환경청, 2023. 10. 09, https://m.blog.naver.com/blueskymamo/223229957027

신원교, "모경종/기후재난으로 인한 경제적 피해 11년간 무려 16조", 〈환경신문〉, 2024. 11. 11, https://m.blog.naver.com/bbb3234/223655743266

신호경, "기후 변화 대응 안 하면…한국 성장률, 2100년까지 연 0.3%p ↓", 연합뉴스, 2024. 11. 04, https://n.news.naver.com/article/001/0015024318?sid=102

양가희, "물 부족 국가' 대한민국, 하루에 1인당 물 192리터 '펑펑' 독일보다 1.6배 많아", 뉴스핌, 2023. 03. 23, https://m.newspim.com/news/view/20240322000685

조나리, "[1.5℃ HOW에 답하다] ② 소형 인공위성 스타트업 나라스페이스", 〈한스경제〉, 2024. 03. 06, https://naver.me/5PVhpGRf

조정형, "[글로벌 AI 특허출원동향]원 컨선 '재난복구 계획 시스템'", 〈전자신문〉, 2024. 07. 03, https://m.etnews.com/20240703000163?obj=Tzo4OiJzdGRDbGFzcyI6Mjp7czo3OiJyZWZlcmVyIjtzOjIzOiJodHRwczovL3d3dy5nb29nbGUuY29tLyI7czo3OiJmb3J3YXJkIjtzOjEzOiJ3ZWIgdG8gbW9iaWxlIjt9

지속가능월드네트워크, "〈지월네 에코티켓〉 '지오테크' 편", SWN, 2023. 09. 07, https://m.blog.naver.com/swn0328/223205243947

홍정민, "[전문가 좌담] 파라메트릭 보험, 어디까지 왔나", 〈한국공제보험신문〉, 2023. 08. 22, http://www.kongje.or.kr/news/articleView.html?idxno=3021

환경부, "1인당 물 사용량", 지표누리, 2021, https://www.index.go.kr/unify/idx-info.do?idxCd=4287

LG CNS 융합기술연구소, "[IT Trend] AI와 데이터로 지구를 지키는 방법! 기후테크(CTech)", LG CNS, 2023. 02. 28, https://www.lgcns.com/blog/it-trend/40326/

Steve Evans, "One Concern taps into CoreLogic's data and models", Artemis, 5th August 2021, https://www.artemis.bm/news/one-concern-taps-into-corelogics-data-and-models/

5장 기후 위기 시대, 나의 백년 직업 준비

김현경, "중국, 전 세계 신규 석탄 프로젝트 절반 보유", ESG경제, 2024. 09. 10, https://www.esgeconomy.com/news/articleView.html?idxno=7935

송찬영·김정환, 《일하는 사람들의 기후 변화》, 크레파스북, 2023

기후 변화 시대
10대가 알아야 할
미래 직업의 이동

1판 1쇄 인쇄 2025년 4월 18일
1판 1쇄 발행 2025년 4월 25일

지은이 신지나
펴낸이 김기옥

경제경영사업본부장 모민원
경제경영팀 박지선, 양영선
마케팅 박진모
경영지원 고광현
제작 김형식

디자인 푸른나무디자인
인쇄·제본 민언프린텍

펴낸곳 한스미디어(한즈미디어(주))
주소 04037 서울특별시 마포구 양화로 11길 13(서교동, 강원빌딩 5층)
전화 02-707-0337 | **팩스** 02-707-0198 | **홈페이지** www.hansmedia.com
출판신고번호 제 313-2003-227호 | **신고일자** 2003년 6월 25일

ISBN 979-11-94777-03-8 (43320)